KATE BORNSTEIN

Ein schädlicher Einfluss

Die wahre Geschichte
eines netten jüdischen Knaben,
der bei Scientology landete
und zwölf Jahre später zu der
hinreißenden Lady wurde,
die sie heute ist

Mein mutiges Leben

Eden
BOOKS

Teil 3

Kapitel 12: Die verlorenen Jungs	207
Kapitel 13: Borderline!	229
Kapitel 14: Stufen des Lebens	255
Kapitel 15: Jetzt wird's kompliziert	269
Kapitel 16: Mädchen	291
Epilog: Hallo Saße	335
Einige Anmerkungen zu meinen Scientology-Quellen	344
Danksagung	347

EIN SCHÄDLICHER EINFLUSS
VON KATE BORNSTEIN

Dieses Buch widme ich von ganzem Herzen meiner Tochter Jessica sowie meinen Enkeln Christopher und Celaina.

Und so klein mein Haus auch sein mag: Von innen ist es größer, als es den Anschein hat, und meine Tür steht immer für euch offen.

Prolog
Der Kuss des Todes

Das letzte Mal, dass ich in einen Spiegel blickte und Daddy sah? Das war, als ich das letzte Mal versuchte, meine Tochter anzurufen. Der Tag, an dem ich mir ein ägyptisches Kreuz auf den Handrücken tätowieren ließ. Eigentlich sind Hand-Tattoos in den meisten Staaten der USA verboten, es sei denn, man kennt die richtigen Leute. Es war das Jahr 1996 und ich lebte zu einer Zeit in Seattle, als die Stadt noch ihren rauen Charme besaß. Ich kannte mich gut genug in der Szene aus, um jemanden zu kennen, der jemanden kannte und – voilà – bekam ich für 25 Dollar mein Hand-Tattoo. Der Typ bekam sogar noch fünf Dollar Trinkgeld von mir, weil es nicht wehgetan hatte, obwohl Tattoos so dicht am Knochen sehr schmerzen sollen.

Vor Tausenden von Jahren symbolisierte das ägyptische Kreuz für nordafrikanische Priester, Priesterinnen und Heilige, die weder männlich noch weiblich waren, so etwas wie »Ewiges Leben«, »Das göttliche Androgyne« oder »Die Macht des Sex«. Suchen Sie sich eins aus. Für mich stellt es genau die richtige Mischung an Bedeutungen dar, um die Stelle zu kennzeichnen, wo jene Herzdame namens Tod mir die Hand geküsst hatte.

Zuvor am gleichen Tag hatte mich das Krankenhaus angerufen und bestätigt, dass ich an chronischer lymphatischer Leukämie erkrankt war. Damals glaubte ich den Ärzten noch nicht, dass es sich bei CLL um ein sehr langsam fortschreitendes Krebsleiden handelte, das mich aller Wahrscheinlichkeit nach nicht umbringen würde. Ich war 48 Jahre alt, der Tod hatte mir die Hand geküsst und ich wollte mich mit meiner Tochter versöhnen, mit der ich seit fast 16 Jahren nicht gesprochen hatte.

Es war nicht etwa so, dass ich all die Jahre nicht mit ihr hätte sprechen wollen, tatsächlich war es aber so, dass sie mir nicht zuhören wollte. Meine Tochter Jessica glaubte damals und glaubt heute noch mit Leib und Seele, dass ich ein hoffnungslos schlechter Mensch bin. Fakt ist, dass ihr einige aus vielerlei Gründen zustimmen würden. Lassen Sie mich ein paar davon aufzählen:

Ich bin 63 Jahre alt und habe das letzte Vierteljahrhundert in queeren Subkulturen am äußersten Rand der amerikanischen Gesellschaft verbracht. Ich schreibe Bücher, die von Papst Benedikt verdammt werden – und das sind nur die Werke, die weltweit in den Universitäten gelehrt werden. Ich bezweifle, dass der Papst über meine Pornobücher Bescheid weiß, aber die würde er wahrscheinlich auch verdammen.

Viele Menschen auf dieser Welt, ich würde sogar behaupten, die Mehrheit, halten mich für ein perverses und verkommenes Individuum, weil ich eine Transsexuelle bin. Bei meiner Geburt war ich männlichen Geschlechts, heute weisen medizinische Unterlagen und offizielle Dokumente mich als weiblich aus, obwohl ich mich selbst nicht als Frau bezeichne und mir bewusst ist, dass ich kein Mann bin. Aus genau diesem Grund ist der Papst sauer. Er befürchtet, dass solch ein Gerede – von wegen weder männlich noch weiblich – die natürliche Geschlechterordnung zerschmettern wird. Ich freue mich auf den Tag, an dem es endlich so weit ist.

Ich selbst nenne mich Trans oder Transe, was wiederum eine kleine, aber lautstarke Gruppe transsexueller Frauen aufregt, für die das Wort Transe das Gleiche ist wie der Begriff Itzig für Juden. Ach ja, ich bin übrigens jüdisch und jeder kennt ja irgendjemanden, der irgendwas an Juden auszusetzen hat. Ich bin aber auch eine tätowierte Lady und darf deswegen nicht auf einem jüdischen Friedhof begraben werden. Aber das macht nichts, weil ich ohnehin verbrannt werden will, nachdem die Ärzte alles Brauchbare haben. Meine Freundin weiß, wo die Asche verstreut werden soll. Richtig: Zu allem Überfluss bin ich auch noch eine Lesbe. In meinen Leben als Mann, Frau und Weder-Noch waren es immer die Frauen, bei denen mir die Knie weich wurden, genauer gesagt, das Knie. Mein rechtes Knie besteht aus Titan und Weltraumkunststoff und wird nie weich. Ich bin also eine Art Robo-Transe. Meine Tochter weiß von all dem nichts und selbst wenn sie es wüsste, wäre nichts von dem, was ich Ihnen bisher erzählt habe, der Grund, warum sie mich für einen schlechten Menschen hält.

Aber es gibt noch mehr, hier wird nichts verschwiegen. Ich bin Sadomasochistin, genieße also die Verbindung von Vergnügen und Schmerz. Ich bin nicht sadistisch, sondern ausschließlich masochistisch, also diejenige, die gepeitscht, geschlagen, geschnitten und gepierct wird. Ich mag es, geschnitten zu werden, und ritze mich seit meiner Jugend selbst. Und was die Piercings betrifft: Die befinden sich in Körperteilen, mit denen ich nicht geboren wurde.

Darüber hinaus leide ich an einer Borderline-Persönlichkeitsstörung; der Performancekünstler und Pornograf in mir schöpft daraus jede Menge Inspiration, womit gleich noch zwei weitere Gründe genannt wären, warum man mich für einen schlechten Menschen hält.

Im Jahr 1970 wurde ich aufgrund einer psychischen Störung vom Militärdienst in Vietnam freigestellt. Damals war es gespielt. Und heute? An guten Tagen bin ich nur depressiv und mehr als ein Therapeut hat die Diagnose manisch-depressive Erkrankung in Betracht gezogen. Letztlich einigten sie sich auf Borderline, ein eigentlich undenkbarer Gemütszustand, irgendwo zwischen Neurose und Psychose und dabei der undenkbaren Geschlechtszuschreibung zwischen männlich und weiblich nicht unähnlich. Der Archetyp meiner Borderline-Störung ist die Heimatlosigkeit, genau wie bei Prinzessin Diana. Meine Essstörung ist auch so ähnlich wie ihre: Ich liebe Essen, kann nicht genug davon bekommen, aber gleichzeitig liebe ich es, so lange zu hungern, bis die Knochen durch die Haut zu sehen sind. Womit wir wieder bei Borderline wären ...

Aber all diese Dinge sind meiner Tochter egal. Warum ich ein schlechter Mensch bin, hat einen ganz anderen Grund. Ich bin nachweislich das Opfer eines posttraumatischen Stresssyndroms. Aber nein, auch das ist nicht der Grund, warum meine Tochter mich für einen schlechten Menschen hält. Dass ich das Trauma überwunden habe – das macht mich in ihren Augen zu einem schlechten Menschen.

*

Einige Stunden nachdem der Typ das ägyptische Kreuz in meinen Handrücken gestochen hatte, begann es zu puckern. Zum ersten Mal wurde mir bewusst, dass ich wegen der Leukämie nicht mehr genügend weiße Blutkörperchen hatte, um mögliche Infektionen zu bekämpfen. Ich musste Jessica anrufen, um ihr zu sagen, dass diese Krankheit auch in ihrem Blut lauerte. Ich wollte ihr sagen ... ich wusste nicht, was ich ihr sagen wollte. Vor diesem Moment hatte ich nicht viel darüber nachgedacht. Ich wollte einfach nur »Hallo« sagen. Ich wollte ihr sagen, dass ich sie immer geliebt habe. Ich wollte »Auf Wiedersehen« sagen. Doch ich wusste nicht, wie ich sie erreichen konnte. Ich hatte Briefe, Postkarten und Bargeld an unterschiedliche Adressen geschickt, aber alles kam immer wieder mit dem auf den Umschlag gekritzelten Vermerk »Empfänger unbekannt« zurück. Wie ich zog meine Tochter häufig um und ich wusste nicht, wo sie lebte. Einen Privatdetektiv konnte ich mir nicht leisten und auch meine ausgiebigen Internetrecherchen hatten ihren Aufenthaltsort nicht enthüllen können. Im Jahr 1996 gab es noch keine ausgeklügelten Webseiten zur Personensuche.

Doch mein Handrücken blutete immer noch an der Stelle, wo der Tod ihn geküsst hatte, und ich hätte es keinen Tag länger ohne den

Versuch ausgehalten, sie zu erreichen. Einige Stunden später war es mir immerhin gelungen, eine Telefonnummer von Jessicas Mutter, meiner Exfrau Molly, im Internet aufzustöbern. Nach dreimaligem Klingeln ging sie ans Telefon. Ich erkannte ihre Stimme an nur einem Wort:

»Hallo?«

»Hey Molly, hier ist Kate Bornstein.« Ich hörte noch, wie sie tief einatmete, dann ein leises Klicken und die tote Leitung.

Es überraschte mich nicht. Ich wäre überrascht gewesen, wenn sie etwas gesagt hätte wie: »Mensch, Kate, hallo! Das ist aber toll, dass du anrufst. Wie läuft es denn jetzt so als Performance-Künstlerin nach all unseren gemeinsamen Jahren in Uniform? Und wie läuft's mit deiner Frauennummer?«

Molly hatte aufgelegt, weil Scientologen genau so mit mir umzugehen haben. In ihrer Sprache bin ich eine »unterdrückerische Person«, was einfacher ausgedrückt bedeutet, dass ich ein durch und durch schlechter Mensch bin. Und genau das ist die Art Schlechtigkeit, die meine Tochter im Sinn hat, wenn sie an mich denkt. Die Ärmste wurde nämlich in die Scientology-Organisation hineingeboren und ist dort bis zum heutigen Tag ein vollwertiges Mitglied. Und ich? Ich bin ein exkommunizierter, ausgestoßener, meines Amtes enthobener Scientologe. Mehr als elf Jahre bei Scientology sind das Trauma meines Lebens und die Abkehr von der Organisation macht mich zu einer unterdrückerischen Person.

Scientologen glauben, dass achtzig Prozent der Bevölkerung aller Universen gute und anständige Menschen sind. Zwei Prozent aller fühlenden Wesen sind jedoch unterdrückerische und hoffnungslos verdorbene Personen. L. Ron Hubbard, der Gründer von Scientology, ist immer sehr genau, wenn es um Zahlen geht. Zwei Prozent entsprechen ungefähr der Anzahl an Menschen, die mit einer Borderline-Persönlichkeit leben.

Unterdrücker wie ich sind so böse, dass schon ein Gespräch ausreicht, um ernsthafte Krankheiten hervorzurufen. Wenn Sie mit der Lektüre dieses Buches fortfahren, könnte Sie das an viel grauenhaftere Orte führen als sämtliche Höllen, die althergebrachte Religionen so hervorgebracht haben. Es ist ein Riesenspaß, mich zu kennen, oder?

Mich gibt es nur mit einem Warnhinweis: Scientologen glauben, dass Sie, wenn Sie weiterlesen, eine »Potential Trouble Source« – eine potenzielle Gefahrenquelle – werden. Sie werden zu einer Gefahr und die Organisation ist nie besonders freundlich mit Unruhestiftern umgegangen. Dieses Buch bedeutet Ärger für die Organisation. Also, nicht allzu viel Ärger. Wer glaubt schon einem Freak wie mir? Die Organisation hat genug mit schwerwiegenderen Unruhestiftern zu tun, um sich wegen mir Sorgen zu machen. Trotzdem wird kein Scientologe, meine Tochter und ihre beiden Kinder eingeschlossen, das Buch lesen dürfen, das ich für sie schreibe. Ich möchte, dass sie wissen, was aus ihrem Daddy und Opa geworden ist. Und ja, es tut mir leid. Es tut mir wirklich sehr leid, dass ich meine Tochter und meine Enkel mit diesem Buch in die schwierige Lage bringe, entweder ihre Neugier über mich nicht befriedigen zu können, zu einer potenziellen Gefahrenquelle oder sogar zu einer unterdrückerischen Person wie ihr Vater und Großvater zu werden.

*

Molly hatte also aufgelegt und ich stand da wie ein Idiot, den Telefonhörer in der Hand. In diesem Moment wurde mir klar, dass es niemals möglich sein würde, Jessica zu kontaktieren. Niemals. Ihr ganzes Leben lang hatte sie nur ein Leben mit Scientology gekannt. Ich hatte selbst daran geglaubt, habe also keine moralische Grundlage, sie zu kritisieren oder ihren Lebensweg auf der Suche nach Freiheit zu versauen. Aus dem Telefonhörer ertönte ein schreckliches Tuten und ich legte auf.

Ich weinte nicht, heulte nicht den Mond an und verfluchte nicht das vermeintlich ewige Leben L. Ron Hubbards. Ich verfluchte auch nicht irgendwelche anderen Scientologen, die meine Tochter mit ihren Grundsätzen gegen mich aufgebracht hatten. Ich ging auch nicht ins Internet, um meine Wut und Trauer mit Tausenden Ex-Scientologen zu teilen, die mich aufgemuntert und unterstützt hätten. Ich tat keine dieser gesunden Dinge. Stattdessen stieg ich ganz ruhig die Treppen zum Bad meines kleinen Häuschens in Seattle hinauf und nahm vom Arzneischränkchen die kleine schwarze Ledertasche mit meiner Sammlung von Klingen, Alkoholtupfern und Nadeln. Ich wählte das Skalpell Nr. 10, schon immer mein Favorit. Ich schaute in den Spiegel, sah meine Rippen und musste lächeln. Genau über den Rippen, genau über meinem Herz schnitt ich mir ein Valentinsherz in die Haut.

Wo die Klinge zuerst die Haut schneidet, tut es am meisten weh. Es dauert nur den Bruchteil einer Sekunde. Dann fühlt man Wärme, viel Wärme. Das Blut folgt, aus dem chirurgisch feinen Riss quellend, der Klinge. Dein Blut ist der Lohn. Dein Blut ist der Beweis dafür, dass du offen und am Leben bist. Dein Blut sagt dir, dass du dich umbringen kannst, wenn du es wirklich willst.

Das Schneiden war für mich immer schon orgastisch und ich kam, wie Ritzer kommen: Der Orgasmus als vollkommene Erleichterung. Genitalien haben damit nichts zu tun. Wenn man sich geschnitten hat, fühlt man keine Traurigkeit oder keinen Ärger mehr und der Lebenswillen erstarkt wieder. Nach dem Ritzen kann man seinen Herzschmerz zur Seite legen und genau das tat ich. Ich legte Jessica beiseite und wandte mich dem nächsten Punkt auf meiner Bevor-ich-sterbe-Liste zu: Ich wurde eine Blondine.

Seit meiner Geschlechtsumwandlung waren etwa zwölf Jahre vergangen und ich hatte mir die Haare noch nie blond gefärbt. Mein ganzes Leben hatte ich schon den Ruf der Blondheit vernommen, so wie andere den Ruf in den Dienst des Herrn hören. Ich wollte eine scharfe Blondine sein, wie Geena Davis in dem Film *Tödliche Weihnachten*. Ich wollte Haare haben wie sie, ich wollte ihre Augen, ihren Mund. Allerdings hatte ich den Großteil meines Lebens als Jude russischer Abstammung verbracht, der auf eine herbe Art gut aussah. Ich machte mir Sorgen, dass zu viel dieser derben Männlichkeit durch das Blond schimmern und mich aussehen lassen würde wie ein gelbhaariger Typ in einem Kleid. Das hätte mich zu einem flachsblonden Freak gemacht, zu einem platinblonden Clown. Aber irgendein Engel da oben muss meine Gebete erhört und sich meiner erbarmt haben, weil ich nämlich letztendlich eine umwerfend süße Blondine abgab. Und so ging ich zum nächsten Punkt auf meiner Bevor-ich-sterbe-Liste über: ein Star werden.

Seattle ist großartig für Depressive mit suizidalen Tendenzen, aber kein Ort für eine unbekümmerte Blondine, die von Berühmtheit träumt. Drei Wochen nachdem aus mir eine Blondine geworden war, mietete ich mir einen kleinen Laster und fuhr gen Osten nach New York City. Mit dabei waren eine alte, orangefarbene Katze namens Gideon und eine Butch-Lesbe, die keinem Geringeren als dem jungen, charmanten Christopher Walken auf ganz entzückende Weise ähnlich sah.

*

Das ist 14 Jahre her. Die letzten fünf Jahre habe ich an diesem Buch geschrieben, entgegen der Empfehlung von drei sehr angesehenen Psychologen. Meine lahmarschige Leukämie hat mich immer noch nicht umgebracht und ich erwarte auch nicht mehr, dass sie es tut. In diesen 14 Jahren bin ich meinen Zielen abwechselnd nachgejagt oder vor ihnen weggerannt, aber ein Star bin ich nicht geworden. Jedoch könnte ich auf dem besten Weg dorthin sein. Seitdem ich an diesem

Buch schreibe, habe ich mir einen Platz als kleine Berühmtheit in der Ruhmeshalle der amerikanischen Homoszene und postmodernen Subkultur gesichert. Das macht mich glücklich. Und dieses Buch habe ich geschrieben, um zwei weitere Herkulesaufgaben auf meiner Bevor-ich-sterbe-Liste abzuhaken: Die Versöhnung mit dem Leben meiner Tochter als Scientologin und die Auseinandersetzung mit dem Geist meines toten Vaters.

Ich war noch ein Mann, als mein Vater starb und ich auf seine Beerdigung ging. Das Einzige, was mich davon abhielt, auf seinen Sarg zu spucken, war mein Respekt vor der tiefen Liebe, die meine Mutter für diesen Mann empfand. Er hat mich zwar nur einmal geschlagen, aber er wusste Zeit seines Lebens, wie er mir Angst machen konnte. Er war mein schlimmster Peiniger und als Sohn war ich eine große Enttäuschung für ihn. Ich war der Träumer, der nie etwas auf die Reihe bekam, und er der Bösewicht: arrogant, distanziert und einschüchternd. So sehr wir beide es auch versuchten, wir waren nie wirklich nett zueinander. Ich habe mein Leben als Mann vor allem aufgegeben, weil ich nie so werden wollte wie er.

Was für eine Zwickmühle: Ich bin heute, was ich damals nicht sein konnte und zwar eine Tochter für meinen Vater. Andererseits war ich später, was jetzt nicht mehr möglich ist, ein Vater für meine Tochter. Ich habe eine Vater-Sohn-Geschichte, von der nur wenige Menschen wahrhaftig und aus eigener Erfahrung berichten können. Diese Geschichte wollte ich meiner Tochter seit dem Tag erzählen, an dem ich sie vor über dreißig Jahren verlassen habe. Sie war neun Jahre alt, geboren am 4. Juli. Ich habe bis heute mit dieser Geschichte gewartet, weil ich große Angst vor einer ziemlich wahrscheinlichen Vergeltung seitens Scientology hatte. Als brandneue »Religion« befindet sich die Organisation auf einer grundlegenden Entwicklungsstufe, die in jeder Hinsicht von der Unfehlbarkeit ihres Gründers L. Ron Hubbard abhängt. Aus dieser Überzeugung heraus folgen Scientologen seinen

Schriften so genau und bedingungslos wie wahrscheinlich alle Fundamentalisten ihren Schriften folgen: Wort für Wort.

Folgendes also muss – muss! – laut L. Ron Hubbard mit Unterdrückern wie mir passieren: Als Erstes sollen wir offiziell als Feinde der Organisation erklärt werden, was bei mir geschehen ist. In jedem Scientology-Gebäude der Welt müsste ein leuchtend gelber Zettel zu finden sein, auf dem steht: »Al Bornstein ist ein Feind der Organisation.« Seit ich im Jahre 1982 offiziell zum Feind erklärt wurde, habe ich einen Status, den man als *Fair Game*, also so etwas wie Freiwild, bezeichnet. Scientologen werden leugnen, dass es so etwas gibt. Sie werden behaupten, ich habe diesen Unsinn über *Fair Game* erfunden. Wenn dem so sein sollte, gibt es Tausende anderer, die zufällig das Gleiche erfinden.

Scientologen glauben, dass nichts wahr ist, was nicht auch geschrieben steht. Es ist so, dass L. Ron Hubbard Richtlinien geschrieben hat, wie genau man jemanden als *Fair Game* zu erklären und wie man diese Person zu behandeln hat. Ich würde das an dieser Stelle für Sie zitieren, aber ich habe eigentlich keinen Bock, mich von denen wegen Urheberrechtsverletzungen verklagen zu lassen. Davon mal abgesehen ist innerhalb der Organisation auch jede Umschreibung der Worte ihres Gründers ein Schwerverbrechen, was weiterhin beweist, dass ich eine unterdrückerische Person bin. Dann soll es wohl so sein. Hier kommt also in groben Zügen, was L. Ron im Oktober 1967 über Unterdrücker wie mich geschrieben hat.

Wenn Sie Scientologe sind, erlaubt Ihnen der Gründer der Organisation, er befiehlt Ihnen sogar, mich in jeder Hinsicht schlecht zu behandeln. Das ist Ihre Pflicht als Mitglied. Sie dürfen mich bestehlen und mir mit allen Mitteln Schaden zufügen. Kein Scientologe wird deshalb schlecht über Sie denken, ganz im Gegenteil: Wenn Sie es schaffen, mich so zu bearbeiten, dass ich keine Bedrohung mehr für Scientology und die Menschheit darstelle, erhalten Sie einen Orden.

Es ist Ihnen erlaubt, mich mit allen Mitteln reinzulegen, Sie dürfen mich verklagen, Sie dürfen mich anlügen. Die Regeln zu *Fair Game* finden Sie im Internet. L. Ron Hubbard verwendet sogar das Wort »destroy«, also zerstören.

Scientologen werden argumentieren, dass ihr Gründer dieses Dokument zwar verfasst hat, ich aber trotzdem nichts zu befürchten habe. Ein Jahr später, am 21. Oktober 1968, schrieb L. Ron Hubbard nämlich (ich umschreibe wieder), dass Scientology aufhören müsse, Menschen offiziell zu *Fair Game* zu erklären. Von diesem Tag an tauchten diese Worte nie wieder in einer offiziellen Veröffentlichung der Organisation auf. L. Ron Hubbard erklärte schriftlich, dass die *Fair-Game*-Maßnahmen schlechte Presse hervorgerufen hätten. Allerdings machte er sofort deutlich, dass auch bei einem Verzicht auf die Bezeichnung *Fair Game* entsprechende Personen weiterhin so behandelt werden dürften. All dies lässt sich einfach im Netz recherchieren.

1970 trat ich Scientology bei und 1982 verließ ich die Organisation wieder. L. Ron Hubbard starb 1986, nur wenige Monate nach meiner Geschlechtsumwandlung. Seither wurden Mitarbeiter und mutmaßliche Auftragnehmer von Scientology in Prozessen wegen Erpressung, Diebstahl, Belästigung und sogar wegen physischer Bedrohung verurteilt. Das sind wirklich gruselige Leute und ich bin, wie gesagt, ein leichtes Ziel, wenn es darum geht, schmutzige Details in meinem Leben zu finden.

Andererseits könnte alles auch gelogen sein. Im Ernst, ich könnte alles nur erfunden haben, um Scientology zu zerstören oder zumindest zu schwächen. Es gibt nämlich noch eine Sache, die Sie über unterdrückerische Personen wissen sollten: Wir lügen immer. Wir lügen immer, weil wir alles wirklich Gute zerstören wollen – und was könnte es Besseres für die Menschheit geben als Scientology?! Soweit zur Logik hinter der *Fair-Game*-Regelung.

Ich will nicht lügen. Deshalb habe ich mir vor der Niederschrift des ersten Entwurfs dieses Buches fünf Wörter in meinen rechten Handrücken tätowieren lassen. Sie wurden in weißer Farbe mit einem Schattenwurf in der Farbe getrockneten Blutes gestochen. Die Worte sehen aus, als wären sie in meinen Handrücken geritzt worden und vernarbt: I MUST NOT TELL LIES.

»Ich soll nicht lügen.« Fragen Sie einen Harry-Potter-Fan, was genau diese Worte bedeuten und warum ich wollte, dass es so aussieht, als wären sie in meinen Handrücken geritzt worden. Oder Sie googeln die englischen Worte des Tattoos und meinen Namen, dann finden Sie sogar ein Bild. Ich soll nicht lügen. Das Tätowieren war genauso schmerzlos wie bei dem ägyptischen Kreuz auf meiner linken Hand. Die Tattoos passen gut zueinander. Als eine alte Lady oder was auch immer ich sein mag, habe ich viel gelernt über die Macht von Sex, die Weisheit der Androgynität und sogar über die Logik ewigen Lebens. Ich verspreche, dass ich jeden unterdrückerischen Drang bekämpfen werde, über diese Dinge zu lügen.

Über dreißig Jahre lang hatte ich zu viel Angst vor Scientology, um auch nur zu versuchen, eine Brücke zu meiner Tochter zu schlagen. Jetzt werde ich es wagen. Außerdem haben die letzten Jahre meines Lebens begonnen und ich will nicht mit diesem eindimensionalen Bild von meinem Vater als schlechtem Menschen ins Grab steigen. Und schlussendlich würde ich mich freuen, wenn meine Tochter und meine Enkel Lust darauf hätten, ein paar zusätzliche Dimensionen in ihrem Vater und Großvater zu entdecken.

Teil 1

Kapitel 1

Was zuvor geschah

Es wird wohl nie eine Disney-Verfilmung meines Lebens geben, was wirklich schade ist, weil ich eine echt niedliche Zeichentrickfigur abgeben würde. Geboren und erzogen wurde ich für die Rolle des jungen männlichen Helden. Die ersten 14 Jahre meines Lebens verbrachte ich in Interlaken, New Jersey, einer Siedlung der oberen Mittelschicht direkt am See Deal Lake. Sie befindet sich nur eine Stadt weiter landeinwärts vom Badeort Asbury Park am Atlantischen Ozean entfernt. Meine Familie gehörte zu den wenigen Juden, die dort lebten. Ich war viereinhalb Jahre alt, als mir klar wurde, dass ich kein Junge war und daher ein Mädchen sein musste. Trotzdem lebte ich ein Leben als Junge. Die Leute sahen in mir weiterhin den Jungen und später einen Mann und ich hatte nie den Mut, sie zu korrigieren. Stattdessen log ich sie alle an, indem ich behauptete, ich wäre ein Junge. Tag und Nacht log ich. Bis zu meinem zwanzigsten Geburtstag wusste kein Mensch, wer ich wirklich war oder sein wollte. Das ist ziemlich viel Druck für ein kleines Kind.

*

Die *Saturday Evening Post* lag jede Woche in unserem Briefkasten. Die meisten Titelbilder stammten von dem Maler Norman Rockwell, dem wohl bekanntesten Kunsthandwerker des American Dream. Ich sehnte mich danach, jedes seiner mit Mais gefütterten Mädchen aus dem Mittelwesten zu sein, die die Titelseiten der *Saturday Evening Post* schmückten. Ich würde bezaubernd sein, meiner misslichen Lage trotzig ins Antlitz lächeln, um den Verlust der Liebe weinen und von den Männern meines Lebens abhängig sein – vor allem von meinem

Daddy. Und blond würde ich sein, mit kornblumenblauen Augen und das Haar in der Farbe von frisch geerntetem Mais.

Hier kommt ein Titelbild, das Norman Rockwell nie gemalt hätte: Meine Mutter auf dem Entbindungstisch, nicht nur dank der Schmerzmittel betäubt, sondern auch dank der Karaffe Martini, die sie während meiner sechsstündigen Geburt geleert hatte. Ich wurde betrunken und Drogen liebend geboren. Kein Wunder also, dass ich kein Wort verstand, als Dr. Grimm mich in den Arm nahm und sagte: »Willkommen auf dieser Welt, Schätzchen. Willkommen.« 24 Jahre später sollte er die gerade geborene Jessica in den Armen halten und mit denselben Worten begrüßen.

Griff Grimm und mein Vater waren Ärzte am Fitkin Memorial Hospital in Neptune, New Jersey. Vor allem im Sommer war das kleine Krankenhaus für eine ganze Reihe kleiner Küstenorte zuständig. Für uns waren der Atlantik pure Magie und der Strand unser Zauberteppich. Im Sommer teilten wir diese Welt mit den Touristen und hatten Ferienjobs, die von ihnen abhingen. In Sommerstädtchen wie dem unseren finden Vater-Sohn-Unternehmungen im Herbst, Winter und zu Beginn des Frühlings statt.

Mein Dad und ich pflegten unsere Beziehung über das Wrestling, das uns beide begeisterte. Als ehemaliger Ringermeister im Mittelgewicht des Indiana State College nahm mich mein Vater zu den Wrestling-Wettkämpfen in der Kongresshalle von Asbury Park mit.

»Vergiss nicht, Albert«, sagte er, »das ist alles nur gespielt. Aber damit es echt aussieht, braucht man viel Geschick.« Damit kannte ich mich aus. Ich hatte bereits sehr viel Geschick darin entwickelt, wie ein echter Junge auszusehen und mich entsprechend zu verhalten.

Weil mein Vater Arzt war, saßen wir immer in der ersten Reihe. Es hielt ihn kaum auf seinem Platz. Meistens stand er, schüttelte die Faust und brüllte die Bösen an oder auch den Ringrichter wegen einer Fehlentscheidung. Seine Wut ließ er uns auch manchmal zu Hause spüren, aber im Ring konnte er sich richtig gehen lassen. Mein Vater sah in mir einen Sohn, der sich mit blutrünstiger Lust für diesen Sport begeisterte. Ehrlich gesagt war es für mich tatsächlich die pure Lust. Während der Kämpfe zitterte ich die ganze Zeit vor sexueller Erregung. Vor dem Match umrundeten die Kämpfer einzeln den Ring und die Guten winkten mir zu. Sie winkten allen zu, aber ich fühlte mich immer persönlich angesprochen. Ich verwandelte mich in ein wunderschönes junges Mädchen, das sich wünschte, in ihren Armen zu versinken.

*

DR. MED. PAUL KENNETH BORNSTEIN

So stand es in handgemalten Buchstaben auf der grünlichen Milchglasscheibe der Sprechzimmertür meines Vaters im zweiten Stock des Ärztehauses in Asbury Park. Als man mich an meinem 13. Geburtstag zum Mann erklärte, wurde verkündet, dass mein Name eines Tages genau unter seinem stehen werde und wir uns die Praxis teilen würden. Ich diskutierte nie mit Dad. Mein großer Bruder und ich nannten ihn Dad. Nur Mädchen nennen ihre Väter Daddy. Seine Patienten nannten ihn Doc, so wie die meisten Geschäftsleute und Verkäufer aus unserer Küstenregion. Für sie war ich Docs Sohn, wie zum Beispiel in »Docs Sohn ist hier wegen des Rezeptes« oder »Sind die Roastbeef-Sandwiches für Docs Sohn schon fertig?« oder »Hey, Docs Sohn ist da und bringt die Weihnachtsgeschenke«. Ja, wir waren Juden, aber damals sollten wir damit nicht unbedingt hausieren gehen. Wir feierten Weihnachten, nicht Chanukka. Meine Mannwerdung wurde zwar mit einer Bar Mitzwa gefeiert, aber – wie ich bereits erwähnte und Ihnen vermutlich bereits aufgefallen ist – es hat nicht funktioniert.

In die USA immigrierten die Eltern meines Vaters aus Russland oder Polen oder wie auch immer man jenen Landstrich nennt, der immer wieder hin und her getauscht wurde. Ich weiß nicht, aus welcher Stadt meine Familie kommt, aber in vagen Andeutungen war immer die Rede von Minsk oder Pinsk. Jedes Mal, wenn jemand »Minsk, Pinsk« sagte, rieb sich mein Onkel Davy, ohne es zu merken, die tätowierte Lagernummer auf seinem Unterarm. Er trug immer langärmelige Oberteile. Und sobald »Minsk, Pinsk« erwähnt wurde, erzählte immer irgendjemand die Legende von Max und Anna, die nach Amerika gekommen waren.

Max und Anna, die Eltern meines Vaters, waren 14 und 12 Jahre alt und ein Liebespaar, als sie die radikalen Roten Truppen unterstützten, die den Zaren stürzen wollten. Der junge Max wurde von den Weißen geschnappt, den Anhängern des Zaren, die den Stormtroopers bei *Star Wars* nicht ganz unähnlich waren. Max wurde in ein sibirisches Gefangenenlager verbannt. Tausende Kilometer westlich von Sibirien in Minsk oder Pinsk machte sich die nur zwölfjährige Anna auf die Reise, um ihren geliebten linksradikalen Jungen zu befreien. Da sie bettelarm war, musste sie laufen, aber wie eine Heldin aus einem Disney-Trickfilm konnte sie singen, was sie auch tat. An jedem Abend ihrer Reise sang sie für Kost und Logis in Dörfern und Bauernhäusern. Die Durchquerung Russlands dauerte fast ein Jahr, dann hatte sie es bis zum Tor des Gulags geschafft, in dem Max gefangen war. Mit dem Singen hatte sie auch ein wenig Geld verdient. Damit bestach sie die Wachposten, die wegschauten, als Max sich unter dem Stacheldraht hindurchzwängte und seine große Liebe in die Arme nahm. Laut der Erzählung wischte sich der Wärter eine Träne weg und gab ihnen die Hälfte des Bestechungsgeldes zurück.

Anna und Max flüchteten also in die wilden Wälder Sibiriens und rannten den ganzen Weg nach Hause bis nach Minsk oder Pinsk. Onkel Davy besteht darauf, dass hungrige Wölfe ihnen auf den Fersen waren. Im deutschen Bremerhaven warteten schließlich zwei Dampfertickets nach New Jersey auf sie, wo sie von Annas Verwandtschaft in Empfang genommen wurden. Die beiden ließen sich in Peterson, New Jersey nieder, wo einige ihrer Angehörigen eine gigantische Seidenspinnerei aufgebaut hatten, die später in ihren Besitz überging. Großartige Geschichte, oder?

Alles, was ich gerade erzählt habe, ist gelogen. Aber ich schwöre, dass ich diese Geschichte mein ganzes Leben lang geglaubt habe. Bis vor zehn Jahren dachte ich, dass Opa Max und Oma Angie krasse, sozialistische Freiheitskämpfer gewesen waren. Es war mein Bruder, der mich aufklärte, als ich ihn und seine Frau Deb eines Tages an der Küste von Jersey besuchte. Deb hatte die Geschichte von Max' und Annas Odyssee voller Liebe und radikaler Revolution noch nie gehört, also begann ich zu erzählen. Von Anfang an schüttelte mein Bruder ungläubig den Kopf und als ich beim sibirischen Lager angekommen war, lachte er laut los.

»Wer hat dir denn den Scheiß erzählt?«

»Alle, Alan, alle.«

Hier kommt also die wahre Geschichte von Max und Anna in der Version meines Bruders, dem Sie eher glauben sollten als mir.

Max war kein Roter, sondern der Sohn eines reichen jüdischen Geschäftsmannes, dem Besitzer eines großen Warenhauses in Minsk, Pinsk. Er war ein überzeugter Anhänger des Zaren Nikolaus, dessen Regime extrem antisemitisch war. Mein Opa war also ein Überläufer und Verräter. Max war Mitglied einer Jugendorganisation, einem lokalen Schlägertrupp des Zaren. Auch Annas Familie war wohlhabend. Daher konnte sie sich Gesangsunterricht leisten, der ihr später einen Soloauftritt in der Carnegie Hall einbringen sollte. Das Wichtigste kommt aber noch: Max und Anna hassten einander, denn es war eine arrangierte Ehe. Er ging in die USA und ließ Anna zurück. Sie folgte ihm zwei Jahre später, wobei ihre Familie sie buchstäblich auf jenes Schiff schieben musste, das sie in die Arme des Mannes, den sie verachtete, befördern sollte. Es gab kein Sibirien. Die Wölfe waren vielleicht Onkel Davy auf den Fersen, nachdem er aus dem Vernichtungslager befreit worden war und keinen Menschen oder Ort hatte, an den er sich hätte wenden können. Monatelang wanderte er umher und vielleicht haben ihn damals die Wölfe als angeschlagene Beute erschnüffelt. Aber Anna und Max sind nie irgendwelche Wölfe zu nahe gekommen, es sei denn Anna trug sie als Pelz. Diese Geschichte ist eine gute Überleitung zum Thema Autobiografien und Wahrheit:

Ich soll nicht lügen. Dennoch werde ich in diesem Buch hin und wieder lügen – kleine Lügen, damit die Geschichte mehr Spaß macht. Ich lüge sehr gern. Ich erzähle gern Geschichten. Doch dieses Buch habe ich für meine Tochter und meine Enkel geschrieben und ich wünsche mir, dass sie die Wahrheit über mein Leben erfahren, falls es sie irgendwann mal interessieren sollte. Also verspreche ich Ihnen, dass ich in keiner wichtigen Angelegenheit lügen werde: So wie bei der Geschichte von Anna und Max werde ich Lügen erzählen, die ich für wahr hielt, und sie anschließend korrigieren. Zweifellos werden auch Lügen dabei sein, die ich heute noch für wahr halte. Da ich fast zwanzig Jahre lang Übung darin hatte, den Menschen vorzulügen, dass ich ein Junge war, habe ich eine große Begabung fürs Lügen entwickelt.

Ich soll nicht lügen.

Es ist mir in die Haut geschrieben. Ich sehe es jedes Mal, wenn ich auf meine Hand blicke.

*

In seiner Jugend arbeitete mein Vater in der Seidenspinnerei. Dann besuchte er als erstes Familienmitglied ein College. Den Großteil der Studiengebühren zahlte seine Zwillingsschwester Frances – solche

Dinge taten Frauen damals für ihre Brüder. Frances konnte nie verstehen, warum ich eine Frau sein wollte, und ich konnte es ihr nie erklären. Mein Vater hatte aber auch verschiedene Jobs, mit denen er sein Medizinstudium finanzierte. Als Amateurboxer fügte er sich ein Blumenkohlohr und den ersten von drei Nasenbrüchen zu. Beim dritten Bruch war ich dabei. Er war auf Glatteis ausgerutscht und als er wieder aufstand, strömte das Blut nur so über sein Gesicht. Er fluchte und schnauzte mich an, ich solle aufhören zu heulen wie ein kleines Mädchen.

Bei einem anderen Job testete mein Vater die Geschwindigkeit von Rennwagen auf dem Indianapolis Motor Speedway. Während der Prohibitionszeit fuhr er im Sommer Rum über die kanadische Grenze in die USA bis zur Küste New Jerseys. Er arbeitete für Dutch Schultz, den berüchtigten Bierbaron der Bronx. Mein Vater hatte das perfekte Aussehen für diese Aufgabe: ein düsteres, russisches Gesicht mit dreifach gebrochener Nase, viel Gel im Haar und ein schiefes Lächeln, bei dem den Mädels die Knie schwach wurden. Mein Dad war ein Bad Boy und gleichzeitig der neue Arzt in der Stadt, also die beste Partie, die man sich vorstellen konnte. Nicht dass meine Mutter auf der Suche nach einer guten Partie gewesen wäre; sie ging damals auf die Universität und trug den Verlobungsring von Leon Goldberg an ihrer Halskette.

*

Meine Mutter, geboren als Mildred Lillian Vandam, war das jüngste von drei Kindern im Haus von Albert Herman Vandam und seiner Frau Esther Cohen Vandam, die von allen Essie genannt wurde. Essie war ein aufgedrehtes, jüdisches Stadtpüppchen aus Downtown Henry Street und stand auf Gin. Auf jeder Party – ob als Mädchen, als Frau oder als alte Frau – tanzte sie wild mit dem Hintern wackelnd auf den

Tischen. Albert Herman war ein orthodoxer Jude, der die Hälfte des Jahres damit verbrachte, in Europa nach Reliquien zu suchen, die er im restlichen halben Jahr an die katholische Kirche verkaufte. Nachdem Al gestorben war, versuchte Essie dreimal sich umzubringen. Die letzten Jahre ihres Lebens verbrachte sie in unserem Haus, damit meine Eltern sie im Auge behalten konnten.

Meine Mutter war an der Upper West Side in New York City aufgewachsen, in einer Wohnung mit Blick auf den Hudson River, nicht weit von General Grants Grab. Sie ging auf die Julia Richmond High School, eine Mädchenschule an der East Side am anderen Ende der Stadt, wo sie in ihrem letzten Jahr den lesbischen Popliteratur-Klassiker *Quell der Einsamkeit* las. Mildred folgte ihrem Bruder Leroy an die Brown University. Dort sollte sie nach einem guten Ehemann suchen.

Wenn man es ganz genau nimmt, ging meine Mutter nicht auf die Brown University, sondern auf das dazugehörige Pembroke College für Mädchen. Jungs wie ich und Onkel Roy gingen auf die echte Brown University. Mädchen und Jungs erhielten den gleichen Unterricht, bis auf die Wohnheime war alles gemischt. Weil die Universität damals allerdings zu einem tief im baptistischen New England verwurzelten, rein männlichen Förderverein gehörte, konnte keine Frau einen Abschluss der Brown University erlangen.

Bis zum Jahr 1970 gab es zwei Ausnahmen im Rahmen dieser akademischen Geschlechtertrennung. Zwei Frauen sind im Besitz eines Abschlusses der Brown University von vor 1970: Wendy Carlos, eine avantgardistische Komponistin und Interpretin elektronischer Musik, machte ihren Abschluss, als sie noch Walter war. Die andere bin ich, Albert Herman Bornstein. Wenn ich heute eine Kopie meines Abschlusses anfordern und dafür bezahlen würde, stünde dort der Name Katherine Vandam Bornstein. In ihren eigenen Unterlagen hat die Brown University das bereits geändert.

*

Meine Mutter und mein Vater lernten sich während eines Hausbesuchs kennen, als er zur Behandlung ihrer Tuberkulose zu ihr nach Hause kam.

Paul Bornstein hatte seine Praxis in Belmar eröffnet, nur wenige Blocks vom Sommerhaus der Vandams entfernt. Damals gab es noch keine Klimaanlagen. Und da Ventilatoren heute wie damals nichts gegen die New Yorker Sommerhitze ausrichten können, flüchteten die meisten Bewohner aus der Stadt an den Strand, die Uferpromenade oder zum Hochseeangeln an die Küste von New Jersey.

Die 18-jährige Mildred lag krank im Bett. Ihre Mutter war sich ganz sicher, dass es Tuberkulose war. Der Hausarzt der Familie hatte nur über ihre Diagnose gelacht und war mit ihrem Mann Al zum Hochseeangeln gefahren. Essie blieb also allein bei ihrer Tochter zurück, die im obersten Stockwerk des Hauses an Tuberkulose starb.

Sie rief den netten neuen Doktor aus der Nachbarschaft an, einen Juden, was ihn noch netter machte, und schon wenige Minuten später stand Paul mit seiner kleinen, schwarzen Arzttasche vor der Tür, die auch aus einem Bild von Norman Rockwell hätte stammen können. Essie brachte den jungen Doktor Paul nach oben, in das Zimmer ihrer Tochter. Es war die perfekte Film-Noir-Szene: Böser Junge trifft auf reiches, junges It-Girl. Paul war ein herber und gut aussehender Typ. Er war Arzt, redete wie ein Fabrikarbeiter und hatte den Gang eines Wrestlers. Mildred lag in ihrem Bett, den Kopf von zahlreichen Kissen gestützt – ein modernes, zuckersüßes Mädchen der 1920er-Jahre. Es war Liebe auf den ersten Blick und sie liebten sich bis zu ihrem Tod.

Essie bestand darauf, während der Untersuchung im Zimmer zu bleiben. Paul näherte sich Mildred mit dem Stethoskop. Er tippte auf die Halskette mit dem Ring, die gut sichtbar genau über dem Herzen hing.

»Was haben wir denn hier?«

»Absolut gar nichts, Herr Doktor.«

Beiläufig löste Mildred Leon Goldbergs unsterbliche Liebe von ihrem Herzen und ließ sie auf den Boden fallen. Paul lachte und setzte das Stethoskop an. Man kann sich leicht denken, dass er einen schneller werdenden Atem und Herzschlag hörte.

Sie waren ein reizendes Pärchen, meine Eltern. Mildred war anmutig, elegant und schön. Paul war charmant, raubeinig und gutaussehend. Meine Mutter hielt sich für das glücklichste Mädchen der Welt, mein Vater verstand nie, wie eine Klassefrau wie Mildred sich in einen Trampel wie ihn hatte verlieben können.

*

Als meine zukünftige Teenagermutter, die nicht im Geringsten tuberkulös war, meinem zukünftigen Vater schöne Augen machte, war L. Ron Hubbard wie mein Dad in seinen frühen Zwanzigern. Während mein Vater seine Praxis an der Küste von New Jersey aufbaute, trampte Ron Hubbard angeblich durch Asien, wo er östliche Religionen und Bräuche studierte. Jedenfalls glaubten wir das alle bei Scientology. Er war ein Entdecker, ein furchtloser Erforscher der düstersten Tiefen und sternenhellen Höhen der menschlichen Seele. Er entwarf und baute die *Brücke zur totalen Freiheit*.

Lafayette Ronald Hubbard war ein vierschrötiger Kerl, genau wie mein Dad, und wurde am 13. März 1911 in Tilden, Nebraska geboren. Mein Vater kam nur einige Monate später auf die Welt, am 9. Mai. Wenn man der autorisierten Biografie glaubt, war der erst vierjährige Ron bereits mit sämtlichen Überlieferungen der Schwarzfußindianer vertraut, deren Stammesälteste ihn zu einem vollwertigen Blutsbruder ernannten. Außerdem wurde Ron im Alter von 13 Jahren der jüngste Eagle Scout in der Geschichte der Pfadfinderei. So stand es in der autorisierten Biografie und als Scientologen glaubten wir daran. Ein Großteil dieser Biografie ist zerpflückt worden. Es gilt als erwiesen, dass viele der fantastischen Behauptungen über L. Ron Hubbards Leben schlichtweg gelogen sind – Sie können es ja mal googeln. Als Scientologen gingen wir immer davon aus, dass er die Wahrheit nur ein bisschen ausgeschmückt hatte, um eine gute Geschichte noch besser zu machen, glaubten aber, dass die Berichte über sein angeblich eindrucksvolles und heiliges Leben auf Tatsachen basierten.

*

Nach einer schicklichen Verlobungszeit heirateten meine Mutter und mein Vater. Nach dem Verstreichen eines ebenso ehrenhaften Zeitraums brachte meine Mutter meinen Bruder Alan Vandam Bornstein zur Welt. Ja, wir waren zwei Als. Er war der große Al, ich der kleine Al. Der Vollständigkeit halber: Ich habe auch noch einen Cousin namens Al. Der große Al und Cousin Al waren Vorkriegskinder, ich war ein Nachkriegskind.

Ein Jahr nach der Geburt meines Bruders bombardierten die Japaner Pearl Harbor. Am selben Tag meldete sich mein Vater zum Militärdienst. Er diente in MASH-Einheiten, den mobilen Feldlazaretten, in ganz Nordafrika. Im Laufe der Jahre stieg er bis zum Oberstleutnant auf und befehligte gegen Kriegsende seine eigene MASH-Einheit in der Nähe von Paris. Ich habe ein Foto meines Vaters, auf dem er in der Wüste Nordafrikas im Freien an einem Feldtisch sitzt. Die Sonne brennt und er hat sein Hemd ausgezogen, ist tief gebräunt und schreibt einen Brief. Es muss ein Brief an Mildred sein, denn sein ganzer Körper scheint »Ich liebe dich« zu sagen – er strotzt nur so vor Sinnlichkeit.

Mein Lieblingsbild der beiden wurde am Tag seiner Rückkehr aus dem Krieg aufgenommen. Sie sind zum Abendessen ausgegangen und sitzen nebeneinander in einem Separee eines Restaurants. Das Foto wurde von der gegenüberliegenden Seite des Tisches aufgenommen. Sie sind mit dem Essen fertig. Meine Mutter hat sich zu meinem Vater gedreht und umarmt ihn mit so viel Freude, Ergebenheit und Liebe, dass auch mein Dad von einem schüchternen Glücksgefühl ergriffen wird. Ein schönes Bild.

*

Sieben Monate nach der Rückkehr meines Vaters verlor meine Mutter ein kleines Mädchen. Wenige Monate später wurde ich in diesem wunderlandgleichen Schoß empfangen. Und hier kommt meine These: Ich glaube, dass kein Mensch wissen kann, was mir die Vormieterin meines mütterlichen Uterus zur Weiternutzung hinterlassen hat. Ich bin mir aber sicher, dass der Mädchenkörper eigentlich für mich bestimmt war und dass ich meinen Dad »Daddy« hätte nennen sollen. Und das ist schlicht und ergreifend kein angemessenes Material für ein Gemälde von Norman Rockwell oder einen Disney-Trickfilm.

Kapitel 2

Von Frauenhassern und harten Jungs

Ich habe mir immer *Die kleinen Strolche* angesehen, diese wöchentliche Fernsehserie über eine Bande vorpubertärer Jungs. Die meisten von ihnen waren Arbeiterkinder. Einige waren obdachlos und lebten bei einer alten Frau, die sie Granny nannten. Sie erlebten Jungs-Abenteuer, die fast hätten wahr sein können. In einer bekannteren Folge gründen die kleinen Strolche den Frauenhasserklub der Ganzen Kerle. Ich fand das nicht witzig. Ich wollte Audrey Hepburn sein: dünn, elegant, charmant, entzückend, klug, talentiert und ein Star. Ich wollte nicht, dass die kleinen Strolche mich hassen.

Weil nichts von dem, was Jungs so trieben, für mich selbstverständlich war, lernte ich zu schauspielern. Ich hörte auf, schreiend vor Spinnen und Insekten wegzurennen. Ich wurde ein Wölfling, ein junger Pfadfinder. Als dann aber die Zeit für meinen Initiationsritus als echter Pfadfinder gekommen war, rannte ich voller Angst davon. Mein erstes echtes Pfadfindertreffen sollte in der alten Feuerwache eines Dorfes in Fahrraddistanz zu meinem Zuhause stattfinden. Ich trug meine Wölflingsuniform. Man hatte mir gesagt, das sei freiwillig, aber die Uniform mit all den Abzeichen gab mir den Mut, den ungefähr dreißig großen Jungs gegenüberzutreten. Ich vermutete, dass sie alle Pfadfinder waren, aber das ließ sich unmöglich genau sagen, weil sie nämlich ihre Uniformen nicht trugen. Genau genommen waren alle splitternackt. Es roch nach Nacktheit, nach nackten Jungs. Sie lachten, zeigten auf mich und riefen, ich solle meine Klamotten ausziehen. Ich kleines pummeliges

Ding sah zu, dass ich wegkam, und rannte eine halbe Stunde bis nach Hause. Das war kein Ort für einen Wölfling, kein Ort für ein Beta-Tier wie mich.

Sie haben sicher von Alpha-Tieren gehört. Ihnen gehören die Dinge. Sie besitzen ein Revier, sie besitzen ihre Partner und ihre Kinder. Mein Vater war so ein Alpha-Tier, L. Ron Hubbard auch. Zwei meiner drei Ehefrauen und jede Butch-Lesbe, mit der ich jemals im Bett gelandet bin, waren Alpha-Tiere. All meine Liebhaber waren Alpha-Tiere ... wuff!

Ich bin ein Beta-Tier, immer gewesen. Wir besitzen nicht, wir gehorchen. Wir geben nicht die Richtung vor, wir dienen. Alpha- und Beta-Tiere überleben durch Symbiose. Die einen könnten ohne die anderen nicht existieren. So lange ich zurückdenken kann, habe ich mich immer nach der Liebe eines Alpha-Tieres verzehrt.

Natürlich geht es dabei nicht immer um Liebe – das ist zwar die Wunschvorstellung, aber so läuft's nur im Märchen. Ein Beta-Tier zu sein bedeutet meistens, in Angst und Schrecken zu leben. Nicht jedes Alpha-Tier, dem man begegnet, wird auch zum Liebhaber. Man verbringt also viel Zeit damit, echten Arschlöchern zu dienen, auch wenn man gleichzeitig lernt, wie man mit ihnen umzugehen hat. Welpen wissen genau, wie man mit Alpha-Daddys umgeht. Bei einer kurzen Amazon-Suche fand ich elftausend Bücher über Welpen und das waren nur die englischen Titel. Welpen sind niedlich – und dieses Niedlichsein ist die Grundlage des Verhaltens als Beta-Tier. Na los, geben Sie es zu, Welpen sind bezaubernd. Sie drehen sich auf den Rücken, strecken alle viere von sich, machen sich lang, winden sich und pinkeln dann vor lauter Aufregung los.

Diese Art des Verhaltens, das Niedlichsein, ist entwaffnend. Niedlichsein ist eine Überlebensstrategie. Niedlichsein ist, was uns Welpen, Wölflinge und Beta-Tiere am Leben erhält angesichts des, nun ja, großen bösen Wolfs. Wir zeigen damit:

»Ich will dein Land nicht, ich will deinen Partner nicht und auch nicht deine Kinder. Sieh mich an, ich entblöße Hals und Bauch. Nur ein Biss, mehr bräuchte es nicht ... und ich würde wahrscheinlich ziemlich gut schmecken. Ich stelle keine Bedrohung für dich dar. Du jagst mir solche Angst ein, dass ich mich vollpinkle. Aber bin ich nicht niedlich? Du willst mir nicht wehtun, Daddy. Du willst mich knuddeln. Und wenn du ganz lieb bist, bekommst du viel mehr von mir als nur eine kleine Kostprobe von meinem Blut.«

Mein ganzes Leben lang habe ich mich für Alpha-Daddys auf den Rücken gerollt.

Doch Niedlichsein war nichts, was man von Jungs und Männern erwartete. Niedlich zu sein hatte keinen Nutzen. Geld gab es dafür auch nicht, es sei denn, man war im Showbusiness unterwegs. Aber selbst dort, egal wie furchtbar niedlich sie alle sein mochten, verdienten damit nur wenige Jungs und noch weniger Männer ihren Lebensunterhalt. Außerdem verkündeten damals alle Massenmedien laut und deutlich, dass niedlich automatisch dumm bedeutete. Radioprogramme mit feministischen Standpunkten gab es damals nicht. Niedlich war dumm. Die Einzigen, die in den Massenmedien der 1950er-Jahre auf ihren Bäuchen krabbelten, sich auf den Rücken drehten und ihre Hälse so weit es ging reckten, waren Mädchen und Frauen. Ich sah ihnen dabei zu und sagte mir immer wieder: »Das bin ich! Das bin ich und ich habe immer ein Lächeln im Gesicht. Das bin ich: Ich mache alle glücklich, indem ich einfach nur die Straße entlang spaziere.« Für meinen jungen Verstand war diese Identifikation mit dem Niedlichsein der Beweis dafür, dass ich kein Junge war und nie zu einem Mann heranwachsen würde. Genauso ging es, wie sich später herausstellte, meinem Vater. Nein, Paul Bornstein war kein Mann.

Was ich Ihnen jetzt hier offenbaren werde, ist ein ziemlich krasses Familiengeheimnis, aber als Vertreter der ältesten lebenden Generation meiner Familie kann ich selbst entscheiden, welche Geheimnisse ich preisgebe und welche ich für mich behalte. Ich behaupte zwar nicht, dass Paul Bornstein etwas Feminines an sich gehabt hätte *(au contraire!)*, aber es gab zwei Dinge, die an seiner ansonsten makellosen Männlichkeit kratzten: Mein Vater hatte nie eine Bar Mitzwa gemacht. Und mein Vater hatte Brüste.

Die Bar Mitzwa ist für einen jüdischen Jungen der einzig wahre Weg zur Mannwerdung, also war mein Dad streng genommen immer noch ein Junge – und dass es keine Bar Mitzwa gegeben hatte, wusste ich ganz genau. An seinem ersten Tag in der Hebräisch-Schule geriet mein Vater in einen Streit mit dem Rabbi und trat ihm gegen das Schienbein. Dann rannte er aus dem Klassenzimmer und kehrte nie wieder zurück. Dem jüdischen Gesetz nach steckte mein Vater wegen seines Temperaments den Rest seines Lebens in der Jugend fest. Tatsächlich hielt es unsere Familie mit dem jüdischen Gesetz nicht so genau. Dad bezeichnete uns immer als weltliche Juden. Bar Mitzwa hin oder her – mit dreizehn Jahren war mein Dad schon ein hart arbeitender Fabrikarbeiter und das machte ihn in den Augen meiner Familie zum Mann.

Mit den Brüsten meines Vaters war es da schon deutlich schwieriger. Seine Möpse waren aus Fleisch und Blut. Es waren auch nicht wirklich die Brüste eines dicken Mannes. Jimmy Rubin war's, der mich an einem schönen Sommertag am Strand darauf aufmerksam gemacht hatte:

»Mein Gott, dein Dad hat Titten!«

»Hat er nicht.«

»Und ob! Guck sie dir doch an!«

Meine Fresse, da waren sie. Aus dem haarigen Brustkorb meines Vaters wuchsen große, pralle Brüste. Sie waren sogar ein bisschen spitz, mit süßen, kleinen, rosafarbenen Nippeln. Sie denken jetzt vielleicht, dass sei ein traumatisierender Moment in meinem Leben gewesen, aber bedenken Sie, dass ich eine zukünftige Transsexuelle war. Ich empfand die Titten meines Vaters eher als beruhigend.

Ich war damals zehn Jahre alt und hatte mich die letzten sechs Jahre dafür gehasst, dass ich ein Mädchen sein wollte. Jetzt wusste ich, dass ich nicht der Einzige war: Mein eigener Vater war teilweise ein Mädchen. Also, im Ernst jetzt. Ich erklärte mir das folgendermaßen: Mein Vater hatte eine Zwillingsschwester und ihre Körper blieben ihr ganzes Leben lang eng miteinander verbunden. Neun Monate lang hatten sich mein Vater und seine Schwester Fleisch und Blut und Hormone und weiß der Geier was sonst noch geteilt. Welche Auswirkungen das wohl gehabt haben könnte?! Ich weigere mich, nach der Antwort zu googeln, weil ich weiter an diesen Zauber glauben möchte. Schließlich habe ich den gleichen Zauber erlebt, als ich in einen Mutterleib schlitterte, der noch voll der Wärme jenes Mädchens war, das es nur wenige Monate vorher nicht lebend in unsere Welt geschafft hatte.

*

Über die Geschichte von meinem Vater und den Tritt gegen das Rabbi-Schienbein in der Hebräisch-Schule habe ich irgendwann im letzten Jahrhundert mal einen Artikel für die *New York Times* geschrieben. Sie muss also wahr sein. Tja, ist sie aber nicht. Wieder eine Lüge, von der ich mein ganzes Leben lang glaubte, sie sei wahr. Nachdem mein Bruder diese Geschichte in der Zeitung gelesen hatte, rief er mich an und fragte:

»Sag mal, woher hast du das mit Dad und dem Tritt gegen das Schienbein vom Rabbi?«

»Er hat es mir erzählt. Mom hat es mir erzählt.«

»Völliger Schwachsinn. Er ging nicht mehr zur Hebräisch-Schule, weil er zu viel in der Fabrik zu tun hatte. Er hatte einfach keine Zeit mehr und du weißt doch selbst, dass er sowieso nicht wirklich an den ganzen Scheiß geglaubt hat.«

Mir gefällt die Version meines Vaters besser. An dem Tag, an dem ich Scientology verließ, musste ich daran denken, wie mein Vater seinem Rabbi gegen das Schienbein trat.

*

In den späten Sechzigern und frühen Siebzigern ersetzte das Wort »Chauvinistenschwein« den Frauenhasser. Für einen Chauvi waren Männer mehr wert als Frauen. Paradoxerweise hoben einige Chauvis ihre Frauen auf einen Sockel, als Denkmal ihrer Fantasie, aber genau dort hatten die Frauen auch zu bleiben. Was glauben Sie, wie viele kulturelle Nebenflüsse wohl in jenen gewaltigen Strom der Frauenfeindlichkeit sprudeln, der durch die ganze Welt fließt?
Mein Dad bezeichnete sich selbst voller Stolz als Chauvinistenschwein. Er grunzte, egal ob zu Hause oder vor anderen Leuten, auf Partys, auf der Arbeit, in Restaurants, Bars oder am Strand. Er grunzte. Unser Dad sammelte sogar kleine Schweinchen und platzierte sie voller Freude in einer Reihe auf dem Fernseher. Er trug auch Hemden und Krawatten mit Schweinchenmotiven, allerdings nicht gleichzeitig. Das hätte meine Mutter nie erlaubt. Er trug Manschettenknöpfe mit einem zähnefletschenden Wildschwein, dem Maskottchen eines Colleges. Er besaß ein hinreißendes Plüschschwein auf der Hutablage seines Autos, einem Buick Riviera mit dem Nummernschild MCP-1 für *Male Chauvinist Pig*, männliches Chauvinistenschwein. Von Mädchen und Frauen verlangte er 25 Cents, wenn sie in seinem roten Ledersessel sitzen wollten, der nach Latakia roch. Umsonst in Dads Sessel sitzen zu dürfen, war einer der Vorteile, ein Junge zu sein.
»Dad, du bist wirklich ein sexistisches Schwein.«
»Ja, verdammt. Das bin ich.«
Wir lachten alle. Und bewahrten uns so den familiären Frieden, wenn wir die kleinen Späße meines Vaters mit einem Lachen quittierten.

Die Geschlechterfrage war eine einfache Angelegenheit in unserer Familie. Von echten Männern wurde erwartet, dass sie Frauen hassten oder zumindest wussten, dass sie selbst deutlich mehr wert waren als Frauen. Vom Tag ihrer Hochzeit bis zum Tag, an dem mein Vater zum Sterben ins Krankenhaus ging, hatte er jedes einzelne Kleidungsstück gekauft, das meine Mutter trug. Er kaufte ihr auch fast allen Schmuck, immer aus Gold. Er kaufte ihr Düfte von Chanel und Yves St. Laurent und ihre Sommergarderobe stammte ausschließlich von Lilly Pulitzer. Fragen Sie mich nicht, wie ein Junge dazu kommt, all diese Dinge zu wissen ...

Zwei Jahre nachdem mein Vater gestorben war, rief meine Mutter mich an. Ich war damals ein frischgebackenes Mädchen und unterhielt mich mit Begeisterung über Klamotten. An diesem Tag jedoch war es meine Mutter, die sich wie eine Teenagerin anhörte.

»Ich war heute im Kaufhaus, Kate«, berichtete sie aufgeregt, »und habe mir einen Pullover gekauft. Kaschmir, mit Perlenknöpfen. Na ja, die Knöpfe sind keine echten Perlen, aber ich glaube, das macht nichts, oder?«

Es war ihr erstes selbst gekauftes Kleidungsstück in vierzig Jahren.

»Unechte Perlenknöpfe? Mom, das ist großartig. Wow!«

»Ja, Albert. Wow!«

»Kate.«

»Oh, entschuldige Schatz. Kate!«

*

Ron Hubbard und Paul Bornstein wuchsen mit einem Verständnis von Sexualität auf, das keinerlei Nachdenken erforderte. Du warst ein Mann und liebtest Frauen oder du warst eine Frau und liebtest Männer. Alles andere war unschicklich oder pervers. In ihrem System kamen Lesben, Schwule, bisexuelle Männer und Frauen, Sadomasochisten oder Urban-Tantra-Anhänger allerhöchstens als Freaks vor. Was Geschlechter betraf, so existierte keine Intersexualität und das Wort »transsexuell« sollte erst 1963 erfunden werden. Ihr System von Sexualität und Geschlecht ignorierte die selbstbestimmten Geschlechter hunderttausender She-males, Lesben, Tunten, Dragqueens, Dragkings, Butches, Femmes, Crossdresser, Uniformfetischisten und aller anderen, die in den dunklen Zerrspiegeln meiner Tag- und Albträume tanzten. Es gab keine Worte dafür, weder in Pauls selbst errichtetem Haus noch in der »Kirche«, die Ron geschaffen hatte.

*

Ich war gerade acht Jahre alt geworden, als ich unter den Kriegssouvenirs meines Vaters das Foto einer nackten Frau fand, aufgenommen in Frankreich während des Zweiten Weltkriegs. Weil sie nackt war, konnte man die Haare zwischen ihren Beinen und unter den Achseln sehen, was auch deswegen gut zu erkennen war, weil sie mit schmerzhaft weit gespreizten Armen und Beinen von acht US-Soldaten festgehalten wurde. Die nackte Frau hatte ihr langes, welliges Haar zur Seite geworfen und man sah ihr Gesicht. Sie weinte. Oder sie schrie. Dahinter reckten zwanzig oder mehr US-Soldaten jubelnd ihre Gewehre in die Luft. Erst viele Jahre später sprach ich meinen Vater auf das Bild an.

»Sie war eine Nazispionin. Sie bekam von uns, was sie verdient hatte.«

Meine Mutter hatte Dad mit einer großen Ladung Kondome in den Krieg geschickt, die sie sorgfältig in seinem Armeesack verstaut hatte. Sie wusste, wie Jungs nun mal sind, und wollte, dass mein Vater wenigstens vorbereitet war. Sie hingegen war nicht auf die Frau vorbereitet, die einige Monate nach Kriegsende an unserer Haustür klingelte. Meine Mutter kam gerade ihren Pflichten als gute Hausfrau nach und kümmerte sich um Alan, meinen sechs Jahre alten Bruder. Sie war im siebten Monat schwanger mit dem kleinen Mädchen, das nie geboren werden sollte. Dingdong. Meine Mutter öffnete die Tür, vor der eine hübsche junge Frau stand, ihre Garderobe stammte jedoch eindeutig von Sears & Roebuck. Wenn meine Mutter diese Geschichte erzählte, legte sie immer besonderen Wert auf den Teil mit Sears & Roebuck, jener Fünfzigerjahre-Version von K-Mart. Die junge Frau an unserer Wohnungstür war nervös, aber sie hob ihr Kinn und sagte:

»Ich habe Paul in Frankreich kennengelernt. Dürfte ich reinkommen?« Meine Mutter rührte sich nicht von der Stelle.

»Mein Name ist Mrs. Paul K. Bornstein. Und Sie sind ...?« Kenne immer den Namen einer Person, die mit dir sprechen will, bevor du in ein Gespräch einwilligst, hatte meine Mutter mich gelehrt. Die Frau an der Tür sagte ihren Namen und fügte hinzu, dass sie und Paul jahrelang gemeinsam gedient hätten. Meine Mutter reagierte nicht.

»Mildred, ich bin hier, um Ihnen zu sagen, dass Paul sich von Ihnen scheiden lassen wird.«

Schweigen.

»Paul und ich werden heiraten und wir werden Ihren Sohn mitnehmen.«

Meine Mutter erlaubte sich das Aufblitzen von Wut in ihren Augen, gefolgt von dem eisigen Blick einer Schneekönigin.

»Junge Dame, das Wenige, was ich von Ihnen weiß, reicht, um sicher zu sein, dass Sie nicht einmal annähernd die Frau sind, die Paul braucht. Ich bin diese Frau. Sie hatten Ihren Spaß und jetzt gehen Sie nach Hause und besorgen Sie sich einen anderen Mann.«

Die junge Frau sackte in sich zusammen.

»Er wusste, dass Sie so etwas sagen würden.« Sie ging weg und kam nie wieder. So hat es jedenfalls meine Mutter erzählt.

Kapitel 3

Was Sex damit zu tun hatte

Mein Vater fuhr mit mir zum Eis essen. Essen war ein sehr wichtiger Bestandteil unserer Beziehung. Ich schaute aus dem Fenster auf den vorbeisausenden Bürgersteig.
»Bist du noch Jungfrau?«
»W... was?«
»Was?«
»Was?«
Wenn ich meine Antwort auf eine Frage hinauszögern oder vermeiden wollte, nutzte ich das taube Ringerohr meines Vaters aus.

Ich hatte Sex, sogar jede Menge, aber bis dahin nie Geschlechtsverkehr mit einer Frau gehabt. Ich hatte großartigen Sex, bei dem ich, in eine weiche Socke masturbierend, gierig auf die Frauen- und Mädchenunterwäsche aus dem Sears & Roebuck-Katalog starrte oder auf nackte eingeborene Frauen aus fernen Ländern in der *National Geographic*. Das waren keine besonders erotischen Bilder, keine Pornografie. Es waren einfach nur Frauen, die in Damenwäsche oder nur mit Lendenschurz bekleidet in die Kamera starrten, als hätten sie noch nie zuvor eine gesehen. Ich starrte auf diese Bilder und holte mir einen runter und sobald ich mich so fühlte, als sei ich das jeweilige Mädchen, kam ich.

Natürlich war mir klar, nach welcher Art Sex mein Vater fragte: Jungs und Mädchen, genitaler Geschlechtsverkehr. Ich war allerdings ein kleiner, fetter, jüdischer Junge, der sich mit netten, jüdischen Mädchen traf, mit denen ich nicht mal über Sex redete, da man so etwas mit netten, jüdischen Mädchen nicht tat.

Einige Male hatte ich im Kino voller Ehrfurcht die prachtvollen Brüste von Sophia Tranakis streicheln dürfen. Und weil sie ein griechisch-orthodoxes Mädchen war, ging das in Ordnung. Wir sprachen nie viel miteinander, sondern fielen nur knutschend übereinander her. Ich bewunderte ihre Brüste und Nippel, Sophia genoss meine verehrenden Hände und rieb mir wiederum den Schwanz durch meine Hose. Sie sah mir dabei in die Augen und befahl mir grinsend, nicht zu kommen. Was also sollte ich meinem Vater antworten, als er mich fragte, ob ich noch Jungfrau sei. Meine Verzögerungstaktik funktionierte: Er formulierte die Frage so detailliert, dass ich sie beantworten konnte.

»Ich meine, wurdest du schon flachgelegt oder nicht?«

»Noch nicht, nein.«

Die Stille im Auto umgab uns wie eine düstere Wolke.

»Aber Dad, ich glaube, vielleicht wird Sophia, du weißt schon, bald ... möglicherweise ...«

Er hob die Hand und ließ mich verstummen, seine Augen dabei die ganze Zeit auf die Straße gerichtet.

»Ich habe das mit deinem Onkel Jay besprochen.«

Onkel Jay war nicht mein Onkel, er war ein enger Freund meines Vaters und Onkel Jay war Psychiater. Oh Gott, war ich etwa noch Jungfrau, weil ich geisteskrank war?

»Onkel Jay hat eine Patientin, die Prostituierte ist, und hat für euch beide einen Termin gemacht.«

Was hatte er gerade gesagt? Eine Prostituierte? Ich meine, Gott sei Dank war ich nicht geisteskrank, aber Gottimhimmel: eine Prostituierte? Meine Gedanken sprangen sofort zu Shirley MacLaine als Ginny Moorhead, die Prostituierte mit dem goldenen Herzen und Partnerin von Frank Sinatra in *Verdammt sind sie alle*. Ich schmollte wie Ginny, was ich vor dem Spiegel geübt hatte. Mein Vater sah mich nicht, da er seinen Blick nie von der Straße abwendete, niemals. Nein, dieser Prostituiertenplan meines Vaters war für den Arsch und die Sinatra-Rolle bestimmt nichts für mich. Und, Moment mal, die Prostituierte war Onkel Jays Patientin? Das hieß, sie war geisteskrank. Ich bekam Angst.

Mein Vater hatte mittlerweile bei Carvel's, dem Softeisladen, gehalten und wir aßen schweigend unser Eis. Ich leckte meins, er biss große Stücke aus seinem. Zwischen den Bissen eröffnete er mir schließlich nicht nur, dass ich eine Verabredung mit einer Prostituierten – einer geistig labilen Prostituierten – hatte, sondern auch, dass meine erste erotische Begegnung in der Praxis meines Vaters stattfinden sollte und zwar auf dem Bett, wo sonst seine Patienten lagen, deren EKG-Werte ich maß.

In den Sommerferien arbeitete ich in der Praxis meines Vaters, der sich insbesondere auf Atemwegs- und Herzprobleme spezialisiert hatte. Seine Patienten waren also größtenteils alte Menschen, von denen jeden Tag zwei oder drei ein EKG benötigten. Mit Saugnäpfen befestigte ich zwölf Kabel an ihren Körpern, dickflüssiger Salzglibber sorgte für Leitfähigkeit. Nach einigen Patienten begann der Raum zu stinken. In diesem Zimmer, auf diesem Bett sollte ich meinen ersten Sex haben, mit einer Frau, die mit Sicherheit gute Gründe dafür hatte, zu Onkel Jay, dem Psychiater, zu gehen. Dann kam mir der Gedanke, dass sie womöglich verrückt wurde, weil sie Syphilis hatte. Vielleicht würde sie mich anstecken. Selbst wenn ich es schaffen sollte, diesen Abend zu überleben – brach ich damit nicht irgendein Gesetz, ganz zu schweigen von Onkel Jay?

»Wie kann Onkel Jay mich mit einer seiner Patientinnen zusammenbringen? Ist das nicht illegal?«

»Ich bezahle sie dafür, du Trottel, nicht Onkel Jay. Du triffst sie heute Abend.«

Regungslos starrte ich auf meine Eiswaffel.

»Amüsier dich gut, mein Sohn!«

Amüsiert war ich allerdings ganz und gar nicht, als ich Auge in Auge mit Audrey stand, der Frau, die mich zum Mann machen sollte. Sie sah aus wie Tante Frankie, die Zwillingsschwester meines Vaters, und das allein war schon in jeder Hinsicht falsch. Ich schaute immer mal wieder weg und sah sie dann wieder an, nur um sicherzugehen, aber sie sah immer noch aus wie Tante Frankie. Es war Sommer, es war heiß. Wir waren beide pummelig und meine Haut klebte, genau wie ihre. Ich stellte den Deckenventilator an und sah bei dämmrigem Licht dabei zu, wie sie sich aus ihrem Korsett kämpfte. Zu guter Letzt legte sie sich auf die EKG-Liege, spreizte ihre Beine und klopfte mit der flachen Hand auf das Laken. Gehorsam nahm ich Platz. Sie roch nicht besonders gut, aber ich glaube, das hatte eher mit der Hitze und dem Gummikorsett zu tun als mit fehlender Hygiene. Ich hatte meine Schuhe ausgezogen, sonst nichts. Sie neigte ihren Kopf zur Seite:

»Du möchtest das gar nicht, Schätzchen, oder?«

»Ich glaube nicht, nein, nicht wirklich.«

»Warum? Magst du Jungs?«

»Ich glaube nicht, nein.« Sie sah mir dabei zu, wie ich schweigend, mit den Armen rudernd nach Worten suchte.

»Komm her, Baby.«

Audrey zog meinen Kopf sanft auf ihre Brüste, die gut rochen, und so lagen wir still für eine halbe Stunde da. Später saßen wir in einer Milchbar.

»Ich heiße nicht wirklich Audrey. Ich heiße Alice.«

»So hätten sie mich genannt, wenn ich ein Mädchen geworden wäre. Warum Audrey?«

»Audrey Hepburn«, antwortete Alice. »Ich will so dünn und schön sein wie sie.«

An der Stelle hätte ich protestieren und ihr sagen sollen, dass sie wunderschön war. Stattdessen platzte die Wahrheit aus mir heraus, ohne dass ich etwas dagegen tun konnte.

»Ich will Holly Golightly sein.«
»Ach, wirklich?«
»Ja, wirklich. Du bist der erste Mensch, dem ich das je gesagt habe. Bitte sag es nicht Onkel Jay.«

Audrey tätschelte meine Hand. Ich fühlte mich viel zu verwundbar und wechselte das Thema.

»Warum gehst du zu Onkel Jay?«

Das breite Grinsen hatte ich nicht erwartet.

»Ich verletze Menschen, dann verlasse ich sie.«

»Mich hast du nicht verletzt.«

»Du bist nicht gefährlich.«

Wir tranken unsere Shakes aus und liefen durch den Sunset Lake Park zurück zum Ärztehaus. Die Luft roch nach Seewasser, die Bäume standen in voller Blüte. Ich erinnerte mich an die Regeln guten Benehmens und fragte sie, ob sie nach Hause gefahren werden wollte.

»Du kannst fahren?«

»Nein, nein. Ich rufe meinen Dad an und der holt uns ab.«

Es entstand eine peinliche Stille, als wir beide die damit verbundene Gefahr erkannten.

»Nein danke, Al. Es ist eine wunderschöne Nacht. Ich laufe am See entlang nach Hause.«

In jenen Tagen konnte eine Frau ungefährdet allein am späten Abend durch einen Park spazieren.

»Schlaf gut, Holly.«

»Du auch, Audrey.«

Wir umarmten einander – wie ich meinte, schwesterlich – zum Abschied. Von einem Münztelefon aus rief ich meinen Vater an und bat ihn, mich abzuholen.

»Hast du's getan?«

»Es war der Wahnsinn, Dad!«

»Das ist mein Junge!«

Ich habe ihm nie erzählt, was wirklich geschehen war. Er war stolz auf mich. Falls Audrey/Alice jemals Onkel Jay etwas erzählt haben sollte, habe ich es jedenfalls nie erfahren.

*

Mein echtes erstes Mal hatte ich mit Candy. Wir begegneten uns, als ich in der Abschlussklasse an der Pennington School war, einem Privatinternat für Jungen. Es war der Tag des Abschlussballs, eine Woche vor der Zeugnisübergabe. Ich hatte Bernadette Marlowe als meine Begleiterin eingeladen, die Schwester von Donny Marlowe, dem Kapitän der Ringermannschaft. Sie war meine große Liebe. Weil wir Hunderte von Kilometern entfernt voneinander lebten, hatte ich den Mut, offiziell meine unsterbliche Liebe kundzutun. Ich hatte Bernadette Marlowe zahlreiche Shakespeare-Sonette in makellosen fünfhebigen Jamben geschrieben.

Es war ein perfekter Frühlingstag mit einem wunderschönen Wechselspiel von Licht und Schatten und sanften Brisen, die den Duft von frisch geschnittenem Gras verbreiteten. Ich schlenderte über das Schulgelände und dachte über die letzten drei Jahre an der Schule nach, die erfolgreich für mich gelaufen waren: Ich war Klassensprecher, Herausgeber des Jahrbuchs und hatte mehrere Preise für Vorträge erhalten. Außerdem war ich, da ich Anfang des Jahres zu hungern gelernt hatte, sagenhaft dünn. Mein Strebertum hatte sich ausgezahlt. Dad war stolz auf mich, sogar ich war stolz auf mich. Ich hatte es auf die Liste der National Honour Society geschafft und frühzeitig die Zulassung für die medizinische Fakultät der Brown University erhalten.

Die Zeugnisübergabe sollte in der neuen Aula stattfinden. Sie war noch nicht ganz fertig, weshalb eigentlich niemand die Baustelle betreten durfte. Ach, scheiß drauf, dachte ich – schließlich stand ich kurz vor dem Abschluss. Ich suchte mir einen Weg in die Aula und stellte mich auf die Bühne, eingerahmt von roten Samtvorhängen. Ich blickte auf leere Sitzreihen und verbeugte mich. Plötzlich bewegten sich die Vorhänge.

Da war kein Wind, kein Geräusch. Leere Theater sind Orte enormer Kraft und endloser Möglichkeiten. Es sind Orte, an denen so gut wie alles passieren kann.

Ich rief:
»Hallo?«
Nichts.
»Ist da jemand hinter dem Vorhang?«
War das ein Schniefen?
»Alles okay?«
Ein Schluchzen. Ganz eindeutig ein Schluchzen.
»Hey, alles ist gut, ich tu' dir nichts.«
Hervor trat ein Mädchen, jünger als ich, vielleicht auch ein klein wenig älter. Ihr Gesicht war tränenüberströmt und sie sah genauso aus wie Shirley MacLaine als Ginny Moorhead in *Verdammt sind sie alle*, abgesehen davon, dass die Haare dieses Mädchens glatt bis über die Schultern fielen. Sie trug einen kurzen Rock, einen wirklich kurzen Rock. Es war der kürzeste Rock, den ich jemals bei einem Mädchen gesehen hatte, das nicht in einem Film mitspielte. Ich dachte gerade daran, dass Bernadette Marlowe, meine Verabredung für den Abschlussball und meine wahre Liebe, ihre Röcke immer bis weit über die Knie trug, wie es sich gehörte, als mir plötzlich dieses fremde, schöne Mädchen in die Arme fiel, sich festklammerte und gute fünf Minuten weinte. Danach war jeder Gedanke an *Verdammt sind sie alle* und an den Abschlussball verschwunden.

Später erzählte sie mir, dass sie Candy hieß. Ich schwöre bei allem, was mir heilig ist, dass das ihr Name war. Sie war von zu Hause weggerannt, um der Polizei zu entkommen, die sie per Gerichtsbeschluss in eine Besserungsanstalt bringen sollte.

»Ladendiebstahl«, sagte sie, »allerdings nicht nur der gelegentliche Lippenstift. Ich hätte wohl genug Zeug gehabt, um mein eigenes Kosmetikgeschäft zu eröffnen, wenn mein Stiefvater nicht die Polizei gerufen hätte, als er den Kram stapelweise im Flurschrank fand.«

Ich hatte noch nie jemanden kennengelernt, der einen Stiefvater hatte, und war ruckzuck in einem romantischen Teenagerfilm. Wie auf ein Stichwort verliebte ich mich Hals über Kopf und wie auf ein Stichwort sanken wir auf den Bühnenboden und knutschten zwei Stunden lang rum.

Zu diesem Zeitpunkt saß Bernadette Marlowe im Zug. Sie würde nicht vor dem frühen Abend ankommen. Ich wusste, was ich zu tun hatte, und ich tat es. Als Candy und ich kurz davor waren, es tatsächlich zu tun, nahm ich braver Junge eine Auszeit und überredete sie, den Seelsorger der Schule aufzusuchen. In der frühen Abenddämmerung liefen wir über das Schulgelände zur Wohnung des Seelsorgers. Er bat uns herein und seine Frau kochte Tee. Zu viert saßen wir dann im Wohnzimmer und Candy erzählte die Geschichte ihrer zerrütteten Familienverhältnisse: ein Stiefvater, der sie schlug; eine alkoholkranke Mutter, die nie versuchte, ihn aufzuhalten. Der Seelsorger, seine Frau und ich waren fassungslos. Solche Dinge geschahen in unseren Leben nicht. Solche Dinge geschahen höchstens ab und zu im Fernsehen.

Als sie mit ihrer Geschichte fertig war, erklärte der Seelsorger, dass Weglaufen alles nur noch schlimmer machen würde. Gutes Benehmen vorausgesetzt, würde man sie nach drei Monaten wieder aus der Besserungsanstalt entlassen. Es wurden also einige Telefonate geführt. Die Polizei aus ihrer Heimatstadt in New Jersey sollte einen Streifenwagen schicken, um sie irgendwann vor Mitternacht in den nächsten Stunden abzuholen. Candy vergrub das Gesicht in ihren Händen. Seit dem Betreten der Wohnung hatten wir uns nicht mehr berührt, aber jetzt streckte ich meine Arme aus und nahm ihre Hände in meine.

»Ich bleibe bei dir, bis die Polizei da ist.«

»Ach herrje, Al«, sagte der Seelsorger schnell, »was wird denn dann aus deiner Verabredung für den Abschlussball?«

Ich blickte in Candys Rehaugen, dann wieder auf den Seelsorger.

»Candy braucht mich mehr als Bernadette. Ich bleibe bei ihr.«

Dann taten der Seelsorger und seine Frau etwas, was Erwachsene sonst nie taten. Sie verließen die Wohnung, um den Abschlussball zu beaufsichtigen, und ließen uns allein zurück. Wir machten noch ein bisschen rum, schliefen aber nicht miteinander, obwohl Candy eindeutig wollte.

»Ich habe keine Gummis.«

»Das macht nichts, du kannst ja rausziehen, bevor du kommst.«

Ich hatte eine dunkle Ahnung, was das bedeuten sollte, aber ich war mir nicht sicher, wie oder wann ich das zu tun hatte. Dass ich noch Jungfrau war, wollte ich ihr nicht sagen. Wie ein Blitz schoss mir ein grandioser Satz durch den Kopf:

»Wir warten, bis du frei bist, dafür sollten wir beide frei sein.«

»Oh Al, das ist wirklich romantisch! Ich liebe dich.«

»Ich liebe dich, Candy.«

Als wir die blinkenden Lichter des Polizeiwagens durch das Fenster sahen, war es nach 23 Uhr und ich hatte den Abschlussball verpasst. Der Seelsorger sprach vor der Wohnung leise mit den Polizisten. Candy und ich schworen uns, dass wir uns schreiben und wiedersehen würden.

»Wenn wir beide frei sind ...«, hauchte sie mir ins Ohr. Mittlerweile hatte ich seit über vier Stunden einen Ständer, was sich am nächsten Morgen rächen sollte.

Wir gingen hinaus in den leichten Nebel und die Kühle der dunklen Frühlingsnacht und schützten mit den Händen unsere Augen vor dem grellen Taschenlampenlicht der Polizisten. Eine kleine Ansammlung aus Studenten und Lehrern begaffte neugierig jenes Wrack auf dem Highway des Lebens, das sich ihnen mit Candy, der Ausreißerin, und mir, ihrem Klassensprecher, darbot. Candy wurde von den Polizisten abgeführt und ich in das Büro des Direktors gebracht.

Bernadette Marlowe nahm am nächsten Morgen den Zug nach Hause, ohne dass wir uns gesehen hatten. Donny, ihr Bruder, wollte mich verprügeln, aber zwei andere Jungs zogen ihn gerade noch rechtzeitig von mir runter. Meine Eltern kamen gegen Mittag an und ich traf sie im Büro des Dekans. Ich wurde für drei Tage wegen ungebührlichen Benehmens suspendiert, weil ich gegen den Gentleman-Verhaltenskodex der Pennington School verstoßen hatte. Der Dekan gab bekannt, dass ich bei der Zeugnisvergabe keine Auszeichnungen erhalten würde. Ich durfte mich dazu nicht mehr äußern, meine Eltern schon.

»Sie können Albert nicht die Schuld dafür geben«, insistierte mein Vater, »er ist doch noch ein Kind!«

»Ja«, mischte meine Mutter sich ein, »was hat sich denn ihr sogenannter Seelsorger bitte schön dabei gedacht, die beiden allein in seiner Wohnung zu lassen?« Meine Gedanken wanderten zur Amme in *Romeo und Julia*. Genau das hatte er sich dabei gedacht.

Der Dekan blieb standhaft und mein Vater fuhr uns nach Hause. Wir hatten uns nichts zu sagen. Ich schloss mich drei Tage in meinem Zimmer ein. In der Zeit stellte ich fest, wie käseweiß meine Haut war, und probierte zum ersten Mal einen Selbstbräuner namens *Man-Tan* aus. Mein Gesicht, meine Hände und sogar die Handinnenflächen leuchteten grell orange. Drei Tage später kehrte ich für die Zeugnisausgabe in die Schule zurück. Niemand war so gemein, es anzusprechen.

Candy verbrachte den Sommer in der Besserungsanstalt. Wir schrieben einander täglich zwei, drei, vier Briefe und schworen uns unsterbliche Liebe. Am Tag ihrer Entlassung im späten August trafen wir uns in einem Motel auf halber Strecke zwischen ihrem und meinem Zuhause. Wir vögelten. Es war kurz, hastig und unbequem. Ich benutzte drei Gummis in weniger als dreißig Minuten. Es war ja nicht so, dass ich im Internet hätte recherchieren können, wie man Kondome benutzt. Wir küssten uns zum Abschied und gingen ohne irgendwelche Versprechungen auseinander.

Kapitel 4
Auf die Größe kommt es an

Als ich aufwuchs, war meine Familie ziemlich körperkontaktfreudig. Meine Mutter küsste alle auf die Wange, mein Vater hatte sich auf Bärenumarmungen spezialisiert. Er brummte und drückte so fest zu, dass die meisten Leute aufstöhnten. Wenn er mich, seinen jüngeren Sohn, auf dem Schoß hatte, war er jedoch zärtlich. Als das Nesthäkchen war sein Schoß immer für mich da. Er war ein fetter Mann mit einem großen Schoß. Insgeheim hatte ich mir geschworen, dass ich mich an dem Tag, an dem ich meine Arme vollständig um meinen Vater würde schlingen können, in ein Mädchen verwandeln würde. Ich versuchte es immer und immer wieder, aber Dad und ich waren zu pummlig, um meine magische Geschlechtsumwandlung herbeizuzaubern. Im Gegensatz dazu waren mein Bruder und meine Mutter schlank. Wir bezeichneten meinen Vater niemals als dick, obwohl er genau das war. Wir nannten ihn korpulent, stämmig oder gebaut wie ein Stier. Letzteres mochte er sehr.

In den 1970er-Jahren entdeckte mein Vater die Astrologie und damit den himmlischen Beweis, dass er ein Stier war. Mein Dad liebte es genauso sehr, ein Stier zu sein, wie er es liebte, ein Chauvinistenschwein zu sein. Er trug Rollkragenpullover mit großen, goldenen Stieranhängern an schweren Goldketten. Die Pullover waren immer zu eng. Fand er sich selbst gar nicht dick? Ich hatte niemals auch nur ansatzweise ein Fettröllchen über meinen Gürtel rutschen lassen. Schon als Kind versuchte ich, mich immer so zu kleiden, dass meine Fettpolster verborgen blieben.

L. Ronald Hubbard war dick, sogar noch dicker als mein Vater. Ich begegnete ihm 1972, als er gerade Rollkragenpullover für sich entdeckt hatte. Warum glauben dicke Männer, dass sie in enger Kleidung gut aussehen? Habe ich eine Phobie gegen Dicke? Wahrscheinlich schon, weil ich es einfach nicht ertragen kann, mich dick in einem Spiegel zu sehen – und eigentlich war das alles, was ich je im Spiegel sah: mich, zu dick. Dicksein war ein großes Thema in unserer Familie und geschlechterspezifisch zu betrachten. Meine Mutter erklärte es so:
»Mädchen können robust gebaut sein, aber es ist nicht besonders attraktiv und kann schnell in zu dick umschlagen. Bei Jungs ist das anders. Für Jungs ist ein bisschen Extrafleisch gesund.«

Mein Vater war ein gesunder Junge, ein Sportler. Es gab nicht besonders viele jüdische Athleten, aber mein Vater war einer von ihnen. Ich hasste Sportunterricht, in der Hinsicht kam ich nach meiner Mutter. Sie war in einem echten Schlamassel gewesen, als der Dekan des Pembroke College der Brown University sie damals zu sich zitierte und ihr mitteilte, dass sie nicht die erforderliche Anzahl an Sportkursen belegt hatte und keinen Abschluss erhalten würde, bis das nicht nachgeholt wurde. Ihr blieb ein Semester, um die verpassten Sportkurse aus fast vier Jahren nachzuholen. Meine Mutter entwarf einen cleveren Plan.

*

Auf der Tür stand: Phyllis HADWAY, HEAD COACH.
Zaghaft klopfte meine Mutter an die Tür.
»Kommen Sie rein, ich bin nicht nackt.«
Coach Hadway war eine stabil gebaute Frau mit Kurzhaarschnitt und festem Schuhwerk. Meine Mutter betrat das Büro und brach augenblicklich in Tränen aus. Sie konnte jederzeit Tränen herbeizaubern. Jedes Mädchen müsse das können, hatte sie mir gesagt, als sie

mich endlich als ihre Tochter akzeptiert hatte. Ihre Tränen rührten also Coach Hadway.

»Schätzchen, was ist los?«

Meine Mutter erklärte, dass sie sich, um ihren Abschluss zu erhalten, im physischen Sinne zu bilden habe. Coach Hadway nickte ernst.

»Das kriegen wir schon hin, Mildred. Wir können dich ja wohl kaum ohne Abschluss gehen lassen, oder?«

Natürlich konnten sie das nicht: Coach Hadway setzte sich für Mildred ein und der Dekan willigte ein, dass sie ihren Abschluss bekommen sollte, wenn sie die Sportprüfungen am Ende des Jahres bestünde. Und so kam es, dass sich das Leben meiner Mutter im letzten Jahr am College darum drehte, sportliche Aktivitäten vorzutäuschen. Für den Anfang trug Coach Hadway ihr auf, dreimal wöchentlich zu bowlen. Genau unter ihrem Büro war eine Bowlingbahn und Coach Hadway überzeugte sich durch die unverwechselbaren Geräusche rollender Kugeln und fallender Pins davon, dass meine Mutter tatsächlich bowlte. Sie wusste allerdings nicht, dass meine Mutter es sich auf einem dick gepolsterten Sessel bequem gemacht hatte und mit dem Fuß die Kugeln auf die Bahn kickte, während eine Freundin am anderen Ende der Bahn die Pins umstieß. Dabei nippten beide an ihren Martinis.

Der nächste Punkt auf der Liste war Schwimmen. Meine Mutter konnte nicht schwimmen, aber sie bestand die Prüfung, indem sie sich an einer langen Stange festhielt, die am anderen Ende von Coach Hadway gehalten wurde. Meine Mutter strampelte und spritzte, während die Trainerin langsam von einem Ende des Schwimmbeckens zum anderen lief und meine Mutter über die Distanz zog, die sie für das Bestehen der Prüfung benötigte. Das ist die wahre Geschichte über den College-Abschluss meiner Mutter. Von meiner Mutter habe ich gelernt, dass Lesben gutherzig sind, was ich in den meisten Fällen bestätigen kann.

*

Meine Mutter unterstützte schon früh die Bürgerrechtsbewegung, was für unsere Familie zur Folge hatte, dass wir so viel wie möglich von Farbigen kauften, die erst dreißig Jahre später Afroamerikaner genannt werden sollten. Ihre Läden lagen westlich der Eisenbahnschienen an der Springwood Avenue. Mr. Knuckles, unser Elektriker, Ray von der Wäscherei, Mr. Gray, der Schneider, und Ray, der Klempner, alle hatten sie ihre Läden in der Springwood Avenue. Dort befand sich auch der Fisch's Department Store, in dem meine Mutter immer Klamotten für mich kaufte.

Weil der Laden vor allem das Schwarzenviertel versorgte, gab es im Fisch's Department Store andere Kleidung als im weißen Teil der Stadt. Bei Fisch's war die Mode für Männer bunter und hipper. Mit zwölf Jahren besaß ich einen Nadelstreifenanzug und einen Pullover mit V-Ausschnitt aus Angorawolle in Weißgrau und Moosgrün. Ich hatte einige erwachsene Männer gesehen, die in diesem Pullover männlich aussahen, ich selbst sah darin aus wie ein Mädchen. Ich war überglücklich, die Bürgerrechtsbewegung mit Einkäufen bei Fisch's Department Store unterstützen zu können, weil es dort genau jene Latzhosen und Pullover gab, die Tommy Warner in der Schule trug.

Während meiner gesamten Schulzeit verfolgte Tommy Warner mich in meinen erotischen Träumen. Er war ein harter Bursche, für einen Jungen nicht sehr groß, und er lebte, obwohl er weiß war, auf der falschen Seite der Bahnschienen. Niemand, den ich je persönlich kannte, sah James Dean ähnlicher als er. Er trug Pullover und Latz-Nietenhosen, die erst später Jeans heißen sollten.

Wenn man den Tommy Warner von damals mit einer Zeitmaschine beispielsweise nach San Francisco in das Schwulenviertel The Castro schicken würde, sähe er wie jede junge Butch-Lesbe aus, in die ich mich jemals verknallt habe. Natürlich wollte ich ihn vögeln. Weil das nun aber absolut unmöglich war, wollte ich er sein. Allerdings war ich ein pummliger, kleiner, jüdischer Junge, der auf der richtigen Seite der Schienen wohnte. Schlank war ich bis zu dem Zeitpunkt gewesen, als mir klar wurde, dass ich eigentlich kein Junge war. Daraufhin hatte ich begonnen, viel zu essen, und wurde ein dickes Kind, das seine ersten Dehnungsstreifen mit zwölf bekam. Es dauerte einige Monate, bis ich meine Eltern davon überzeugt hatte, dass alle Kids Latzhosen und Pullover in der Schule trugen, warum sollte ich es dann nicht auch? Endlich, im Spätherbst 1962, stand ich vor dem Spiegel und gab meinen besten Tommy Warner, natürlich nicht ohne die Extraportion Haarwasser für den besonders glatten Look. Ich sah aus wie ein Alien, als ich mich als Achtklässler mit meiner brandneuen, dunklen, noch nie gewaschenen Latzhose aus Jeansstoff und dem extragroßen, taubengrauen Pullover auf den Weg in die Schule machte. Es war aufregend. Ich fühlte mich wie ein harter Kerl, dem niemand irgendetwas anhaben konnte. Zum ersten Mal in meinem Leben fühlte ich mich sexy, was genau die ersten zehn Minuten der ersten Unterrichtsstunde andauerte.

Der Englischlehrer schickte mich in das Büro des Direktors, um dort meinen Modegeschmack zu erklären. Ich sei ein braver Junge, informierte mich der Direktor, und brave Jungen trügen solche Kleidung nicht in der Schule.

»Aber Tommy Warner ...«, platzte es aus mir heraus.

»Tom Warner ist kein braver Junge«, erwiderte der Direktor, »und jetzt ab nach Hause und zieh dir was anderes an.«

Latzhose und Pullover wurden konfisziert und gespendet, vermutlich an jemanden, der auf der falschen Seite der Schienen wohnte. Im Jahr darauf wurde ich auf ein Jungeninternat geschickt, wo wir alle fünftaschige, dunkelgraue Wollhosen trugen und schwarze Jacketts mit dem roten Schulwappen, auf dem George Washington den Fluss

Delaware überquert, was er in der Nähe der Schule wohl getan hatte. Dazu trug jeder ein weißes Hemd und einen schwarzen Schlips.

*

An meiner neuen Schule musste man in jedem Halbjahr an einem Mannschaftssport teilnehmen. Im letzten Jahr versuchte ich es mit dem Ringerteam. Mit neunzig Kilogramm war ich schwerer als je zuvor und mit 1,80 Meter auch noch ziemlich groß. Wer sollte mich schon schlagen können? Jeder, wie sich herausstellte. Bei meinem ersten Kampf in der Klasse ohne Gewichtsbeschränkung lag ich nach weniger als dreißig Sekunden auf der Matte. Mein Trainer nahm kein Blatt vor den Mund:

»Du bist einfach zu fett, Al. Nimm ein bisschen ab und dann schauen wir mal, was du in einer anderen Gewichtsklasse drauf hast.« Die nächste Gewichtsklasse begann bei 81 Kilogramm, also hörte ich auf zu essen. Drei Tage lang trank ich nur Wasser, ab dem vierten Tag aß ich dreimal täglich ein hartgekochtes Ei. Damit ich keinen Hunger bekam, trank ich zu jeder Mahlzeit fast zwei Liter Wasser und dazu schluckte ich fünfmal täglich heiße Gelatine, weil ich glaubte, dass es mich abhärten, kräftigen und sättigen würde. Es funktionierte und Tag für Tag war weniger von mir auf der Waage zu sehen. Ich meldete meinem Dad den Gewichtsverlust bei meinem wöchentlichen Heimatanruf. Er war begeistert. Als Ringer im College hatte auch er seine Tricks gehabt.

Nach einem Leben als dickes Kind purzelten endlich die Kilos. Meine Kleidungsstücke waren zu groß, aber sie waren die einzigen, die ich hatte. Ich rasierte mir das Gesicht seidenglatt. Im Spiegel sah ich mit den zu großen Jacketts, Hemden und Hosen jetzt aus wie ein Obdachloser oder wie ein Mädchen in den Klamotten ihres Freundes. Ich war überglücklich, aß nur noch ein Ei pro Tag und trank weiterhin

Massen heißer, flüssiger Himbeergelatine. Winzige grelle Sterne und Blitze farbigen Lichts tauchten in meinem Blickfeld auf und verschwanden wieder, genau wie bei einer glücklichen Prinzessin in einem Disney-Film. Dann fiel ich mehrmals täglich in Ohnmacht und wurde in die Krankenabteilung geschickt.

Die Krankenschwester rief meinen Vater an, wie immer, wenn ich in die Krankenabteilung eingeliefert wurde. Mein Vater, der Meisterringer, musste doch Bescheid wissen, oder etwa nicht? Er musste doch darüber informiert werden, dass ich nichts aß, richtig? Und als Arzt würde ihm klar sein, was das für meinen Körper bedeutete, oder? Nichts dergleichen – per Telefondiagnose stellte er Blutarmut fest und verschrieb mir Eisentabletten.

Die 81 Kilogramm hatte ich pünktlich zum Ende der Winterpause erreicht. Ich betrat die Matte – rank und schlank, kraftlos, unkonzentriert und mein Gegner drückte mich wieder in weniger als einer Minute nieder. Nichts hätte mir egaler sein können. Ich wusste jetzt, wie ich richtig dünn werden konnte, und dünn sein bedeutete ein hübsches Mädchen sein. Das Dünnsein nahm ich mit aufs College.

*

Die eigentliche Bildung an der Brown University war für mich weniger wichtig als die Tatsache, dass es ein Ort war, wo niemand mir sagte, was ich zu tun, zu lassen oder anzuziehen hatte. Zum ersten Mal in meinem Leben konnte ich mir die Altersgenossen aussuchen, mit denen ich Zeit verbrachte, und mit ihnen eine Art Großfamilie gründen. Meinen College-Abschluss erhielt ich 1969 und ich habe heute noch Kontakt zu den Freunden von damals.

An der Brown University lernte ich, wie Sex geht, und schon am Ende meines ersten Jahres war ich ganz gut darin. Der Schlüssel zu gutem Sex war Liebe. Egal, ob sanft und süß oder härter und leidenschaftlich, Liebe gehörte immer dazu. Ich verliebte mich in jede Frau, mit der ich Sex hatte. Es heißt ja schließlich nicht umsonst »Liebe machen«. Dabei schlief ich nur mit Frauen, die ich selbst gern gewesen wäre. Ich wollte wissen, wie ich sie sexuell befriedigen konnte. Wenn ich den Körper einer Frau berührte, mich mit ihr bewegte, stellte ich mir vor, sie zu sein, versuchte zu fühlen, was sie fühlte. Mein eigener Orgasmus interessierte mich nicht – wenn ich einen wollte, masturbierte ich – und deshalb dauerte Sex mit mir sehr lange. Den Mädchen gefiel das ausgesprochen gut, es sprach sich herum und schon bald schlief ich mit Freundinnen von Freundinnen. Es waren die Sechzigerjahre und wir alle waren sehr glücklich damit.

Es gab eine bestimmte Art von Sex, bei der ich mich mehr als Mädchen fühlte als sonst: Wenn ich Schwänze lutschte. Spät abends schlenderte ich auf den Straßen von Providence, Rhode Island herum und hielt meinen ausgestreckten Daumen in die Luft. Ich war jung, süß und schlank und wurde immer mitgenommen, meistens von Professoren, die älter waren als ich.

Sie fuhren mich zu sich nach Hause. Die meisten waren verheiratet und baten mich, leise zu sein, damit ihre Frauen nicht aufwachten. Sie gossen mir einen Drink ein, legten eine Decke auf den Wohnzimmerboden und ich blies ihnen einen, ganz leise. In meinem Kopf war ich Holly Golightly oder Ginny Moorhead. Ich fragte nie nach Geld, bekam aber trotzdem fast immer zwanzig Dollar, manchmal auch fünfundzwanzig, wenn sie sich in mich verliebten. Nur wenige von ihnen waren Arschlöcher, in der Regel waren es traurige, heimlich schwule Männer. Die Schwulenbewegung hatte noch nicht begonnen, es gab also niemanden, der sie ermutigte oder ihnen sagte, dass sie keine Freaks waren. Jeder einzelne meiner Abendprofessoren war ein Gentleman und bestand darauf, mich kurz vor der Morgendämmerung nach Hause zu fahren. Ich wollte nicht, dass sie den Namen meines Wohnheims kannten und gab ihnen immer die falsche Adresse.

Es gab keine Gute-Nacht-Küsse. Es gab gar keine Küsse. Küsse hätten bedeutet, dass ich mich in sie verliebte, und mir ging es dabei nicht um Liebe – mir ging es um Schwänze und das Gefühl, ein Mädchen zu sein, während ich sie lutschte.

Irgendwann wurde es mir zu deprimierend – Sex nur des Sexes wegen. Ich wollte Romantik und diese Hinterzimmergeschichten waren alles andere als romantisch. Von Zeit zu Zeit hörte ich also mit dem Trampen auf, verliebte mich in ein wunderbares Mädchen und gab alles, um ein echter Kerl zu sein, manchmal über Monate hinweg oder sogar ein ganzes Jahr lang. Mit der Zeit kam aber zwangsläufig der Punkt, an dem ich es nicht länger aushielt, ein Mann zu sein. Warum das so war, konnte ich meinen Freundinnen auf gar keinen Fall erzählen, also stürzte ich mich in Unmengen an Alkohol und Gras. Daraus wurde dann der Trennungsgrund und ich trieb mich wieder auf den Straßen rum, auf der Suche nach Mitfahrgelegenheiten und Blow Jobs. Eine denkwürdige Fahrt gab es. Und einen Kuss ...

Er war Ende zwanzig, seinen Namen erfuhr ich nie. Ich war 19 und bekifft. Er fuhr einen leuchtend gelbgrünen MG Cabrio mit weichen, hellbraunen Ledersitzen und hielt genau neben mir an. Er hatte etwas Jungenhaftes, wie der frühe Robert Redford. Das Dach war zurückgeklappt, so konnte ich ihn mir ganz genau ansehen. Wir schauten uns lange in die Augen, wie zwei Scientologen. Ich lächelte und nickte. Er lachte laut auf, sprang aus dem Wagen und kam auf die andere Seite, um mir die Tür zu öffnen – der erste Mann, der das jemals für mich getan hatte. Ich fragte mich, wie sich wohl sein Schnurrbart an meinen Lippen anfühlen würde.

Ich glitt in den weit zurückgelehnten Sitz und konnte meine langen Beine ganz ausstrecken, die Fußsohlen an der Metallplatte, hinter der sich der Motor befand. Mit einer geschmeidigen Bewegung schlüpfte er hinters Steuer, legte den Gang ein und schon fuhren wir. Ich schniefte und atmete tief den Geruch von Leder, Motorenöl und englischem Leather Cologne After Shave. Ich quietschte vor Glück, er schmunzelte.

»Nimm einen Schluck.«

Ohne seine Augen von der Straße zu nehmen, griff er in das Handschuhfach und zog eine Flasche Crème de Menthe heraus. Ich nippte vorsichtig. Die klebrig grüne Süße schmerzte an den Zähnen, aber ich genoss dieses Gefühl. Wir reichten uns abwechselnd die Flasche. Jedes Mal, wenn ich sie nahm, streichelte er mir die Hand, so als wäre sie mein Schwanz. Schnell ließen wir die Stadt hinter uns und er fuhr auf einen dunklen Waldweg, wo bereits einige Autos am Rand standen. Wahrscheinlich war es ein Treffpunkt für Pärchen, den ich noch nicht kannte. Wir parkten. Der Motor lief noch und mein lederner Sportsitz vibrierte, während ich schnell noch einen Schluck aus der Flasche nahm. Er lehnte sich zu mir hinüber und küsste mich auf den Mund. Er schmeckte wie ein Mann und ich fragte mich, ob ich für Mädchen genauso schmeckte.

»Dein Schnurrbart kitzelt.«

Seine Augen funkelten im Mondlicht. Ich nippte immer mal wieder an dem grünen, zähflüssigen Pfefferminzlikör. Als er den Wagen wieder auf die Straße lenkte, überkam mich ein warmer, gemütlicher Likörnebel und ich hatte das Kribbeln seines Schnurrbartes immer noch auf meinen Lippen. Ich fragte mich, welches Fach er wohl unterrichtete. Kunst, Bildhauerei vielleicht? Er hatte schön geformte Hände. Ich vermutete, dass er an der Rhode Island School of Design lehrte. Als der Wagen wieder hielt, öffnete ich die Augen. Ich trank damals oft, bis ich einen Filmriss hatte. Wir standen inmitten eines Kornfelds. Vollmond. Ich hatte Angst und verbarg es hinter Großspurigkeit.

»Na, öfter hier?«

Er lachte und zog mich in seine Arme. Wir machten lange rum und lutschten einander die Schwänze. Als er jedoch meinen Schwanz lutschte, bat ich ihn, mich nach Hause zu fahren. Er war ein Gentleman und fragte nicht weiter. Er legte den Gang ein und wir holperten aus dem Kornfeld auf den Highway. Ich schlief oder hatte einen Filmriss, bis er mich vor dem Studentenwohnheim absetzte, das ich ihm zuvor genannt hatte. Nachdem sein Wagen um die Ecke gefahren war, lief ich die vier Blocks bis zum Wohnheim, in dem ich wirklich wohnte. Ich roch nach English Leather, Motorenöl und nach Mann. Ich schmeckte nach Sperma. Ich duschte weder, noch putzte ich mir die Zähne. Stadttdessen ging ich sofort ins Bett und holte mir einen runter. Dabei stellte ich mir vor, seine Freundin zu sein. Als ich wieder aufwachte, holte ich mir gleich noch mal einen runter.

Zwei Wochen später erhielt ich ein kleines, in braunes Papier eingewickeltes Päckchen per Post. Toll! Mein letztes Päckchen war ein riesiger Klumpen Haschisch gewesen, den mir ein Freund aus Indien geschickt hatte. Auch dieses Paket hatte keinen Absender. In dem braunen Papier war eine Holzkiste, die als Verpackung für die Leather Cologne-Flacons diente. Ich öffnete den Deckel und erblickte eine kleine Flasche Crème de Menthe, eingebettet in rosafarbenes Geschenkpapier.

Mein erster Gedanke war: »Wie soll ich mit solch einer Leiche im Keller jemals Präsident der Vereinigten Staaten werden?« Ich riss den Zettel mit meinem Namen vom Packpapier und warf Kiste und Flasche in den Müll. Wenn es eine Nachricht gab, habe ich sie nie gelesen. Er versuchte nie wieder, mich zu kontaktieren, und ich fand nie heraus, woher er meine Adresse hatte. Vielleicht war er durch mein Portemonnaie gegangen, während ich ausgeknockt auf dem weichen Sportsitz gelegen hatte. Vielleicht hatte ich es ihm auch gesagt und erinnerte mich nur nicht.

*

Dass ich guten Sex hatte, lag vor allem daran, dass ich dünn war. Ich gefiel mir, wenn ich dünn war – und das macht viel aus, ob man mit seinem Aussehen zufrieden ist oder nicht. Ich verglich meinen Körper immer noch mit denen von Frauen in Zeitschriften, auch wenn ich Sears-Kataloge und *National Geographic* mittlerweile hinter mir gelassen hatte. Ich war *Playboy*-Fan und das bestimmt nicht wegen der Artikel. Ich durchkämmte diese Zeitschrift nach Frauen, die ich sein könnte. Aber es gab nicht nur *Playboy*, es gab auch Transenpornos.

Ich spreche von wirklich gut aussehenden Jungs, die sich in wirklich gut aussehende Mädchen verwandelten. Selbst wenn sie Latzhosen und Sweatshirts trugen, waren diese Mädchen/Jungs so schön, dass es fast weh tat. Eigentlich waren es weder Mädchen noch Jungs, sie waren ein bisschen von beidem, mit märchenhaften Namen wie International Chrysis, Candy Darling, Holly Woodlawn. Es gab zwar noch kein Internet, aber ich fand ihre Bilder trotzdem. Sie waren genau das, was ich sein wollte. Gleichzeitig hatte ich aber auch panische Angst davor, so ein Freak zu werden.

Widerstehen konnte ich ihnen nicht, diesen wunderschönen Jungs/Mädchen. Sie posierten aufreizend in Zeitschriften wie *Female Mimics*, *Chicks with Dicks* und *Real Transvestite Beauties*. Transenpornos gab es in verschiedenen Ausführungen. Neben den Zeitschriften waren selbst gemachte Heftchen mit Geschichten im Umlauf, in denen meistens aus Männern gewaltsam Frauen gemacht wurden. Sie hatten Titel wie *My Brother No More*, *Teased, Tormented & Transformed* oder *Transvestite in Bondage*. Kaufen konnte man das Zeug am Times Square, wo man auch Filme sehen konnte wie *She-Males in Action*, *A Boy/Girl Night Out* oder *Olga's White Slaves*. Solange es mir gelang, dünn zu bleiben, konnte ich mir vorstellen, eines der Mädchen in diesen Transenpornos zu sein, bei denen ich sofort kommen wollte, wenn ich sie nur sah – und trotzdem jagte mir das alles eine höllische Angst ein.

Kapitel 5
Ein Science-Fiction-Autor, ein Schauspieler und Gott gehen in eine Bar

Schon als Kind verschlang ich jede Menge Bücher. Die meisten Kinder können sich in Büchern wiedererkennen, ohne im Kopf das Geschlecht zu wechseln, ganz abgesehen davon, dass das für Kinder ohnehin kompliziert ist. Weil typische Jugendbücher wie *Die Hardy Boys* nicht mein Ding waren, machte ich mich gleich über die Science-Fiction-Klassiker meines Bruders her. Ich las Robert Heinlein, Isaac Asimov, Fredric Brown, Ray Bradbury, E. E. »Doc« Smith, A.E. van Vogt und andere. Ich las sie alle. L. Ron Hubbards Science-Fiction-Romane waren allerdings nicht dabei. Als ich später zu Scientology kam, war ich überrascht, dass er überhaupt welche geschrieben hatte. Auf der Suche nach anderen Welten und Outsidern, die so waren wie ich, war ich nie auf Hubbards Werke gestoßen.

Ich las die *Superman*-Comics. *Batman* erlaubten mir meine Eltern nicht, weil ich angeblich viel zu jung dafür war. Also kaufte ich mir jede Ausgabe, las sie auf dem Bordstein vor dem Eckladen gegenüber meiner Schule und lernte jede Seite auswendig, bevor ich die Hefte auf dem Heimweg entsorgte. Bei *Batman* ging es immer um Freaks. »Viel zu jung« war ich, weil sie in den Handlungen ihre innersten Gefühle offenbarten. Bei *Batman* wurde von echten Irren erzählt, die auf einer Stufe mit dem Freak standen, für den ich mich selbst hielt. Verrückt waren sie, weil sie eine besondere Fähigkeit besaßen, eine düstere Obsession pflegten, ein unkontrollierbares Verlangen hatten oder von dem zwanghaften Drang getrieben wurden, perfekt zu sein – der Beste, der Mächtigste, der, dem alles gehört. Im Prinzip gibt es bei *Batman* zwei Arten von Freaks: Die einen versuchen, ihre zur Last gewordene Fähigkeit zum Wohle der Menschheit zu nutzen. Die anderen klammern sich wie im Rausch an ihre dunkle Seite und wollen alles zerstören. Aber egal, ob gut oder böse: Alle diese irren Figuren bei *Batman* sagen nie die Wahrheit über sich selbst. Dadurch fühlte ich mich ein bisschen besser, was meine eigenen Lügen anging.

Ich las auch *Plastic Man*, wo es um einen Typen ging, der jede beliebige Gestalt annehmen konnte. Ich stellte mir vor, mich als *Plastic Man* in ein Mädchen zu verwandeln und dann nie wieder zurück in einen Jungen. Immer mehr Autoren von Science-Fiction- und Fantasy-Romanen schrieben damals über Männer, die durch Zauberei oder Wissenschaft in Frauen verwandelt wurden, über Frauen, die sich zu Recht für Männer hielten, oder über Alien-Rassen mit mehr als zwei Geschlechtern, die sich überirdischen sexuellen Abenteuern hingaben. Ich las immer zwei oder drei Science-Fiction-Bücher gleichzeitig, auf der Suche nach Figuren wie mir. Es dauerte nicht lange, bis ich mir mit meinen eigenen Worten eine eigene Welt erschaffen wollte. Schon in meinen frühen Teenagerjahren war ich ein Geschichtenerzähler. Im Sommerlager und bei meinen Freunden war ich als derjenige bekannt, der bis spät in die Nacht gute Geschichten erzählen konnte. Im Alter von zehn Jahren schrieb ich meine ersten eigenen Science-Fiction-Geschichten, von denen die meisten billige Kopien von *Twilight Zone* waren. Ich schrieb auf einer tragbaren, blaugrünen Olivetti-Schreibmaschine. Da es damals keine Kopierer gab, verwendete ich Blaupapier. Wenn ich die Tasten hart genug anschlug, reichte es für ein Original und zwei Kopien. Mein erstes Werk überreichte ich stolz meiner Tante Frankie, der Zwillingsschwester meines Vaters – ein großer Fehler, der mir die Grundregel für jeden Schriftsteller beibrachte: Kenne dein Publikum!

Ich beobachtete, wie sich Tante Frankies Gesicht beim Lesen entsetzt verzerrte. Am Ende sah sie zu mir auf und kreischte fast:

»Tod? Alles, worüber du schreiben kannst, ist Tod? In deinem Alter? Weiß dein Vater, dass du diese furchtbaren Geschichten schreibst?«

»Äh ...«

Mit einer kurzen Handbewegung brachte sie mich zum Schweigen.

»Ich werde deinem Vater sagen, dass er dich zu einem Psychiater bringen soll.«

Und dabei hatte ich nicht einmal etwas darüber geschrieben, dass ich ein Mädchen sein wollte ...

Und so landete ich bei Onkel Jay, dem Psychiater. Er machte Tintenklecks- und Wortassoziationstests mit mir, ich malte Bilder eines Hauses, einer Familie und der Welt. Er beobachtete mich beim Aussuchen von Spielzeugen. Zur Auswahl standen Holzwürfel, Blechlaster, Gummisoldaten, Barbiepuppen und ein Mini-Teeservice aus echtem chinesischem Porzellan. Natürlich war ich nicht so bescheuert, mir die Mädchenspielzeuge auszusuchen. Die Untersuchung dauerte drei Stunden, dann rief Onkel Jay meine Eltern in den Raum, um mich vor ihnen zu outen:

»Paul, Mildred, ich habe Neuigkeiten für euch: Albert ist ein Künstler.«

Meine Mutter schnappte nach Luft, mein Vater murmelte:

»Ach du Scheiße.«

Ich selbst war begeistert von der Diagnose, weil sie einiges erklärte. Als offiziell anerkannter Künstler würde ich mehr Freiheiten für meine Interpretation der Welt bekommen. Zu diesem Zeitpunkt wusste ich aber noch nicht, dass »Künstler« in unserer Familie nur ein anderes Wort für Beatnik und Homosexueller war. Die Autoren der Beatgeneration durfte ich nicht lesen, ich wusste nicht einmal, dass es sie gab. Meine Eltern hielten es für eine große Sache, mich *Der Fänger im Roggen* lesen zu lassen. Ich fand dabei nur heraus, dass ich mit Holden Caulfield absolut nichts gemeinsam hatte.

Sieben Jahre nachdem Onkel Jay mich zum Künstler erklärt hatte, saß ich im Büro meines akademischen Betreuers. Es war der erste Tag meines Medizingrundstudiums an der Brown University. Geschockt starrte ich auf die Liste der Pflichtkurse: Statistik, Algebra, Trigonometrie, Differenzial- und Integralrechnung. Scheiß drauf, dachte ich. Ich bin verdammt noch mal ein Künstler und werde bestimmt nicht die Art von Kunst machen, die viel Mathe erfordert. Also schmiss ich mein Medizinstudium und schrieb mich bei den Geisteswissenschaften ein.

»Nicht schlecht, Albert«, sagte mein Bruder am Telefon. »Damit hast du Dad echt einen ordentlichen Tiefschlag verpasst.« Es sollte nicht das letzte Mal sein, dass ich meinem Dad einen »Tiefschlag« verpasste. Als ich am selben Abend auf dem Weg zum Wohnheim war, fühlte ich mich fiebrig und mir wurde schwindlig. Ich schaffte es gerade noch, in die Krankenabteilung zu taumeln, wo ich vor dem Empfangstisch zusammenbrach. Einen Tag später erwachte ich in einem Krankenbett. Mir wurde gesagt, dass ich an Pfeifferschem Drüsenfieber erkrankt war und die ersten drei Wochen meiner College-Zeit auf der Krankenstation verbringen müsse.

Wenn man irgendwo neu ist, vor allem an einer Universität, sucht man sich Leute, die einem ähnlich sind, die die gleichen Sportarten oder Spiele mögen. Ich war ein Theaternarr und wurde zum Glück pünktlich zum Vorsprechen für die Studentenproduktion von Shakespeares *Die Tragödie von König Richard III.* aus der Krankenstation entlassen. Ich bekam die Rolle des Grafen Norfolk und hatte genau eine Zeile Text, die ich vergessen habe. Aber ich stand auf der Bühne und zwar mit zwanzig oder mehr Leuten meines Alters, die alle von der Schauspielerei begeistert waren. Nach vier Probenwochen war alles klar für mich: Ich würde den Rest meines Lebens Theater spielen.

Die Schauspielerei erlaubt einem, ähnlich wie Science-Fiction, mit Geschlechterrollen zu experimentieren. Schauspieler und Schauspielerinnen müssen sich sogar immer wieder neu mit Geschlechterrollen auseinandersetzen, da alle darzustellenden Männer und Frauen sich von vorher gespielten Rollen unterscheiden. »Eine Rolle spielen« ist das Stichwort. Ich habe es immer genossen, jemanden zu spielen, der nicht Ich ist. Und aus genau diesem Grund wird seit jeher Schauspielern nicht vertraut. Du kannst dir nie sicher sein, dass wir diejenigen sind, die wir zu sein vorgeben.

In meiner Zeit am College war ich eigentlich kein Student, ich war Schauspieler. In den späten 1960er-Jahren hatte die Brown University zwar offiziell keine Theaterabteilung, aber das College unterstützte schon seit Jahrzehnten die studentischen Theaterproduktionen, so wie andere Colleges ihre Football-Teams. Die Ausstattung war hervorragend. Es gab eine große Bühne, die zwar keine Seitenbühnen hatte, aber dafür jede Menge Platz. Für die Konstruktion und Bemalung der Bühnenbilder war Mr. Leslie »Les« Jones zuständig. Der legendäre Bühnenmaler der goldenen Varieté-Zeiten war Anfang sechzig, als ich am College anfing.

Im Theater gab es vier große Garderoben: eine für Männer, eine für Frauen und jeweils eine für männliche und weibliche Hauptdarsteller. In einem großen Aufenthaltsraum konnte man sich vor und während der Vorstellungen die Zeit vertreiben. Und dann gab es noch den gut bestückten Fundus. In meinem zweiten Studienjahr war ich in der Theaterhierarchie so weit aufgestiegen, dass mir die Schlüssel für alle Räume anvertraut wurden. In den darauffolgenden drei Jahren lernte ich in diesem prachtvollen Kostümzimmer, wie man sich als Frau kleidet. Weil Theatermenschen sehr lange arbeiten, musste ich immer bis zwei oder drei Uhr morgens warten, bevor ich in den Fundus konnte. Ich war zwar groß, aber schlank, war also bei den Größen nur ein bisschen eingeschränkt. Ich verwandelte mich in ein

Bauernmädchen, in drei verschiedene Prinzessinnen und in ein halbes Dutzend unterschiedlichster Huren. Als Fee in weißem Tüll verschlug ich mir selbst den Atem.

Man hatte mir attestiert, dass ich ein Künstler war, also stürzte ich mich in die Kunst. Es gab ein paar Schauspielkurse, die sich in den Tiefen des Lehrplans der Englischfakultät verbargen, und auch in fast jedem anderen Fachbereich gab es irgendeinen Kurs, der mit Theater zu tun hatte. Außerdem fanden in den vier Jahren genügend Aufführungen des Studentenensembles statt, um ganzjährig mit Proben beschäftigt zu sein. In den Ferien arbeitete ich für das Sommertheater als Tischler, Bühnenmaler oder Bühnenbildner und schaffte es außerdem noch, zwei oder drei Rollen zu spielen. Obendrein waren es die Sechzigerjahre und abgesehen von Röcken und Kleidern konnte ich tragen, was ich wollte. Ich machte einen fantastischen Hippiejungen aus mir und weil ich dabei trotzdem herb, sogar männlich aussah und Frauen so liebte, kam keiner auf die Idee, dass ich schwul sein könnte, geschweige denn transsexuell.

Ich war nie der Typ für Hauptrollen, eher ein Charakterdarsteller, der Bösewichte, Narren, alte Männer und Kriminelle spielte. Charakterdarsteller werden nur in Hauptrollen aus einer dieser Kategorien eingesetzt. Professor James O. Barnhill und John Emigh betreuten mich in diesen vier Jahren bei mehr als ein Dutzend Rollen und im Abschlussjahr sogar bei meinen krönenden Auftritten als Marquis de Sade und König Lear. Der Applaus machte süchtig. Es stärkte mein Selbstbewusstsein, dass die Leute etwas an mir mochten und dass ich mein außergewöhnliches Talent, nämlich das Lügen, sinnvoll einsetzen konnte.

Mit der Schauspielerin JoBeth Williams fand ich am College die große Liebe. Wir waren wie Richard Burton und Liz Taylor. Wir waren die Stars der Brown University. Nach einem Jahr versumpfte ich jedoch wieder im Scotch- und Marihuanarausch. JoBeth brach mir klugerweise das Herz und sollte später eine großartige Schauspielerin werden. Ich trieb mich wieder auf den Straßen rum und ließ mich von meinen Abend-Professoren mitnehmen.

*

Als ich 1969 für mein weiterführendes Studium an die Brandeis University bei Boston, Massachusetts ging, war ich immer noch schwer magersüchtig. Bei Jungs hieß es damals allerdings nicht Magersucht. Magersucht war etwas für Mädchen. Was mich immer wieder ins Krankenhaus brachte, bezeichneten die Ärzte weiterhin als Blutarmut. Immerhin sollte mir auf diese Weise die Armee erspart bleiben. Ich hatte mir die Haare schulterlang wachsen lassen, trug dazu ein mit Blumen gemustertes Stirnband und Sandelholzperlenketten über geblümten Hemden, Wildlederwesten und dazu gestreifte violette Schlaghosen und abgefahrene Frye-Stiefel. Wenn ich in den Spiegel blickte, konnte ich, dünn wie ich war, fast ein Mädchen erkennen.

Ich hatte gerade erst mein Aufbaustudium als Schauspieler begonnen, als der Einberufungsbefehl kam. Ich wusste nicht viel über die politischen Aspekte des Vietnamkriegs, weil ich viel zu beschäftigt war mit Proben, Vögeln oder Kiffen. Ich wusste nur, dass es idiotisch war, wenn die USA sich in Übersee in die Angelegenheiten eines fremden Landes einmischten und es dem Erdboden gleichmachten. Den Einberufungsbefehl hatte ich erwartet und machte mir keine Sorgen, als er kam. Es gab einen Plan: Ich war Schauspieler und wusste, dass ich mich aus der Nummer würde rausschummeln können und dass ich dabei außerdem jede Menge Unterstützung erwarten konnte.

Theatermenschen sind füreinander da und so halfen mir meine Schauspiellehrer dabei, eine raffinierte Darbietung von Wahnsinn einzustudieren. Am Abend vor der Musterung rasierte ich mir mit Hilfe einiger Freundinnen meine gesamte Körperbehaarung ab. Weil davon reichlich vorhanden war, dauerte es ziemlich lange. Wir luden andere Theaterleute dazu, kifften und machten ein Happening daraus. Als wir fertig waren, war meine Haut rot und glatt. Dann rieben mich meine Freundinnen von Kopf bis Fuß mit selbst gefertigter Rosenduftlotion ein. Ich war so weich, dass ich nicht aufhören konnte, mich zu berühren.

Am nächsten Morgen bürstete ich mein schulterlanges Haar, bis es glänzte, schlüpfte in meine enge, violette Schlaghose mit den Nadelstreifen und zog mein grellstes Paisleyhemd an. Wie eine Rose duftend stand ich um acht Uhr morgens in der Jungsumkleide einer Schulsporthalle mit ungefähr einhundert anderen jungen Männern, die ebenfalls zu ihrer Musterung erschienen waren.

Ein Unteroffizier befahl uns, bis auf die Unterwäsche alles auszuziehen, den Umkleideraum zu verlassen und uns auf dem Basketballfeld in alphabetischer Reihenfolge aufzustellen. Ich zog wie alle anderen mein Hemd und meine Hose aus und nahm die korrekte Position in der Reihe ein.

»Hey du, Nackter!«

Verträumt lächelte ich den rotgesichtigen Unteroffizier an, genau wie wir es geprobt hatten. Ich trug keine Unterwäsche.

»Zieh deine Unterwäsche wieder an!«

»Ich trage keine Unterwäsche«, erklärte ich geduldig mit sanfter Stimme, »das scheuert so.«

Der gesamte Musterungsprozess stand still in jenen fünf oder sechs Minuten, die die US-Armee für die Entscheidung benötigte, was sie mit mir machen sollte. Letzten Endes befahlen sie mir, die Musterung in meinen tief sitzenden, gestreiften Unisex-Schlaghosen zu absolvieren. Alle Soldaten trugen einfarbig olivgrüne Uniformen, die anderen Wehrdienstpflichtigen verschiedene Varianten weißer

Unterwäsche. Nur ich war bunt. In dieser Aufmachung spazierte ich von Station zu Station, wo ich ausgefragt und jeder Quadratzentimeter meines weichen, süß duftenden Körpers geknetet, gebogen und vermessen wurde.

An der letzten Station erzählte ich dem Psychiater von einem Traum, den ich schon mein ganzes Leben immer wieder geträumt hatte und in dem ich gegen meinen Willen in ein Mädchen verwandelt werde.

»In diesem Traum«, berichtete ich wahrheitsgemäß, »lebe ich in einem Land, in dem nur Männer sind.« Ich erklärte ihm, dass es in dem Traum auch ein Land nur mit Frauen gab und dass diese beiden Nationen beziehungsweise Geschlechter seit Menschengedenken Krieg gegeneinander führten. Die Geschichte war nicht gelogen, es war tatsächlich einer meiner immer wiederkehrenden Träume.

»Zum ersten Mal seit vielen Jahren«, erzählte ich dem Psychiater, »wird ein Waffenstillstand ausgerufen. Ich werde auf einen grob zusammengezimmerten Holzwagen gefesselt und auf die Seite der Frauen geschickt.«

»Und warum genau ist das so, junger Mann?«

»Ich bin das Friedensopfer«, jammerte ich. »Sie wollen mich zu einer Frau machen.«

Der Arzt warf einen, für mich irgendwie wehmütig wirkenden Blick auf den Bund meiner Mädchenjeans, die auf meinen schmalen, haarlosen Jungenhüften saß. Eine Wolke von Rosenduft hüllte uns ein.

»Ich mache mir Sorgen«, sagte ich dem Arzt.

»Was macht Ihnen denn Sorgen?«

»Ob ich wohl meine makrobiotische Diät in der Armee einhalten kann?«

In meinen medizinischen Unterlagen waren zahlreiche Einträge über Blutarmut, was meine makrobiotische Lebensweise beweisen würde, falls er es nachprüfen sollte. Stattdessen sah mir dieser Arzt väterlich in die Augen und sagte:

»Junge, die Armee will dich nicht.«

Er gab mir ein psychiatrisches Freistellungsattest mit dem Kennzeichen 1-Y.

Ich ließ mir seinen Namen und seine Adresse geben und mein Vater schickte ihm eine Kiste Zigarren.

*

Als das erste Jahr meines Aufbaustudiums zu Ende ging, spielte ich in Shakespeares *Heinrich IV.* an der Seite von Morris Carnovsky den Prinzen Hal. Die Rolle wäre eigentlich für einen Studenten aus dem zweiten Jahr bestimmt gewesen. Mr. Carnovsky, der Falstaff spielte, war ein gefeierter Schauspieler und vollkommener Gentleman. Es war eine Ehre für mich, mit ihm auf der Bühne stehen zu dürfen. Kevin Kelly, der schwer zufriedenzustellende Theaterkritiker des *The Boston Globe*, war der Meinung, dass wir unsere Sache gut gemacht hatten. Er erwähnte mich als »schmächtigen Al Bornstein«, worüber mein Vater nicht sonderlich begeistert war. Für mich hörte sich »schmächtig« sexy an. Davon abgesehen hätte mich die Rolle allerdings fast umgebracht.

Shakespeares Prinz Hal war ein nichtsnutziger, fauler, pseudokünstlerischer, besserwisserischer Trinker und Frauenheld, der sich für nichts so wenig interessierte wie für den Thron. Sein Erzrivale, Hotspur, war ein Krieger, ein Patriot und der beste Schwertkämpfer in ganz England. In dem Stück gibt es eine Szene, in der Prinz Hal und Hotspur einen Kampf auf Leben und Tod führen, den Hal gewinnt. Unser Regisseur war der Meinung, dass Hal nur durch einen Betrug würde gewinnen können. Er besorgte einen professionellen Stuntchoreografen, der mit uns einen rasanten Schwert- und Dolchkampf einstudierte. Am Ende werde ich von Hotspur entwaffnet, liege auf dem Boden und erwarte den Todesstoß, als mein Kumpel Poins mir eine mit Nägeln gespickte Keule reicht. Die knalle ich Hotspur gegen den Schädel und gewinne den Kampf. Der Regisseur wollte mit dem Stück gegen den Krieg protestieren, wozu gut passte, dass Hal ein charakterloser Typ war.

An einer Stelle des Kampfes musste ich ins Stolpern geraten, Schwert und Dolch fallen lassen und hinstürzen. Wir probten es Dutzende Male. Drei Tage vor der Premiere, ich hatte einige Tage nichts gegessen, waren wir gerade mitten in der Kampfszene. Aufs Stichwort stolperte ich und ließ das Schwert fallen. Dann ließ ich mich fallen, bevor mir klar wurde, dass ich den Dolch nicht losgelassen hatte, der jetzt ungefähr zweieinhalb Zentimeter tief in meinem Hals steckte und nur um Haaresbreite meine Jugularvene verfehlt hatte. Onkel Roy, der in der Nähe lebte, kam sofort rübergefahren und raste mit mir zur Notaufnahme, wo wieder einmal Blutarmut diagnostiziert wurde. Ich beschwatzte die Ärzte so lange, bis sie mich zur Probe zurückgehen ließen. Die Narbe im Nacken habe ich heute noch.

*

Ein Schauspieler zu sein unterscheidet sich kaum vom Niedlichoder sogar Sexysein: Seht mich an, schaut euch das von mir an, was ihr sehen sollt. Ich war mittlerweile wirklich gut darin, aber das kam mir alles irgendwie egoistisch vor, diese dunkle Seite der Eitelkeit, Narziss' zwanghafte Seite. Ich war mit der Arbeitsethik russischer Immigranten erzogen worden, der zufolge man entweder nützlich zu sein hatte oder tot. Die Frage lautete: Warum schauspielern? Ich konnte ein Publikum zum Lachen und zum Weinen bringen, aber in den Dienst welcher guten Sache konnte ich mein Talent stellen?

Im Frühjahr 1970 begann ich eine Reise durch das Land, ganz im Geiste meines damaligen Lieblingsbuches *Siddhartha* von Hermann Hesse. Ich war auf der Suche nach irgendetwas von spiritueller

Bedeutung, das mich wie eine reife Frucht öffnen und schmackhaft finden würde. Ich fuhr einen VW-Bus, ausgestattet mit einer süßen Kühlbox, einem kleinen Gaskocher, einem schönen Klappbett und sogar mit einer Hängematte unter dem aufklappbaren Dach. Ich liebte diesen kleinen Campingbus wie ein *Star-Trek*-Techniker sein Raumschiff. Und so machte ich mich auf den Weg, im Gepäck einen Beutel mit frischem Obst, eine Kiste mit Gemüse, getrockneten Algen sowie zwei großen Säcken mit Reis und Haferflocken.

Meine erste Station war ein riesiges, altes, verwinkeltes Haus in Western Pennsylvania, der Heimat der Amischen. Vom Highway aus hatte ich gesehen, wie ungefähr fünfzig von ihnen an einer Scheune werkelten. Ich hielt und bot meine Hilfe an. Sie hießen mich mit breitem Lächeln willkommen und schlugen mir vor, ein paar Tage bis zur Fertigstellung zu bleiben und dann am sonntäglichen Gottesdienst teilzunehmen. Ich schlief in meinem Bus und sie gaben mir zu essen. Die Amischen sind wahrhaft freundliche und liebenswerte Menschen.

Ich hatte jahrelang als Bühnenbauer und -tischler gearbeitet und es war mir ein Vergnügen, bei der Arbeit an der Scheune und ein paar Hütten mitzuhelfen. Das Essen war köstlich. Nur mein Aussehen sorgte immer wieder für verwunderte Blicke. Am Sonntag war ich es dann, der sich wunderte, als während des Gottesdienstes junge Amische nach vorn gerufen wurden, um aus der Bibel vorzulesen. Sie waren zwar schon zwischen 17 und 19 Jahre alt, stolperten aber alle über fast jedes Wort. Für mich als elitärer Zögling war Lesen die Grundvoraussetzung, um Spiritualität erlangen zu können. Abgesehen von Science-Fiction-Literatur las ich täglich, darunter Texte über Zen-Buddhismus, alte Schinken zu heidnischer Hexenkunst und einige Bücher über die Geschichte des Judentums. Außerdem legte ich mir täglich Tarotkarten. Ich verließ die Gemeinschaft der Amischen und setzte meine Reise nach Westen fort.

Ähnlich unbefriedigend waren die Aufenthalte bei den Bahaisten, Kabbalisten und einigen ausgefallenen Salz-der-Erde-Hippiekommunen. Mich interessierte, wie man spirituelles Glück mit Schönsein unter einen Hut bringen konnte. Die Bahaisten waren mir zu langweilig gekleidet, die Kabbalisten sogar noch weniger elegant. Die Kommunen waren verlockend. Ich tauschte dort eines meiner geblümten Hemden – das blauviolette mit den lindgrünen Blättern und milchweißen Blüten – gegen ein süßes besticktes Leinenhemd, das leicht nach Sex roch. Nach einigen Tagen verließ ich die Kommune aber auch schon wieder: Sanitäre Anlagen gehörten zu den wenigen Dingen in meinem Leben, die für mich immer schon wichtiger gewesen waren als Mode.

*

Im Juli 1970 wollte ich auf einen Berg in Colorado steigen, nachdem ich etwas über die Essäer gelesen hatte. Von Pharisäern und Sadduzäern haben die meisten schon einmal etwas gehört. Als Jesus noch auf Erden wandelte, waren sie die beiden wichtigsten jüdischen Gruppierungen und so verfeindet, wie Demokraten und Republikaner in den USA des 21. Jahrhunderts. In den Wüstenbergen gab es aber mit den Essäern noch jene dritte jüdische Fraktion. Einige Gelehrte gehen davon aus, dass Jesus längere Zeit bei dieser extrem disziplinierten Asketensekte verbracht hat.

Die Essäer glaubten, dass der Körper der Tempel für die Seele ist, und traten im Gegensatz zu den kriegerischen Pharisäern und Sadduzäern für Frieden ein. Der Glaube dieser Juden schien mir Sinn zu machen, zumal sich jede Faser meines Hippiemädchenkörpers zu ihrem Lebensstil hingezogen fühlte. Ich beschloss, meine heilige Reise nach Art der Essäer zu beginnen, mich also auf einen Berggipfel zu setzen und dabei für jedes Lebensjahr meines Körpers einen Tag zu fasten.

Ich war 21 und magersüchtig. Die Aussicht auf drei Wochen Hungern schreckte mich also nicht ab. Ich fastete schon mal zwei Tage vor, während ich so schnell wie möglich das flache Land von Kansas durchquerte. Ich brauchte schnell einen Berg. Mir war schwindlig vor Hunger, als ich endlich in den Rocky Mountains ankam und meinen Bus am Straßenrand parkte. Ohne auch nur einen Augenblick zu zögern, begann ich zu klettern. Sie müssen wissen, dass ich bis dahin noch nie einen Berg bestiegen hatte. Trotzdem kletterte ich weiter auf meiner Suche nach einem schönen Plätzchen, wo ich die nächsten zwanzig Tage sitzen und über die Welt und ihre Probleme meditieren konnte. Ich war ungefähr zehn Meter an einem vereisten Felsen hochgekraxelt, als ich abstürzte. Ich landete in einer hohen, weichen Schneewehe. Das ist die Wahrheit. Den unversehrten Sturz nahm ich als Zeichen dafür, dass die Geister der Essäer wollten, dass ich weiterlebte, damit ich meine Suche zu Ende bringen konnte. Auf dem Rücken in der Schneewehe liegend schaute ich auf den Berg, dessen Gipfel von Wolken verdeckt war. Ich stand auf, klopfte mir den Schnee ab, stieg in meinen Bus und fuhr nach Denver, um mir ein paar vernünftige Wanderschuhe zu kaufen.

Einen Bergsteigerkurs zu besuchen, war mir nie in den Sinn gekommen. Mir war nicht klar, dass man für das Bergsteigen besondere Fähigkeiten brauchte. Ich war fest davon überzeugt, dass ich von dem Felsen gestürzt war, weil die Sohlen meiner Frye-Stiefel einfach zu glatt zum Klettern gewesen waren. Kurz nach 18 Uhr erreichte ich Denver. Der Schuhladen war geschlossen, aber im Haus nebenan war Scientology und die hatten geöffnet. Ihre Pforten waren sogar sperrangelweit geöffnet. Sie warteten nur auf einen Typen wie mich, der sich bis dahin durch das Leben geschauspielert hatte. Auf dem Schild an der Eingangstür zur Scientology-Zentrale war eine mönchsähnliche Figur mit Kapuze abgebildet. Sie beleuchtete eine Schatztruhe mit einer Fackel, die Lichtstrahlen wie die Sonne verströmte.

Die Worte unter dem Bild lauteten:

BEENDE DEINE QUALVOLLE SUCHE.
HIER FINDEST DU ALLE ANTWORTEN!
KOMM ZU SCIENTOLOGY, EINER ANGEWANDTEN RELIGIÖSEN PHILOSOPHIE.

Ich war zwar ein Essäer-Azubi, aber trotzdem neugierig. Vorsichtig ging ich hinein. Im Empfangsbereich saßen sechs Leute und aßen Pizza. Es roch gut und ich hatte großen Hunger. War es möglich, fragte ich mich, beim Pizzaessen die Erleuchtung zu finden? Die Frauen waren elegant und modern gekleidet, die Männer trugen Jeans und Cowboyhemden. Sie baten mich herein und boten mir ein Stück Pizza an. Ich nahm ihr Angebot dankbar an und knabberte behutsam an meiner ersten Nahrung seit Tagen und meiner ersten industriell hergestellten Nahrung seit mehr als einem Monat.

»Was passiert hier denn so?«, fragte ich. »Worum geht's bei euch?«

Die junge Frau hinter dem Empfangstresen lächelte und zeigte auf ein großes Schild an der Wand, auf dem deutlich sichtbar »Die Ziele von Scientology« stand. Um die Anwälte meines Verlegers bei Laune zu halten und dieses Buch überhaupt veröffentlichen zu können, werde ich den Inhalt mit eigenen Worten umschreiben:

Scientology will eine geistig gesunde Zivilisation erschaffen, eine Welt – die ganze Welt wohlgemerkt –, in der niemand geisteskrank ist. Scientology will den Planeten Erde in eine Welt ohne Kriminelle und ohne Krieg verwandeln. Erreichen will sie dieses Ziel, indem sie sich zuerst auf die fähigsten Leute konzentriert, um sie noch besser und erfolgreicher zu machen. Ehrliche Menschen würden in einer Scientology-Welt Rechte besitzen. Ich fragte mich, was mit Lügnern wie mir passieren würde, wenn nur ehrliche Menschen frei genug wären, um in immer größere Höhen aufzusteigen.

Vorsichtig aß ich meine Pizza. Da ich seit über einem Monat auch keine Milchprodukte mehr gegessen hatte, verknotete mir der Käse bereits fühlbar den Magen. Ich fragte nach der Toilette, wo ich die wenigen Bissen Pizza erbrach und für etwa zehn Minuten ohnmächtig wurde. Ich blinzelte mich wach, wusch mir Gesicht und Hände, spülte mir den Mund aus und gesellte mich wieder zu den Leuten im vorderen Raum. Was für ein Einstand ...

Vor der Besteigung weiterer Berge brauchte ich eine Pause. Ich dachte mir, ich könnte genauso gut erst mal herausfinden, welchen Teil des großen spirituellen Puzzles Scientology enträtselt hatte, bevor ich 21 Tage fasten und meine Seele in dem Tempel, der mein Körper war, empfangen würde. Letzteres ist nie passiert. Stattdessen trat ich bei Scientology ein. Zwei Jahre später sollte ich die junge Frau hinter dem Tresen heiraten und zwar auf See, an Bord von L. Ron Hubbards Privatjacht. Ein Jahr später sollte Jessica auf die Welt kommen.

*

Vor meinem Leben bei Scientology versuchte ich mir beizubringen, wie »Junge sein« funktionierte, während ich insgeheim versuchte herauszufinden, wie »Mädchen sein« ging. Ich war als Junge erfolgreich und zeigte nie jemandem das Mädchen, für das ich mich hielt. Der Kampf der Geschlechter wütete in meinem Kopf, Tag und Nacht. Ich war zwanzig Jahre alt, als Scientology mir erklärte, dass das Leben viel einfacher war.

Mein Geschlecht war ein Schiff ohne Segel auf stürmischer See. Ich brauchte einen Anker. Ich brauchte einen Rettungsring. Folgendes warf Scientology mir zu: Sie sagten, ich sei nicht mein Körper, nicht einmal mein Verstand. Sie sagten, ich sei ein spirituelles Wesen, »Thetan« genannt. Das Wort, so erklärte man uns, sei abgeleitet vom griechischen Buchstaben *theta*, was wiederum »perfektes Denken«

bedeutet. Männlich und weiblich seien Kategorien für Körper. Thetane aber hätten kein Geschlecht.

Können Sie sich für jemanden wie mich einen verlockenderen Glauben vorstellen?

Teil 2

Kapitel 6

Hier gibt es nichts zu lachen

BBC-Journalist: »Könnten Sie, Mr. Hubbard, einem Laien mit einfachen Worten erklären, was Scientology ist?«

L. Ron Hubbard: »Meiner Ansicht nach ist das eine relativ einfache Angelegenheit, weil es dabei um ein Thema geht, das für den Laien geschaffen wurde, und wenn man es einem Laien nicht erklären könnte, wäre das sehr mühsam. Der Name beinhaltet schon das Thema: ›Scio‹ bedeutet ›Wissen über das Wissen‹ im wahrsten Sinne des Wortes. ›Ology‹ bedeutet ›studieren von‹, also handelt es sich um das Studium der Wissenheit. So viel zur Bedeutung des Wortes selbst. Der ...«

BBC-Journalist: »Damit kann ich jetzt nicht viel anfangen. Verstanden habe ich das nicht. Ich meine, was bringt es einem, theoretisch?«

L. Ron Hubbard: »Es steigert die Wissenheit eines Menschen. Wenn sich eine Person vollkommen bewusst darüber wäre, was um sie herum passiert, wäre es relativ einfach für sie, jedweder Außenheit darin entgegenzuwirken.«

Sprecherstimme: »In drei Stunden Gespräch haben wir nicht eine Erklärung von ihm zu hören bekommen, die wir verstehen konnten.«

Ausschnitt aus »The shrinking world of L. Ron Hubbard«, BBC Television 1967, *The World in Action*, aufgenommen nur drei Jahre bevor ich Scientology beitrat.

»Also, was ist Scientology?«

Molly, die junge Frau am Empfangstresen in Denver, lächelte mich an. Sie hatte schulterlanges, kastanienbraunes Haar, ihre tiefbraunen, dunkelkaramellfarbenen Augen bohrten sich in mich hinein. Es war mein erster Kontakt mit dem starren Blick der Scientologen. Er machte mich total an.

»Nun ja, Scientology ist eine angewandte religiöse Philosophie.«
»Eine Religion?«
Sie lächelte, biss von ihrer Pizza ab und bot mir noch ein Stück an. Angesichts der vorangegangenen Rebellion meines Magens lehnte ich ab.

»Scientology ist eine angewandte religiöse Philosophie«, wiederholte sie, langsam sprechend und jedes Wort einzeln betonend. »Mit einer Religion kann man uns nun wirklich nicht vergleichen.«

Ich wendete mich von ihrem offenen, blinzelfreien Blick ab, von dem ich einen Steifen bekam. Um mich abzulenken, blätterte ich in einigen ausliegenden Büchern, die alle von L. Ron Hubbard geschrieben waren. Sie hatten Titel wie *Entwicklungsgeschichte des Menschen, Die Wissenschaft des Überlebens, The Creation of Human Ability*. Es gab auch ein kleines Heftchen mit dem seltsamen Titel *Gehirnwäsche*, das allerdings nicht von L. Ron Hubbard stammte.

»Und was ist der Unterschied zwischen euch und einer Religion?«
Molly kaute zu Ende, bevor sie mir antwortete.

»Scientology funktioniert einfach«, sagte sie. »Es geht nicht um Gebete, die vielleicht erhört werden oder nicht. Bei Religionen geht es immer um Seelenrettung oder so was. Scientology sagt, dass du deine eigene unsterbliche Seele bist. Wir haben eine Technologie, die die Fähigen noch fähiger macht. Nehmen wir dich zum Beispiel: Willst du dein ganzes Leben umherwandern, nie sesshaft werden oder etwas erreichen? Scientology kann dir helfen.«

Mich als Wanderhippie zu identifizieren, war nicht schwer. Meine Jeans war immer noch voller Matschflecken vom Herausklettern aus der Schneewehe, in die ich gefallen war. Technologie? Scientology hatte eine Technologie? Ich nahm das kleine Heftchen in die Hand.

»Ihr benutzt Gehirnwäschetechniken?« Molly lachte, über die Vorstellung, nicht über mich.

»Es ist erwiesen«, sagte sie, »dass in der Psychiatrie Gehirnwäschetechniken angewendet werden und Psychiater Verbündete des sowjetischen Kommunismus sind.«

»Aha.« Ich musste an Onkel Jay denken, der Psychiater und erzkonservativ war.

»Scientology spricht sich ausdrücklich gegen die Psychiatrie aus. Bist du jemals bei einem Psychiater gewesen?«

»Ein paar Tests, als ich klein war. Tintenkleckse und so was.«

»Keine Behandlung?«

»Nee.«

»Glück gehabt! Psychiater können einem wirklich den Verstand verpfuschen.«

Das Titelbild von *Entwicklungsgeschichte des Menschen* wurde von einem vage an einen prähistorischen Höhlenmenschen erinnernden Mann dominiert, der von einem rohen Fleischbatzen abbiss. Ich blätterte in dem Buch herum und lernte, dass wir in einem tödlichen Universum lebten und dass – aufgrund der jämmerlichen Verfassung der Menschheit – eines Tages alles den Bach runtergehen würde. Nur die Starken und Rücksichtslosen würden dann überleben und den Planeten übernehmen. Ich hatte schon so ziemlich alles ausprobiert, Rücksichtslosigkeit allerdings noch nicht. Ich wusste eigentlich nur, dass ich aufhören wollte, ein Mädchen sein zu wollen. Vielleicht würde Rücksichtslosigkeit ja dabei helfen ...

Ich drehte das Buch um und las den Klappentext. Da stand, dass Scientology die Blinden sehend, die Lahmen gehend und die Geisteskranken gesund machen konnte. Wenn man schon geistig gesund war, würden sie einen noch gesünder machen. Insgeheim zählte ich mich zu den Geisteskranken, die Hilfe brauchten.

»Wer ist Elron Hubbard?«

»Der Buchstabe L steht für Lafayette. Und dann Ron, nicht Elron in einem Wort. Er ist der Gründer. Er hat der Menschheit die *Brücke zur totalen Freiheit* gebaut. Wir können sie überqueren und vollkommen frei werden.«

»Mit Scientology?«

»Genau! Willst du einen Kommunikationskurs ausprobieren und dir selbst ein Bild davon machen?«

»L. Ron Hubbard kann Kranke heilen?«

Hinter mir ertönte eine gut gelaunte, laute, männliche Stimme:

»Na klar kann er das! Steht doch da auf dem Buchumschlag, oder nicht?! Also stimmt es. Was nicht geschrieben steht, ist auch nicht wahr! Behalte das im Hinterkopf, während du erkundest, wer wir sind und worum es bei uns geht. Scientology funktioniert, aber es muss für *dich* funktionieren. Hi, ich bin übrigens Larry!«

Er streckte seine rechte Hand aus. Wir pressten unsere Handflächen aneinander und pumpten dabei einmal – das gute alte amerikanische Begrüßungsritual zwischen Männern.

Ich fragte Larry, ob er sich an eines seiner früheren Leben erinnerte.

»Na klar!« Scientologen benutzen beim Sprechen viele Ausrufezeichen.

»Und, wer warst du?«

» Also, Details darf ich dir nicht verraten, ehe du nicht auf Rons *Brücke zur totalen Freiheit* weitergegangen bist, aber ich gebe dir einen Tipp. Wirf mal einen Blick auf dieses Buch!«

Er hielt mir ein Exemplar von *Mission Into Time* hin. Die grob gezeichnete Illustration auf dem Umschlag zeigte Männer, die Kisten in ein Raumschiff verluden. Ich war verwirrt. Bedeutete das etwa, er hatte Frachtgut auf irgendeinem Weltraumbahnhof geschleppt?

»L. Ron Hubbard ist also in die Zeit zurückgereist? Darum geht's in dem Buch? Und was hat das damit zu tun, wer du in einem früheren Leben warst?«

Larry lachte, aber ohne dass ich mir blöd vorkommen musste. Er lachte so, als hätte ich etwas Witziges gesagt.

»Dieses Buch? Da steht drin, wie L. Ron Hubbard erforscht und bewiesen hat, dass wir alle frühere Leben hatten.«

»Und Larry hat mit Ron an *Mission Into Time* zusammengearbeitet«, fügte Molly hinzu.

»Er hat also wirklich bewiesen, dass er frühere Leben hatte?«, fragte ich. «Konnte er sich an etwas erinnern?«

»Ich würde wohl kaum versuchen, dir dieses Buch zu verkaufen, wenn darin steht, dass er sich an nichts aus seinen früheren Leben erinnert, oder?!«

Ich fragte Molly, ob sie und ich irgendein vergangenes Leben miteinander geteilt hatten. Lächelnd antwortete sie, dass ich für die Antwort auf diese Frage noch nicht bereit sei, und biss wieder von ihrer Pizza ab. Einige Stunden zuvor hatte ich mich auf mein 21 Tage langes Fasten auf einem Berggipfel vorbereitet. Diese Leute aßen Pizza, schliefen höchstwahrscheinlich in gemütlichen Betten und sprachen beiläufig über ihre früheren Leben. Ich war mir sicher, dass Molly mit mir flirtete und flirtete zurück. Eine angewandte religiöse Philosophie mit Pizza und heißen Flirts hörte sich irgendwie viel besser an, als 21 Tage lang zu hungern.

Larry redete immer noch, aber ich hatte nicht mehr zugehört.

»Dieses Buchcover ist wirklich toll! Was meinst du?«

Er hielt jetzt *The Creation of Human Ability* in der Hand. Auf dem Umschlag war eine Frau im Bärenfell abgebildet. Sie saß auf einem Holzstuhl vor einem roten Vorhang und nagte das rohe Fleisch von einem vage an Geflügel erinnernden Oberschenkelknochen ab.

»Kannst gar nicht aufhören, da drauf zu starren, oder?«

»Äh ...«

»Das liegt daran, dass Ron selbst diese Umschläge auf der Basis der Bilder gestaltet, die jeder in seinem Verstand gespeichert hat.«

»Diese Bilder sind in meinem Gehirn?«

»Verstand, nicht Gehirn. Das Gehirn ist Teil des Körpers. Dein Verstand ist eine Speichereinrichtung für Millionen mentaler Abbilder, die du mit dir rumschleppst. Und ja, jeder hat genau diese Bilder in seinem Verstand gespeichert.«

Er tippte auf den Buchumschlag.

»Das sind Ereignisse aus vergangenen Leben, die wir alle gemeinsam haben. Sie sind aber vor unserem bewussten Verstand verborgen, weshalb es überraschend ist, wie sehr sie unser Leben Tag für Tag beeinflussen.«

»Wir waren alle Frauen im Bärenfell?« Larry runzelte zum ersten Mal die Stirn und änderte seine Taktik.

»Was denkst du, wenn du Jesus am Kreuz siehst?«

»Der Typ tut mir leid?«

»Und im Angesicht einer großen, goldenen Buddha-Statue?«

»Wäre ich inspiriert.«

»Weil du dich inspiriert fühlen sollst. Alle großen Weltreligionen sind mentale Implantate und dein Verstand hält sie für real. In Wirklichkeit haben die Bösen deinen Verstand neu programmiert, so wie man einen Computer neu programmiert.«

»Ah ja.«

Ich hatte keine Ahnung, wovon er redete. Wir schrieben das Jahr 1970 und niemand außerhalb des Massachusetts Institute for Technology sprach über Computer. Die einzigen Computer waren sogenannte Großrechner, deren Speicher komplette Gebäude in Anspruch nahmen.

»Wann auch immer du also Buddha siehst«, schlussfolgerte Larry, »fühlst du dich inspiriert ... Jesus, Mohammed, all diese Typen.«

»Jetzt bin ich völlig verwirrt.«

»Dein Verstand ist verwirrt, aber dein Verstand ist nicht dein Ich. Ich habe dir gerade genug Wahrheit vermittelt, um deine Speicher wachzurütteln«, sagte Larry. »Du bist nicht deine Erinnerungen. Du kannst durch all diese Erinnerungen hindurchsehen. Du bist ein spirituelles Wesen! Du bist nicht dein Körper, dein Gehirn oder dein Verstand! Du bist ein unsterbliches spirituelles Wesen, völlig frei vom physischen Universum, von Substanz, Energie, Raum und Zeit!«

»Ich habe eine unsterbliche Seele?«

»Du hast keine Seele, du bist eine Seele. Wir nennen diese Seele Thetan, von dem griechischen Buchstaben *theta*, was reines Denken bedeutet.«

»Du sagst also, dass ich frühere Leben hatte. Warum kann ich mich nicht an sie erinnern?«

»Mit Scientology kannst du es.«

Bei Gott, das machte Sinn. Ich legte meine Hände auf mein Herz.

»Dieser Körper ist nicht, wer ich bin?«

»Nicht im Geringsten.«

Ich atmete tief ein und stellte die Eine-Millionen-Dollar-Frage: »Gibt es männliche und weibliche Thetane?«

Larry und Molly lachten. Ich hatte eine lustige, keine dumme Frage gestellt.

»Nein, nein, nein. Geschlechter sind was für fleischliche Körper, nicht für Thetane.«

»Das heißt, in unseren früheren Leben waren wir alle ...«

»Männer und Frauen? Aber sicher! Ich selbst war öfter ein Mann als eine Frau.«

»Ich auch!«, sagte Molly lachend.

Ich stellte mir Molly als Mann vor. Vielleicht war sie einer jener stattlichen Männer gewesen, die auf dem Umschlag des Buches das Raumschiff beluden, oder vielleicht war sie ein Gladiator und ich seine Sklavin gewesen, so wie in den Fantasyromanen über *Gor*, die ich zu der Zeit las. Mein Schwanz meldete sich mit aller Macht zurück.

Okay, Thetane hatten also kein Geschlecht? Diese Leute sprachen von einer möglichen Lösung jenes Problems, das mir bisher mein Leben versaut hatte. Ich drehte beiläufig das Buch um, damit ich die Frau in dem Bärenkostüm nicht mehr ansehen musste. Ich nahm an, dass die Bösen mich so programmiert hatten, dass ich mich davor ekelte.

»Gebt ihr irgendwelche Kurse über frühere Leben?«

Molly und Larry erklärten mir, dass der Kommunikationskurs die Voraussetzung für alle weiteren Kurse sei und nur zehn Dollar kostete. Ich hatte einige Hundert Dollar dabei, die ich in Parks damit verdient hatte, Kinder und Hippies für je fünfzig Cent mit Blumen zu bemalen. Auf meinem Konto an der Ostküste waren auch noch etwa fünfhundert Dollar. Ich war nicht pleite, aber ich war sparsam. Larry rückte ganz dicht an mich heran und fragte verschwörerisch:

»Was glaubst du, passiert mit dir, wenn du stirbst?« Damit hatte er mich. Ich blechte den Zehner für den Kommunikationskurs.

*

Als Arztkind wuchs ich in dem Glauben auf, Tod bedeutete, dass ein Arzt seine Arbeit nicht richtig gemacht hatte. Tod hieß, einen Patienten zu verlieren. Das geschah alle paar Monate, so wie im folgenden Fall. Mein Vater rief an und sagte, dass er es nicht zum Abendessen schaffen werde und wir ohne ihn essen sollten, weil er noch bis zum Ende beim alten Schlivik sitzen werde. »Unsinn, Paul«, war die Standardantwort meiner Mutter. »Du verlierst ihn nicht und wir essen, wenn du nach Hause kommst.«

Also warteten wir darauf, dass der alte Schlivik starb. Aber ich war ein pummliger, kleiner Junge, der nicht gern auf sein Essen wartete, und es gab ein bestimmtes System: Wenn Dad ihn nicht bis zwanzig Uhr dreißig verloren hatte, aßen wir trotzdem. So kam es dann auch.

Wir aßen noch, als kurz vor 21 Uhr das Telefon klingelte. Meine Mutter tupfte sich die Lippen mit der Serviette ab, erhob sich anmutig und lief schweigend zum Telefon im Flur.

»Dad hat den alten Schlivik verloren«, flüsterte mein Bruder.

»Ich weiß, ich weiß.«

Meine Mutter nahm den Hörer ab und hörte meinem Vater zu.

»In Ordnung, Paul. Lass dir Zeit, ich bleibe wach.«

Was dann gesagt wurde, verpasste ich, weil die Kuckucksuhr 21 Uhr schlug. Der kleine, laute Vogel erschreckte mich jedes Mal. Nach dem letzten »Kuckuck« ertönte der erste von vier Glockenschlägen, um die volle Stunde zu verkünden. Wie aufs Stichwort folgten die anderen drei Uhren, eine nach der anderen. Mein Vater hatte sie absichtlich so gestellt. Vier Mal in der Stunde hielt er inne, egal womit er gerade beschäftigt war, und erlaubte sich die volle Konzentration auf die Verlautbarung der Uhrzeit.

»Paul, ich warte auf dich und damit basta. Sag Sylvia, wie leid es mir tut. Ich liebe dich.«

Telefone waren damals schwere Gegenstände. Selbst wenn man versuchte, den Hörer leise aufzulegen, gab es ein Klappern, das man bis ins Wohnzimmer hörte.

»Jungs, euer Dad hat den armen alten Mr. Schlivik verloren.«

»Wissen wir«, antworteten wir einstimmig.

»Setz dich, Mom. Albert und ich räumen den Tisch ab und spülen das Geschirr.«

»Danke, Jungs. Ja, vielleicht sollte ich ein Glas Wein trinken.«

Alan goss ihr ein Glas Weißwein ein, was er nur tat, wenn Dad nicht zu Hause war.

»Können Albert und ich *Twilight Zone* gucken?« Das war unsere Lieblingssendung und an jenem Tag sollte es die erste Folge der neuen Staffel geben.

»Nein, davon bekommt ihr Albträume.«

»Och, bittebittebitte«, bettelte ich. Wenn Alan und ich uns gegen einen unserer Eltern verbündeten, war ich immer dafür zuständig, so verdammt süß zu sein, dass sie nicht mehr Nein sagen konnten. An dem Abend, als Dad den alten Mr. Schlivik verlor, sahen wir die gruseligste aller *Twilight-Zone*-Folgen. Ich träume heute noch schlecht davon: Burgess Meredith spielt einen Bibliothekaren, dessen einzige Freude das Lesen ist. Weil er aber zu viel arbeitet, hat er keine Zeit zum Lesen. Vorsicht – wenn Sie das Ende nicht wissen wollen, springen Sie jetzt zum nächsten Absatz. Also: Die Welt geht unter und Burgess Meredith ist der Einzige, der übrig ist. Er verbringt Monate damit, sich jedes Buch zu besorgen, das er jemals hatte lesen wollen. Jetzt hat er alle Zeit der Welt, sie endlich zu lesen. Happy End? Nix da! Er tritt auf seine dickglasige Lesebrille, die dabei so zu Bruch geht, dass er kein Wort mehr lesen kann. Nach der Sendung gingen wir ins Bett. Ich war immer noch wach und machte mir Sorgen um den Weltuntergang, als die Hintertür ins Schloss geworfen wurde. Mein Vater war wütend.

»Mist, Mist, Mist.«

Mein Vater verlor alle paar Monate einen Patienten und nie nahm er es auf die leichte Schulter. Keiner von uns benutzte die Worte »tot«, »sterben« oder »Tod«. Patienten wurden »verloren« und zwar von Ärzten. Mehr wurde dazu nicht gesagt. Ich war der Einzige in meiner Familie, der mehr über den Tod wissen wollte. Wenn ich das Thema beim Abendessen ansprach, setzte mein Vater einen düsteren Blick auf und redete über den Unterschied zwischen herz- und hirntot.

»Weiß man, wenn das Herz stirbt?«, fragte ich ihn. »Weiß man, wenn das Gehirn stirbt?«

Das Gesicht meines Vaters verzog sich wie an dem Nachmittag, als er erfuhr, dass ein Arztkollege seinen Vater verloren hatte.

»Ich habe Patienten gesehen, Albert, die nach einem Herztod einfach wieder lebendig wurden. Einige von ihnen waren verändert, andere erinnerten sich an nichts. Hirntot heißt, dass unsere Geräte kein Bewusstsein mehr messen können und dann helfe dir Gott. Gut möglich, dass du immer noch bei Bewusstsein bist und wir es einfach nicht wissen. Ich kann mir nicht vorstellen, wie viel Angst so ein Patient haben muss.«

»Aber was passiert, wenn die Bombe fällt? Gibt es einen Himmel? Gibt es eine Hölle?«

Juden sprechen niemals von Himmel oder Hölle, aber mein Dad kniete sich genau in Augenhöhe vor mich hin. Er sprach leise.

»Es gibt einen Himmel, Albert, und es gibt eine Hölle, aber nur wenn du willst, dass es sie gibt.«

Meine Mutter kniete sich neben ihn.

»Du willst etwas über den Tod wissen, Albert? Vielleicht versuchst du als Erstes, den Moment zu fühlen, in dem du einschläfst. Wenn du dieses Zwischenreich gespürt hast, wo man weder wach ist noch schläft, weißt du bestimmt schon mehr über den Tod.«

Weder das eine noch das andere machte damals Sinn für mich, aber heute, Jahrzehnte später, glaube ich daran. Ich bat sie auch später, mir mehr über den Tod zu erzählen, aber irgendwann lernte ich, nicht mehr zu fragen. Tod lief dann doch immer wieder darauf hinaus, dass ein Arzt jemanden verlor.

*

Für mich als Scientology-Frischling war es erschütternd, wie unbekümmert Scientologen über den Tod sprachen; allerdings hielten sie sich strikt an die schriftlichen Vorgaben L. Ron Hubbards, der eigentlich ein zweitklassiger Science-Fiction-Autor war. Er erkannte zwar die Existenz der großen Denker und Freiheitskämpfer an, die ihm vorausgegangen waren, aber unterm Strich waren alle bis auf seine eigenen Theorien über Leben, Tod und die Natur des Menschen falsch oder bestenfalls unvollständig. Alles, was Ron nicht geschrieben hat oder was ursprünglich von ihm stammt, aber dann von jemand anderem verändert wurde, bezeichnete man als *Squirrel*-Technologie. Die Veränderung von Rons Schriften gilt bei Scientology als *High Crime,* also als Schwerverbrechen. Wenn Sie allerdings die Werke lesen wollen, die ich damals als Scientologe gelesen habe, werden Sie tief graben müssen, um Originale zu finden. Viele Exemplare gibt es davon nämlich nicht mehr. Seit David Miscavige die Organisation führt, sind mindestens 18 Bücher überarbeitet und neu herausgegeben worden. Die Organisation, der ich damals beitrat, ist nicht diejenige, die man heute vorfindet, wenn man ein Scientology-Gebäude betritt. Eines jedoch blieb unverändert: Hubbards Entdeckung von dem *Großen Geheimnis über das Leiden Menschheit,* das allerdings erst 2005, also Jahrzehnte später, in der *South Park*-Folge »Schrankgeflüster« enthüllt wurde.

Im Kern geht es um Folgendes: Vor 76 Millionen Jahren machte sich der böse intergalaktische Herrscher Xenu daran, das Problem der Überbevölkerung innerhalb der Galaktischen Föderation zu lösen. Er fing Milliarden und Abermilliarden von Thetanen, fror sie einzeln in Eisblöcke ein und ließ sie zur Erde bringen, die damals Teegeeack hieß. Dann warfen Xenus Truppen die vereisten Thetane in Vulkane, die er dann mit Wasserstoffbomben in die Luft jagen ließ. Die völlig orientierungslosen Thetane wurden aus den Vulkanen heraus in sogenannte Thetan-Fänger geschleudert, riesige Trichter, die Xenu am Himmel positioniert hatte. Als die völlig benommenen und verwirrten Thetane wieder zusammengetrieben wurden, implantierte man ihnen Bilder, die sie versklaven würden: Bilder von Jesus, Buddha und von Frauen in Bärenkostümen, die auf einer Bühne rohes Fleisch essen. Nachdem ihnen all diese Gewalt angetan wurde, war das Urteilsvermögen der Thetane fast vollständig verkümmert. Xenu ließ sie auf der Erde frei, wo sie sich an frühe Höhlenbewohner hefteten und bald glaubten, Teil dieser Körper zu sein. Sie wurden Körper-Thetane, wie Ron sie nannte. Das erklärt auch, warum man seinen Körper nicht immer voll unter Kontrolle hat: Tausende verdorbener Körper-Thetane kontrollieren winzige Teile des Körpers und des Verstandes und versperren so den Weg zur totalen Freiheit des Menschen.

Dieser Abschnitt der *South Park*-Folge wurde übertitelt mit dem Satz: »Daran glauben Scientologen wirklich.« Und so war es.

Bis zum heutigen Tag basiert Scientology auf mittels Metaphern und Sprachbildern beschriebenen Prinzipien, die aus dem Sprachschatz mittelmäßiger Science-Fiction-Bücher und der Schundliteratur des zwanzigsten Jahrhunderts stammen. Eigentlich ist das nichts Neues: Viele Religionen verwenden ziemlich hirnverbrannte Metaphern, um ihre Botschaft zu verbreiten. Als aktiver Scientologe lachte man nie über Rons Worte, selbst nicht über das wirklich durchgeknallte Zeug, weil Scientologen wussten, dass ihr Erfolg oder Scheitern in dieser Welt über Leben und Tod entschieden. Wer lachte, bewies damit nur, dass er kein echter Scientologe, sondern ein *Squirrel*, also ein Spinner war. Wer gar nichts damit anfangen konnte, wurde *Wog* genannt, ein ekelhaft rassistisches Schimpfwort, mit dem britische Kolonisten ursprünglich die einheimischen Asiaten bezeichneten.

*

Ich selbst wurde dazu erzogen, ziemlich verrücktes Zeug zu glauben. Ich glaubte daran, dass Abraham, der Urvater des Judentums, von Gott aufgesucht wurde. Gott zweifelte nämlich an seiner Treue und befahl ihm, seinen Sohn Isaac auf einen Altar zu legen und mit einem Messer zu töten. Selbstverständlich quälte sich Abraham bei der Vorstellung, wie sein Leben ohne den geliebten Sohn sein würde, aber er entschied sich letztlich trotzdem für die Liebe Gottes, dem höchsten aller Wesen, der schließlich einen Glaubensbeweis brauchte.

Abraham legte also seinen Sohn auf den Altar. Isaac war bei vollem Bewusstsein und willigte ein. Warum? Weil Abraham sagte: »Ich liebe dich, Sohn. Du bist ein guter Junge und ich wünsche mir, dass du mich stolz machst unter den Augen Gottes, meines Vaters, der uns jetzt beobachtet.« Isaac schluckte das, weil Abraham die Nummer eins in Isaacs Herzen war. Dann hob Abraham die Klinge. Glauben Sie, Isaac lächelte dabei? Die Bibel erzählt uns nirgends, was dabei in Isaacs Kopf vor sich ging. Ob er unter der Klinge seines Daddys sterben wollte? Immerhin lag er einfach nur so da. Vielleicht war er ja der erste Gruftie-Teenager mit Todessehnsucht. Vielleicht dachte Isaac, als er das Messer in der Hand seines Vaters sah: »Yeah, Daddy, schneid mich auf. Lass mich für dich bluten!« Na ja, so lese ich die Geschichte jedenfalls.

Abraham ließ also das Messer mit aller Kraft hinabsausen, dann erst griff Gott ein. Er ließ einen Engel das Messer aufhalten, eine Haaresbreite von Isaacs Hals entfernt. Dann sprach Gott: »Gut, ich glaube dir, Abraham. Geh hin und werde der Stammvater aller Juden, überall und für alle Zeit. Und du, Isaac, tu, was dein Vater dir sagt, oder ich halte das Messer nächstes Mal nicht auf.« Ende.

Was für eine bekloppte Metapher. Wissen jüdische Väter eigentlich, wie sehr sie ihre Söhne jedes Mal traumatisieren, wenn sie ihnen diese Geschichte erzählen?

*

Die meisten Leute lachen über diesen oder jenen absurden religiösen Mythos, sie sind immer gutes Futter für Komödien. Wenn aber damals in meiner Zeit als Scientologe jemand über uns lachte? Dann lächelten wir nur in uns hinein und dachten: Warte nur, bis wir den Planeten beherrschen. Dann werden wir schon sehen, wer als Letztes lacht.

Kapitel 7

Sag mir, wo die Blumen sind

Mit den wilden Siebzigern schwappte eine Welle freier Liebe über die USA. Draußen in der *Wog*-Welt lebten die Hippies in Kommunen: Sie teilten einander sexuell, sagten zu jedem »Ich liebe dich« und meinten es im Großen und Ganzen auch so. In den Vorstädten tauschten Ehemänner ihre Frauen und Ehefrauen ihre Männer. In den Städten zogen Singles, in der Hoffnung auf einen Quickie, durch die Kneipen. Orgien waren leicht zu finden und kosteten kaum mehr als den Eintrittspreis und ein paar Drinks. Sex gab es auch bei Scientology überall, außer bei mir und Molly. Wir waren beste Freunde, kein Pärchen.

Ich hatte Sex – und das nicht zu knapp. Mittlerweile hatte ich etwas länger als einen Monat in Denver verbracht und war immer noch der Künstlerhippie. Magersüchtig wie ich war, sah ich wirklich heiß aus in meinen grellen Schlaghosen und geblümten Hemden, die ich von zu Hause mitgebracht hatte; damals in Denver kleideten sich die Leute noch nicht so. Je nachdem, wer mich ansah, stellte ich einen Augenschmaus oder eine grell gefärbte Zielscheibe dar. Um keine Missverständnisse über meine Männlichkeit aufkommen zu lassen, trug ich einen Voll- oder Schnurrbart. Mein rotschwarzes Haar lockte sich bis kurz über die Schultern und ich nutzte ein besticktes Haarband, damit es mir nicht ins Gesicht fiel. Nein, das ist gelogen: Ich trug das Haarband, weil ich es schön fand und ich mich damit wie ein Mädchen fühlte. Und die Scientology-Damen mochten meinen Geschmack. Sie mochten auch, wie ich schmeckte, und ich trug den Geschmack jeder Einzelnen in meinem Schnurrbart. Bevor Sie auf die Idee kommen, mir Frauenfeindlichkeit zu unterstellen, sei erwähnt, dass *ich* das Sexobjekt war. Wie ein gutes Buch wurde ich von einer Frau zur nächsten weitergereicht. Für mich ging es immer noch weniger um meinen eigenen Orgasmus, sondern vor allem darum, wie man eine Frau glücklich machen konnte. Sex bedeutete für mich, mir vorzustellen, dass ich die Frau war, mit der ich schlief. Ich hielt also im Bett ziemlich lange durch.

Ich hörte auf, Gras zu rauchen. Scientologen dürfen keine Partydrogen nehmen, weil sie die Bilder im Kopf durcheinanderbringen. Die Bilder, die schlecht für einen sind, heißen Engramme und sind die mentalen Abbilder der Erinnerungen von Schmerzen, Leiden und jeder Art von Bewusstseinsverlust. Also keine Drogen für mich, abgesehen von zwei Packungen Zigaretten pro Tag und den wilden Besäufnissen in meiner spärlichen Freizeit.

Ich fand einen Teilzeitjob als Bühnenbildner und Schauspieler am Third Eye Theater in Denver. Theatermenschen bekommen nicht viel Sonnenlicht zu Gesicht. Tagsüber bauten wir Bühnenbilder und probten, abends fanden die Aufführungen statt. Ich war der einzige Scientologe in Denver, der auf der Bühne stand, was mir noch mehr Pluspunkte bei den Frauen einbrachte. In Anbetracht der Abneigung von Scientology gegenüber Homosexuellen lehnte ich mehrere wirklich süße Angebote einiger sehr gut aussehender Jungs höflich ab. Die meisten waren die Art von Butch-Männern, bei denen ich mich wie eine Frau fühlte.

Um mich den homosexuellen Versuchungen zu entziehen und genügend Geld für meine Miete zu verdienen, verließ ich das Theater und suchte mir einen Job als Nachtwächter. Ich schob die Friedhofsschicht in Begleitung eines Deutschen Schäferhunds namens Rex, der keiner Fliege etwas zuleide tun konnte. Tagsüber schlief ich und an fünf Abenden in der Woche nahm ich an Scientology-Kursen teil, die samstags und sonntags sogar den ganzen Tag dauerten.

Bei Scientology gibt es keine Kurse im herkömmlichen Sinne, da es keinen besseren Lehrer als Ron selbst geben kann. Stattdessen werden unter Aufsicht eines Kursleiters die Werke von L. Ron Hubbard gelesen und gehört.

Die Zeit zwischen den Unterrichtsstunden verbrachte ich mit Molly, dem Konzessionsinhaber der Denver-Filiale Larry oder einem Mädchen, mit dem ich gerade schlief. Molly wusste über meine Promiskuität Bescheid und amüsierte sich darüber. Sie erzählte mir, dass die Frauen im Scientology-Zentrum schon einen Spitznamen für mich hatten: Aus meinem Namen Al hatten sie »Alley Cat« gemacht, der streunende Kater. Das Leben in Denver war schön und ich genoss meine Rolle als Lustknabe der Scientology-Frauen.

Während der Kurspausen tauschten wir Geschichten aus unseren früheren Leben aus. Außerdem spekulierten wir damals stundenlang, was heute vermutlich nicht mehr erlaubt ist, über die Fähigkeiten »Operierender Thetane«, kurz OTs. Sie sind spirituelle Wesen, die außerhalb ihrer Körper leben, aber die volle physische Leistungsfähigkeit und Wahrnehmungskraft besitzen. Larry war der einzige OT, den wir kannten, und wir bewunderten ihn. Damals wie heute sollte ein OT laut der Organisation eigentlich nicht mit seinen Superkräften protzen, aber wir waren in Denver, dem Wilden Westen. Als ich Larry einmal fragte, ob er einen Stuhl bewegen könnte, ohne ihn zu berühren, lachte er nur:

»Klar kann ich das«, sagte er. »Machen wir es doch noch ein bisschen interessanter: Wenn ich den Stuhl bewege, ohne ihn zu berühren, kaufst du heute noch zwei weitere Bücher. Schaffe ich es nicht, geht der nächste Kurs auf mich.«

»Einverstanden.« Wow, endlich würden wir echte OT-Action zu sehen bekommen!

»Okay, ich bitte um Verständnis. Ich bin nur ein OT der Stufe III, kein OT VIII. Ich kann das nicht immer und überall.«

Er stellte sich auf den Tisch, legte die Fingerspitzen an die Stirn und schloss die Augen. Ich sah zu Molly hinüber, die meinen Blick erwiderte und mit den Schultern zuckte. Larry runzelte die Stirn und öffnete die Augen.

»Der Stuhl ist zu nah am Fenster. Die Störungen von der Straße sind zu groß«, sagte er zu mir, die Fingerspitzen immer noch an seine Stirn gepresst. Dass die Positionierung einen großen Einfluss auf die Kräfte der Telekinese hatte, war logisch. »Könntest du den Stuhl bitte in die Mitte des Raumes ziehen?«

Das tat ich. Er schloss seine Augen wieder, runzelte die Stirn und sagte: »Er ist einfach zu weit weg. Zieh ihn doch bitte noch ein kleines Stück näher ran.« Als ich fertig war, öffnete Larry die Augen und grinste mich an.

»Okay, ich habe den Stuhl zweimal bewegt, ohne ihn zu berühren. Und jetzt geh und kauf dir diese Bücher.«

Ich mochte Scientology. Und Slapstick wirkt immer bei mir. Davon ist heute in der Organisation allerdings nicht mehr viel übrig, wenn es das sein sollte, wonach Sie suchen. Ich selbst suchte auf meiner Reise quer durch die USA nach einem Gott, an den man glauben konnte. Doch Gottes Launen hatten dazu geführt, dass ich ein Junge war, der nicht glaubte, dass er ein Junge war. Wie soll man einen Gott lieben, der einem so etwas antut? Tja, als junger, konservativer Jude lernte ich in den 1950er-Jahren, dass Liebe zu Gott gleichbedeutend ist mit Angst vor Gott. Im Alten Testament rutscht ständig irgendwer auf den Knien herum, bettelt um die Vergebung des Gottvaters, gelobt Besserung und schwört, ihn mehr als alle anderen zu lieben. Mein kleines Kindergehirn machte daraus, dass mein Daddy genau auf diese Art geliebt werden musste, weil er sonst wütend wurde.

*

Ich war zwölf Jahre alt, als ich 1960 zwischen meiner bald anstehenden Bar Mitzwa und einem Leben als wiedergeborener Katholik schwankte. Eigentlich wollte ich unbedingt eine Nonne sein. Ein Jahr zuvor hatte ich mir sechs Mal hintereinander *Die Geschichte einer Nonne* im Kino angesehen und zwar immer ohne zu bezahlen, weil mein Bruder das Kino leitete. Audrey Hepburn spielt in dem Film Schwester Luke, die Jesus heiratet, aber bei Gott, ihrem Schwiegervater, verkackt. Als wahrer Freigeist lässt sie sich von Jesus scheiden, weil der seinen Vater entweder nicht daran hindern kann oder will, sie herumzukommandieren. Die letzte Szene zeigt in einer langen Einstellung, wie Audrey Hepburn das Kloster verlässt, um ihrer Bestimmung als Ärztin zu folgen und gegen die Nazis zu kämpfen. Diese Frau wollte ich sein! Ich wollte ein Mädchen sein, das ins Kloster geht, erbärmlich bei dem Versuch scheitert, Gott zu gehorchen, und sich dann davonmacht, um seinem Herzen zu folgen. Ich besaß sogar einen Rosenkranz und ein Messbuch. Wenn ich Angst vor Gott hatte, betete ich Ave-Marias, immer und immer wieder. Ich studierte *Das Buch der Heiligen* sorgfältiger als jenen Abschnitt der Torah, den ich während meiner Bar Mitzwa auf der Kanzel vortrug. An diesem Tag, der mich in den Augen meiner Synagoge zum Mann machte, gab ich dann die Hoffnung auf, jemals eine Nonne zu werden. Der Silberstreif am Horizont: Ich könnte mir Schwester Lukes ungehorsamen Geist bewahren.

Ich wuchs mit Abendgebeten zu Gott auf. Als Hippie hielt ich mich dann an die Beatles, die mich wissen ließen, dass Liebe alles sei, was ich bräuchte. Scientology und jüdisch-christlicher Fundamentalismus ähneln sich insofern, als dass bei beiden Lieben mit Gehorchen gleichgesetzt wird. Diese Gleichung begleitet mich schon mein ganzes Leben. Funktioniert hat sie für mich allerdings nur, wenn ich mir jemanden zum Gehorchen suchte, der zum einen nicht gemein zu mir war und mich zum anderen vor Verlangen erschaudern ließ.

So etwas sollte es allerdings erst Jahrzehnte nach meinen zwölf Dienstjahren bei Scientology geben.

*

Molly und ich glaubten leidenschaftlich an Scientologys »Alles-oder-nichts«-Motto. Zusammen verließen wir Denver und fuhren nach Kalifornien, um uns dort der Sea Organization (Sea Org) anzuschließen, wo wir auf Schiffen leben und arbeiten würden. Ron sagte, dass das Leben auf einem Schiff Männer aus uns Mäusen und Alpha-Tiere aus uns Betas machen würde. Im August 1970 unterschrieben Molly und ich unsere Verträge, mit denen wir uns eine Milliarde Jahre im Dienst der Sea Org verpflichteten: Alles oder nichts, Dilettanten unerwünscht. Bei meinem Eintritt in die Sea Org bestand ihre Flotte aus drei Schiffen: ein Schiff im Hafen von Kopenhagen, ein Boot in Long Beach und das Flaggschiff, Aufenthaltsort geheim.

In den Siebzigern stellte die Sea Org die höchste Führungsebene von Scientology dar. Wir waren das Elitekorps, manchmal auch die Eingreiftruppe. Wir trugen Marineuniformen, wir salutierten einander, wir besaßen Dienstgrade und Abzeichen. Je nach Dienstgrad nannten wir einander *Sir* oder *Mister*, unabhängig davon, ob es sich um einen Mann oder eine Frau handelte. Thetane haben ja kein Geschlecht ...

Molly und ich hatten immer noch nicht miteinander geschlafen. Wir hatten zwar begonnen, mit dem Gedanken zu liebäugeln, aber jegliche Privatsphäre war passé, als wir bei der Sea-Org-Besatzung der Bolivar anheuerten, einem heruntergekommenen U-Boot-Jäger aus dem Zweiten Weltkrieg. Die Bolivar war nicht groß genug, um Schiff genannt zu werden, sie war eher ein Boot. Kapitän Bob Young, zuvor bei der britischen Handelsmarine, war der Einzige an Bord, der etwas von Seefahrt verstand. Und erst sehr viel später sollte uns bewusst werden, dass er auch einer der wenigen Sea-Org-Offiziere war, mit denen man gern zusammenarbeitete. Molly wurde der Küche zugeteilt, ich der Deckmannschaft.

Nach weniger als zwei Monaten auf der Bolivar wurden wir auf das heilige Flaggschiff Apollo versetzt, die doppelschraubige Motorjacht und das Zuhause L. Ron Hubbards, der sich zum Commodore ernannt hatte. Mit 110 Meter Länge war die Apollo eine der größten Privatjachten der Welt. Lediglich das Schiff von Queen Elizabeth war länger und das auch nur um dreißig Zentimeter. Die Apollo war wunderschön. Als Fähre hatte sie mit Frachtgut und Vieh unter Deck die Irische See überquert und war mit Kabinen für ungefähr einhundert Personen ausgestattet. Im Zweiten Weltkrieg wurde sie für Truppentransporte genutzt. Ich verstehe jetzt, warum alle *Star Trek*-Charaktere so verliebt in ihre Schiffe sind.

Der Commodore wies immer wieder darauf hin, dass alle Mitglieder der Sea Org wiedergeborene Offiziere der alten Galaktischen Föderation aus einer Zeit vor Millionen und Abermillionen von Jahren waren. Na klar, wir wussten, dass wir unsterblich waren, also unterschrieb jeder von uns, ohne mit der Wimper zu zucken, einen Vertrag über eine Milliarde Jahre. Das Motto der Sea Org war: Wir kommen wieder. Alles hätte sehr an *Star Wars* erinnert, wenn es denn *Star Wars* schon gegeben hätte, und wir fanden es großartig. Okay, L. Ron Hubbard war in den 1940er-Jahren ein Science-Fiction-Autor gewesen. Na und? Das hieß doch nur, dass er das große Ganze umso besser und realer für uns beschreiben konnte, und genau das tat er auch.

Hubbards Science-Fiction handelte von Gut und Böse und danach lebten wir. Er schrieb über Kämpfe gegen Dämonen und gegen Satan persönlich, also kämpften wir. Er schrieb über gesellige Weltraumfahrer, die das Universum im letzten Augenblick retteten, das waren wir. Er schrieb über die großen Entbehrungen, die auf sie warteten, und darüber, wie lange es dauern würde, bis die Mission erfüllt wäre.

Entsprechend mühsam war das Leben in der Sea Org und wir wussten, dass wir mehr als eine Milliarde Jahre brauchen würden, um diesen Bereich des Universums zu bereinigen. Es gab Gute und Böse. Wir als die Guten waren im Begriff, das Universum zu retten. Es war ein großes und ruhmreiches Abenteuer aus Liebe zur Menschheit. So hatte es jedenfalls begonnen.

*

Winter 1971: Die Apollo lag im Hafen von Agadir, Marokko vor Anker, während ich die Ritzen zwischen den langen, nebeneinander liegenden Teakholzplanken mit Hanf und Teer ausfüllte. Da Schiffe auf See immer schaukeln, egal wie geringfügig, muss zwischen den Planken immer ein wenig Platz bleiben. Dieser Zwischenraum wird mit langen, klebrigen Hanfstricken ausgestopft und dann mit Teer abgedeckt. Irgendwann trocknet das Hanf dann aus, der Teer wird rissig und das Ganze beginnt von vorn. Es war also ein Vollzeitjob, die Decks mit der nachgiebigen Mischung aus Hanf und Teer zu versorgen. An dieser Stelle kam ich also ins Spiel: Unter der Bezeichnung *Decks In Charge* hatte man mich der Deckmannschaft zugeteilt.

Die wenigen Arbeitsschritte wurden in einer festen Reihenfolge ausgeführt: Mit Seilen markierte ich an Deck einen Bereich von ungefähr drei mal vier Metern. Es folgte das Ausheben des rissig gewordenen Teers und der ausgetrockneten Hanfseile, wofür ich einen alten, dreißig Zentimeter langen Marlspieker verwendete. Dann schnitt ich mir von einer großen Spule ein etwa dreißig Zentimeter langes Stück frisches, klebriges Hanf ab und schlug das intensiv und streng riechende Zeug mit Hammer und Meißel in die Zwischenräume. Danach musste der Hanf mit flüssigem, heißem Teer versiegelt werden. In einer Ecke des Decks hing über einer Propangasflamme ein Topf aus Gusseisen, in dem die harten, gummiartigen

Teerstücke geschmolzen wurden. Die Erinnerung an diesen Geruch entspannt mich bis zum heutigen Tag.

Der schwierige Teil der Aufgabe war, die langstielige, gusseiserne Schaufel mit dem dickflüssigen, kochend heißen Teer zu befüllen und, ohne einen Tropfen zu verschütten, zu dem Deckabschnitt zu transportieren, den ich mit dem Hanf vorbereitet hatte. Dort verteilte ich den Teer in die Spalten zwischen den Planken, sodass er sie ausfüllte, ohne überzulaufen. Je nachdem wie viel man verschüttete, konnte es bis zu einer halben Stunde dauern, einen Fleck von dem sonnengebleichten, knochentrockenen Teakholz zu entfernen. Meine Jahre als Deckmatrose lehrten mich Anmut. Irgendwann wurde ich so gut, dass ich auch bei unruhiger See eine gerade, zwei Meter lange Teerlinie ziehen konnte.

Auf dem Sonnendeck, dem höchsten Deck des Schiffs, galt es, Krach zu vermeiden. Ich arbeitete barfuß, weil der Commodore direkt auf dem Deck unter mir war und entweder selbst arbeitete oder schlief. In beiden Fällen durfte er nicht gestört werden. Der heiße Boden verbrannte mir die nackten Fußsohlen, aber ich entwickelte ganz neue Nehmerqualitäten, was die Sonne betraf. Als kleines, dickes Kind in den 1950er-Jahren hatte ich Angst vor der Sonne gehabt, weil sie mich so verbrannte, dass ich krebsrot wurde. Als ich aber begriffen hatte, dass ich ein Thetan war – Ha! –, da lachte ich über jeden Sonnenbrand. Nach einigen Monaten war meine Haut zu einem zarten, rot-bronzenen Farbton gebrutzelt worden, mit dem ich mich extrem sexy fühlte. Es machte mir nichts aus, so zu tun, als wäre ich ein Mann. L. Ron Hubbards Theorien zufolge taten das sowieso alle Thetane: Wir taten alle so, als wären wir Menschen.

*

Ich genoss mein Leben als auf Knien rutschender Matrose. Wie alle Scientologen auf der ganzen Welt führte ich sogenannte *Stats*, Statistiken über meine Produktivität. Meine persönliche Kategorie lautete »Quadratzentimeter tropffreier Deckinstandhaltung«. Bei Scientology wurde der Wert einer Person durch seine Produktivität bestimmt, die wiederum mit den *Stats* gemessen wurde. Wie man von einem Offizier oder anderen Mitgliedern der Besatzung behandelt wurde, hing von den *Stats* ab und wie steil die Kurve nach unten oder oben verlief.

»Als *Stats* gehen hoch, muss ein toller Typ sein.« Also behandelten sie mich wie einen tollen Typen. Statistikkurve steigend: Juchuh! Kurve abfallend: Buh!

Wessen Statistikkurve fiel, wurde von seinen Freunden gemieden, verspottet und verachtet. Die Richtlinien der Organisation besagten, dass *Stats* über den aktuellen Wert deiner Existenz entschieden, sie bezifferten also, wie effektiv man Ron und der Sea Org dabei half, den Planeten zu übernehmen. Die Statistiken jedes Mitglieds waren wahrheitsgemäß festzuhalten und öffentlich bekanntzugeben. Lügen führen bei Scientology zum Ausschluss, insbesondere Lügen über die Organisation und über Produktivität. Jeder gute Scientologe versucht, irgendetwas zu produzieren, was der Organisation hilft, den Planeten zu übernehmen. Diese Worte stammen von Scientology: den Planeten übernehmen. In der Sea Org gab es keine Entspannung, kein Faulenzen, keine Freizeit. Wir waren 24 Stunden an sieben Tagen der Woche im Dienst oder in Bereitschaft und zwar jeden Tag unserer eine Milliarde Jahre dauernden Verträge. Gerüchte besagten, dass es zwischen den Leben einen 21 Jahre langen Urlaub gebe, aber das habe ich nie irgendwo schriftlich gesehen. Wenn man sich die steigende Zahl junger Teenager in der Sea Org ansieht, darunter meine beiden Enkel, scheint die freie Zeit zwischen den Leben auf jeden Fall deutlich kürzer zu sein als 21 Jahre.

*

Mitgliedern der Sea Org wurden jährlich zwei Wochen Abwesenheit gewährt, vorausgesetzt man besorgte einen Ersatz und hatte in der Zeit keine wichtigen Arbeiten zu verrichten. Weil Deckarbeiter als einfach ersetzbar galten, stellten wir auch am häufigsten die Vertretungen für die administrativen Mitarbeiter unter Deck, deren Jobs L. Ron Hubbard ganz wesentlich darin unterstützten, den Planeten zu übernehmen.

Unter Deck gab es eine andere Welt, eine chaotische Welt. Die Arbeitsplätze befanden sich in den schmalen Korridoren der unteren Decks. Vielleicht fünf oder sechs Angehörige der Sea Org konnten es sich leisten, richtige Tische in den Antiquitätenläden an Land zu kaufen. Die meisten Tische waren aber aus 1,20 Meter mal 1,20 Meter großen Sperrholzplatten gefertigt, die mit allen möglichen Arten von Strippen, Seilen, Ketten und Kabeln befestigt von den Decken hingen. Aktenschränke und Bücherregale lehnten in abenteuerlichen Winkeln zu den Schotten in den Gang hinein. Und dann gab es noch Papier, unendlich viel Papier.

Jeder, von L. Ron Hubbard persönlich bis zum niedrigsten Matrosen des Schiffs, besaß einen eigenen Posteingangskorb und einen Postausgangskorb. Ein Behältnis für Unerledigtes gab es nicht. Nichts durfte unerledigt bleiben. Wer einen Zettel in die Hand nahm, hatte sich laut Vorschrift sofort damit auseinanderzusetzen. Die meisten von uns lernten, unerledigte Depeschen und Befehle irgendwo abzulegen, trotzdem quoll der Inhalt der meisten Eingangskörbe bis auf die Tische. Wenn deine *Stats*-Kurve nach oben zeigte, konnten Inspektoren einen überquellenden Eingangskorb übersehen. Wenn deine Kurve aber fiel, suchten, fanden und veröffentlichten die Inspektoren die unbearbeiteten Memos und Befehle.

In der Zeit auf See war es auf den Zwischendecks nicht nur chaotisch, sondern gefährlich. Das vertikale und horizontale Schaukeln des Schiffes ließ die herabhängenden Tische gefährlich an ihren Seilen, Ketten, Kabeln und Strippen hin und her schwingen. Trotz der Seetauglichkeitsübungen fiel immer irgendein Bücherregal oder Aktenschrank um, weil sie nicht richtig befestigt worden waren. Jeder an Bord trug die Verantwortung für die Seetauglichkeit seines Bereichs. Wenn wir in See stachen, wurden wir in der Regel 24 Stunden vorher darüber informiert. Alle paar Monate gab es allerdings nur ein bis zwei Stunden Vorwarnzeit, bevor die Segel gesetzt wurden, was fast immer mit mangelnder Öffentlichkeitsarbeit an Land zusammenhing. Mit der Zeit lernten die meisten von uns, wie wir zu packen und für eine sichere Fahrt zu sorgen hatten.

Meine erste Versetzung auf einen Verwaltungsposten lag ungefähr ein Jahr nach meiner Ankunft auf dem Flaggschiff in meinem Posteingangskorb. Auf jedem Schiff ist der Bootsmann für die Deckmannschaft verantwortlich. George, unser Bootsmann, wollte zwar, dass ich weiterhin Decks teerte, musste mich aber trotzdem für zwei Wochen als vorübergehenden Leiter der Marketingabteilung abstellen. Joan, die ihre Familie besuchen wollte, wies mich mit einem Satz in meinen neuen Job ein:

»Wir verkaufen hier nichts, eigentlich gibt es also nichts zu tun.« Fröhlich wedelte sie mit ihrem Pass.

»Ich bin bereit für die Abreise, alle Sicherheits-Checks bestanden.«

Unsere Reisepässe, sowohl die der Besatzung als auch der Passagiere, wurden in einem Safe im Büro des Kapitäns gelagert. Um seinen Pass und die Erlaubnis zu erhalten, das Schiff für längere Zeit zu verlassen, musste jedes Mitglied der Sea Org strenge Sicherheits-Checks absolvieren. Sie wurden von den Inspektoren durchgeführt, deren Aufgabe einzig und allein darin bestand, sicherzustellen, dass die eigenen Absichten mit den offiziellen Anweisungen übereinstimmten.

Bei dem Sicherheits-Check vor einer Reise wurde man an einen E-Meter angeschlossen, ein Hilfsmittel, das Scientology für die spirituelle Beratung einsetzte. Man umfasste mit beiden Händen die Elektroden, die wir Dosen nannten, weil beim Vorgängermodell von Rons E-Meter Blechdosen verwendet worden waren, um die kleinen Stromstöße durch den Körper zu schicken. Das E-Meter zeige geistige Masse an, sagte er. Bei einer der früheren Versionen hatte er Alligatorklemmen als Elektroden genutzt, die er aber nur an Tomaten ausprobierte. Wahr!

Die Presse bezeichnet das E-Meter gern als einen ungenauen Lügendetektor, aber wir wussten es besser. In den richtigen Händen konnte das E-Meter unsere heimlichsten Gedanken und verborgensten Geheimnisse aufspüren und enthüllen, sogar jene, von denen wir selbst nichts wussten. Bei den Sicherheit-Checks wurden Fragen wie die folgenden gestellt (ich umschreibe):

Beabsichtigen Sie, die Sea Org zu verlassen?

Haben Sie Verbindungen zu kriminellen Organisationen?

Haben Sie vor, mit einem Psychiater oder Psychologen zu sprechen?

Planen Sie, eine unterdrückerische Person zu kontaktieren?

Planen Sie, während Ihrer Abwesenheit perverse Sexpraktiken auszuüben?

Fragen wie diese, stundenlang. Wenn das E-Meter bei einer dieser Fragen irgendeine mentale Auflade registrierte, war man verpflichtet, seine Verfehlungen zu gestehen. Wenn man zu einer bestimmten mentalen Aufladung keine Verfehlungen in diesem Leben finden konnte, musste man frühere Leben untersuchen und diesbezügliche Verbrechen gestehen. Wenn die mentale Aufladung dann verschwunden war, würde man nicht in die Versuchung kommen, diese Vergehen zu wiederholen. Ein Sicherheits-Check dauerte so lange, bis das E-Meter bei keiner Frage mehr ausschlug. Wir hatten alle unsere kleinen Tricks, um das E-Meter auszutricksen.

Joan hatte ihren Sicherheits-Check überstanden und war auf dem Weg zu ihrer Familie. Ich selbst hatte jetzt einen Tisch, einen Kühlschrank und rein gar nichts zu tun. Ich vertrieb mir die Zeit mit der Untersuchung von Rons »emotioneller Tonskala«. Schon 1955 hatte er die menschlichen Emotionen in diese hierarchische Skala eingeteilt. Er ordnete jedem Gefühl einen numerischen Wert zu, wobei einige Emotionen nur wenige Dezimalstellen voneinander entfernt waren. Wenn *Wogs* beispielsweise sagten, dass jemand wütend war, sagten wir Scientologen dazu, dass diese Person 1,5 war. Es ging vor allem um die Genauigkeit, mit der wir menschliche Gefühle und Reaktionen voraussagen und somit kontrollieren konnten. Ich entwickelte eine Theorie: Was könnte es Besseres für den Bereich Verkauf und Marketing geben als eine mathematisch exakte Methode, mit der man Menschen dazu bringen konnte, genau das zu hören, was sie hören sollten? Man musste doch eigentlich nur herausfinden, wo genau die Person sich auf der Tonskala befand, und einen halben oder ganzen Ton höher mit ihr sprechen.

Beim Marketing gab es zwar nichts zu tun, aber ich hatte jede Menge anderer Arbeiten zu verrichten. Auf See musste die gesamte Besatzung, auch die administrativen Mitarbeiter, Brückendienste in den Bereichen Steuerung, Ausguck, Navigation und Funk leisten. Ich war für den Ausguck eingeteilt. Wenn wir in einem Hafen lagen, wechselten wir uns mit zwei bis vier Stunden langen Schichten als Quartiermeister an der Gangway ab. Tagsüber hatte man ziemlich viel zu tun. Man notierte die Namen der Leute, die auf das Schiff kamen oder es verließen, verbuchte die Verladung eventueller Lieferungen und behielt im Auge, was im Rest des Hafens so passierte. In den Stunden vor der Morgendämmerung war der Job allerdings ein Kinderspiel, auch wenn ich mir ausgerechnet während eines solchen Dienstes die ypsilonförmige Narbe geholt habe, die heute noch auf meiner Handfläche zu sehen ist.

Die Narbe ist fast zwei Zentimeter lang und schneidet durch meine Herz- und Lebenslinie, was schon mehr als eine alte Zigeunerin veranlasst hat, mich mit den unterschiedlichsten Nuancen des Mitleids oder des Grauens zu mustern. Die Narbe stammt von einem großen Teakholzsplitter, den ich mir über das Poopdeck schlitternd einfing, als ich im Alleingang das Flaggschiff Apollo retten wollte.

Wir ankerten im Hafen der portugiesischen Insel Funchal, Hunderte von Meilen westlich des europäischen Festlandes im Nordatlantik. Es war ein ruhiger Morgen, kühl und feucht. Ich lehnte an der Reling und tagträumte von meinen vergangenen Leben als Piratin. Etwa alle zehn Minuten lief ich einmal hin und her, um in den düsteren Winkeln des Hafens nach unterdrückerischen Agenten Ausschau zu halten.

Die Sonne war gerade über den größten Berg der Insel geklettert und wärmte die Hafenluft, die nach einer köstlichen Mischung aus Ebbe, frisch gebackenem Brot und Teer roch. Der Morgennebel verzog sich unter der frühmorgendlichen Hitze, als ich plötzlich auf unserer Backbordseite in der etwa einhundert Meter entfernten Hafeneinfahrt einen rostigen, alten, russischen Frachter sah, der unerbittlich, fast wie im Traum, genau auf uns zu dampfte. Ach du Scheiße, die Russen kommen. *Die Russen kommen!* L. Ron Hubbard hatte immer gesagt, dass es die gottverdammten Kommunisten sein würden.

Da wir fest verankert waren, konnten wir dem schwerfälligen Frachter nicht ausweichen, dem jedoch keine Zeit blieb zu stoppen. Schiffe und Boote halten nicht plötzlich im Wasser an, es gibt keine Bremsen. Einige Öltanker brauchen bis zu zwei Kilometer, bevor sie zum Stehen kommen – mit den Schiffsschrauben auf volle Kraft zurück. Aufgrund meiner Erfahrung auf See wurde mir augenblicklich klar, dass der Frachter einen Zusammenstoß nicht würde verhindern können. Ich rannte über das Deck, um Alarm zu schlagen, als ich ausrutschte, hinfiel und mir mit einem daumengroßen Teakholzsplitter die Handfläche aufschlitzte. Trotzdem rappelte ich mich auf und schlug Alarm.

Signalhörner, Alarmglocken und Schiffsirenen erschallten auf allen Decks. Meine Hand schmerzte. Die Mitglieder der Notfalltrupps sprangen aus den Kojen und hasteten zu ihren Posten entlang der Reling. Es gab Übungen für solche Notfälle, aber niemand hatte geglaubt, dass wir sie tatsächlich eines Tagen in der Praxis würden anwenden müssen. An langen Hanfseilen ließen wir auf verschiedenen Höhen der Bordwand Matratzen und Lkw-Reifen in der Hoffnung hinunter, dass sie wenigstens einen Teil des unvermeidbaren Zusammenstoßes abfangen würden. Dunkelrotes Blut tropfte von meiner Hand auf das leuchtend weiße Deck, was ich aber nicht weiter wahrnahm, weil jetzt der russische Frachter seine Sirenen und Alarmglocken anwarf. Sie hissten Signalflaggen an ihrem Mast, zweifellos eine Seefahrtssprache nutzend, die sowohl in Englisch als auch Russisch galt. An Bord der Apollo konnte allerdings keiner diese Flaggen lesen. Zu unserer Verteidigung sei gesagt, dass wir es mit Hilfe eines Buches schafften, ebenfalls ein paar Flaggen an unserem Fockmast zu hissen, die in etwa besagten: »Wir ankern. Ihr müsst abdrehen.«

Das Alarmsignal hatte den Commodore geweckt, der aus seinem Büro gestürzt war und jetzt zwei Decks über uns an der Reling stand. Er schleuderte den armen Offizieren und der Mannschaft des russischen Frachters einen Schwall wüster Beschimpfungen entgegen. Ich bemerkte endlich den Schmerz in meiner Hand und starrte sprachlos auf das Stück Holz, das aus der Handfläche ragte.

»Ihr gottverdammten Kommunisten mit eurer gottverdammten Rostlaube«, schrie Ron. Das Echo seiner dröhnenden Stimme hallte von den Bergen hinter dem Hafen zurück. Früh aufgestandene Hafenarbeiter reckten die Hälse nach dem alten Mann, der vergeblich gegen das unausweichliche Schicksal anschrie. Ich zog den Splitter aus meiner Hand. Mein Blut tropfte zu Boden und brannte leuchtend rote Blüten in das knochenweiße, staubtrockene Holz. In dem Moment lehnte sich der Commodore weit über die Reling und brüllte mit der lautesten und wütendsten Stimme, die ich jemals gehört hatte, quer durch den Hafen:

»*Wenden*, ihr idiotischen *Russkies*! *Wenden!*« Die Echos seines Befehls hallten von den Deichen und Anlegestellen wider: »Russkies wenden Russkies wenden Russkies wenden ...«

Im ganzen Hafenviertel wurden die Fenster aufgerissen. Wir machten uns bereit für den Aufprall, das Kreischen von Stahl auf Stahl. Und dann drehte der Frachter ab. Einfach so. Es war eigentlich unmöglich, aber genau das tat dieser alte, russische Schlepper – er wendete auf der Fläche eines Bierdeckels und dampfte, ohne uns zu rammen, wieder aus dem Hafen. Ist das nicht abgefahren?

Der Commodore lachte, winkte uns zu und ging wieder ins Bett. Er war ja ohnehin nie wirklich wütend, er hörte sich immer nur wütend an. Schließlich hatte der Alte schon vor Jahrzehnten seine Emotionen und Reaktionen unter Kontrolle gebracht und war von *Wut*, der 1,5 auf der Tonskala, Lichtjahre entfernt. Er allein existierte auf Stufe 40 der Tonskala, der *Heiteren Gelassenheit des Seins*. Das ist die emotionelle Tonlage, bei der ein empfindendes Wesen alles vollbringen kann. Der Alte hatte die Russen offensichtlich auf der Stufe *Furcht* (1,0) eingeordnet. Der Commodore verwendete *Kein-Mitleid* (1,2) und als er ihre Aufmerksamkeit hatte, ging er auf der emotionellen Tonskala auf *Wut* (1,5) über, auch wenn es eher Raserei war, die aber auf der Skala nicht existierte. Es sah zwar verdammt nach Raserei aus, aber in Wirklichkeit nutzte L. Ron Hubbard die gesamte Zeit die Macht der Stufe 40.

*

Meine zwei Wochen als vorübergehender Marketingleiter verbrachte ich mit Nachdenken über L. Ron Hubbards Theorien zur Kontrolle menschlicher Gefühle und Reaktionen. Gefühle waren nicht die einzigen Phänomene, die Hubbard in eine hierarchische Skala gepresst hatte. Bei Scientology gibt es mathematisch exakte Tabellen für jede menschliche Wahrnehmung. Es gibt mathematisch exakte Maßeinteilungen für Gerechtigkeit und den allgemeinen Existenzzustand eines Menschen. Mit weiteren Tabellen können ganze Nationen bewertet und ihr zukünftiges Verhalten vorhergesagt werden. Das war ziemlich krass! Allerdings blieben mir nur noch ein paar Tage bis zur Rückkehr an Deck, also schrieb ich meine Ideen für den Commodore auf.

Scientology-Mitarbeiter aller Ebenen sind dazu angehalten, tägliche Berichte an den Commodore zu schreiben. Wenn sie auf dem Flaggschiff geschrieben wurden, standen die Chancen besser, dass er sie las. Seine Messenger durchkämmten die abgelieferten Berichte nach allem, was ihn interessieren könnte, und wenn man Glück hatte, fand man nach dem Aufwachen eine von Ron persönlich verfasste Antwort in seinem Posteingang. Am letzten Abend meines schönen und angenehmen neuen Jobs schrieb ich einen Tagesbericht an Ron, der in etwa wie folgt lautete:

> Sir,
> ich bin am Ende meiner Zeit als Kommissarischer Leiter der Marketingabteilung angelangt und freue mich, berichten zu können, dass ich viel über die Bedeutsamkeit Ihrer Forschungen für den Bereich Marketing und Öffentlichkeitsarbeit gelernt habe.
> Ihre emotionelle Tonskala ist unersetzlich, wenn man möchte, dass die Leute wahrnehmen, wofür man wirbt, beziehungsweise damit sie kaufen, was man ihnen verkaufen will. Habe ich das richtig verstanden, Sir? Demnach wäre es egal, ob man Waren, Dienstleistungen oder Scientology an die ahnungslose *Wog*-Welt verkauft. Man muss sie nur auf eine höhere Tonskala bringen, damit sie glücklicher mit uns sind und mit dem, was wir zu bieten haben.

Mit Hilfe Ihrer emotionellen Tonskala, Sir, habe ich ein System entwickelt, mit dem ich theoretisch jeden beliebigen Menschen für irgendetwas begeistern kann, indem ich immer höher und höher auf der emotionellen Skala spreche. Ich habe es ausprobiert, Sir. Ich stellte mich neben die Warteschlange in der Kantine und begann ein Gespräch mit jemandem, der anstand. Nach wenigen Augenblicken konnte ich ihre emotionelle Tonlage bestimmen. Ich fragte sie, was sie kaufen wollten, und überredete sie dann, etwas anderes zu kaufen, zum Beispiel ein bestimmtes Stück Kuchen. Dabei verwendete ich einen emotionellen Ton, der nur einige Stufen höher war als ihrer. Es klappte jedes verdammte Mal, Sir. Die Leute waren glücklich mit dem, was ich ihnen zu kaufen empfahl. Das heißt, Sir, dass ein Verantwortlicher der Öffentlichkeitsabteilung nur einen Außenmitarbeiter mit der Untersuchung der emotionellen Tonskala der einzelnen Mitglieder einer demografischen Gruppe beauftragen muss. Die Werte der aktuellen emotionellen Stufen addiert man und teilt sie durch die Zahl der untersuchten Personen. Das Ergebnis ist die Tonstufe der Zielpopulation. Wenn man eine Öffentlichkeitskampagne vor Ort also einen halben bis einen Ton höher plant, wird sie jedes Mal ins Schwarze treffen. Ist das so korrekt, Sir?
Ich werde morgen früh wieder meine Arbeit an Deck aufnehmen und freue mich darauf. Ich vermisse die Sonne. Ich hoffe, dieser Gedankengang ist Ihnen in irgendeiner Form von Nutzen. Es war ein Privileg, mit einer Aufgabe betreut worden zu sein, die mir die Zeit ließ, diese Dinge herauszufinden.
Nochmals danke.
Al Bornstein, AB

Die Einstufung AB stand für *able-bodied seaman*, was Vollmatrose bedeutet. Eine Einstufung ist wie ein Rang, aber das Wort Rang wird nur für Offiziere verwendet. Unterhalb des Offiziersranges gab es drei Stufen von Unteroffizieren. Das wäre der nächste Schritt für mich gewesen: Eines Tages würde ich zum Unteroffizier befördert werden und die Besatzung würde mich *Chief* nennen. Eines Tages würde ich dafür bereit sein. Für den Moment jedoch war ich stolz, das Kürzel AB hinter meinen Namen setzen zu dürfen. Es bedeutete, dass ich die Grundlagen beherrschte, um ein Schiff über Wasser zu halten. Ich war gerade dabei, meinen Papierkram zu verstauen, und lächelte in mich hinein, als ein adrett gekleideter, weiblicher Messenger des Commodore an meinem Tisch auftauchte. Ich sah auf und war auf einen Anschiss wegen des Vorfalls mit dem russischen Frachter vorbereitet. Er musste gerade herausgefunden haben, dass ich zu dem Zeitpunkt Wache geschoben hatte.

»Sir«, sagte der Messenger, »der Commodore lässt Sie grüßen und teilt Ihnen mit, dass er Sie zum Offizier befördert.« Sie salutierte.

»Ich ... warum?«

»Ihr Tagesbericht, Sir. Als er ihn las, konnte er nicht aufhören zu lachen.« Und dann lachte sie das Lachen des Alten. Na ja, eine Sopranversion seines Lachens, aber ansonsten hätte es genauso gut der Commodore sein können, der sich vor mir schlapp lachte.

Die Abteilung »Sechs-bis-Zwölf« gehörte zu der Messenger-Einheit des Commodore. Während meiner Jahre in der Sea Org waren sie bis auf ein oder zwei Ausnahmen immer die jüngsten Besatzungsmitglieder, weiblich und schöner, als sich mit Worten beschreiben lässt. Um die Messenger des Alten rankten sich die wildesten Gerüchte. Meiner Erinnerung nach und den Berichten der Ex-Messenger zufolge war dabei aber nichts Sexuelles im Spiel. Abgesehen davon waren sie aber in jeder Hinsicht klassische Diener: Sie schnitten ihm die Nägel, puderten seine Füße, hielten seine Aschenbecher. Die Messenger waren außerdem die härtesten und strengsten Offiziere auf dem Schiff, weil sie die Avatare in dem Spiel waren, das der Commodore mit uns spielte.

Jeder einzelne Messenger des Commodore erhielt ein spezielles Training. »Ihn nachzuahmen« würde es nicht ganz treffen, es ging eher darum, seinen emotionellen Ton zu duplizieren, die genaue Tonlage, seine Wut und sein Lachen. Dieses vor mir stehende Mädchen lachte wie der Alte und dann redete sie wie er:

»Gut gemacht, Al! Sehr gut gemacht! Du wirst nirgendwoanders mehr hingehen als zur Öffentlichkeitsarbeit und ich werde dafür sorgen, dass du dir den Arsch aufreißt.«

Oh. Mein. Gott. L. Ron Hubbard würde mir den Arsch aufreißen!

Hubbard verwendete häufig Ausrufezeichen beim Reden, bei Schriftstücken war er damit zurückhaltender und wir folgten seinem Beispiel. In der Sea Org wurde selten besonnen und argumentativ gesprochen. Es ging immer um Befehle und wie sie zu befolgen waren.

Am folgenden Tag schickte L. Ron Hubbard eine neue Richtlinie für den Verwaltungsapparat der Organisation raus, gedruckt in grüner Tinte auf weißem Papier. Er verkündete, dass von nun an die Öffentlichkeitsarbeit endlich eine einfache Schritt-für-Schritt-Technologie sei, die, wenn man seine Anweisungen genau befolgte, unfehlbar funktionieren werde. Das globale Problem bestünde in der geringen Produktion, wie man statistisch am Bruttoeinkommen und den vollzogenen Geschäftsabschlüssen erkennen konnte. Der Grund für geringe Produktion war, so schrieb er, dass die Mitarbeiter zu tieftonig agierten. Im besten Fall waren sie *gelangweilt* (2,5), höchstwahrscheinlich aber sogar *verängstigt* (1,0) oder *apathisch* (0,05). Die Aufgabe der Öffentlichkeitsabteilung der Organisation bestehe nun darin, so Hubbard, die Emotionen der Mitglieder zu steuern, damit sie alle auf der Stufe *Begeisterung* (4,0) wären und so mehr Einnahmen und Vertragsabschlüsse erreichten. In der Richtlinie beschreibt Hubbard, dass jeder verantwortliche Offizier der Öffentlichkeitsabteilungen der Zweigstellen uns *fröhlich* (3,5) und somit produktiv zu machen habe.

Dass er es als seine Idee darstellte, nahm ich dem Alten nicht übel, damals nicht und auch heute nicht. Bei meinem Vorschlag ging es aber darum, diese Art der emotionellen Beeinflussung für Scientologys Marketing und Verkäufe zu nutzen, damit mehr Menschen die Gebühren für Rons *Brücke zur totalen Freiheit* zahlten. Ich wäre nie auf die Idee gekommen, die Tonskala auch zur Manipulation der Mitarbeiter zu verwenden. Was ich L. Ron Hubbard übelnehme, ist erst im Nachhinein deutlich geworden: Er verdrehte meine Idee so, dass sie letzten Endes dazu genutzt wurde, gemein zu Menschen zu sein. Die Sea-Org-Offiziere und leitenden Angestellten der Zweigstellen hatten schon vorher Mitarbeiter verbal misshandelt, dafür brauchten sie keine Richtlinien. Die neue Richtlinie, basierend auf meiner Idee, gab aber jedem Offizier und leitenden Angestellten nicht nur ausdrücklich das Recht, sondern verpflichtete sie sogar, Mitarbeiter anzubrüllen, zu beschimpfen und auf andere Arten zu misshandeln, weil es immer (Jetzt! Jetzt! Jetzt!) darum ging, den Planeten zu retten.

Tags darauf wurde ich in das Büro des Commodore auf dem Oberdeck des Schiffs beordert. Der frühere Herrensalon für Passagiere der ersten Klasse war ein ovaler Raum, dessen Wände mit gemaserten Holzpanelen verkleidet waren. Hubbard verbrachte seine gesamte Bürozeit hinter einem massiven Eichenschreibtisch, der ein Viertel des Raumes ausfüllte. Sein Posteingangskorb war leer, sein Ausgangskorb voll. Immer.

»Al, komm rein! Du kennst Sylvia?«

Sylvia Calhoun war Hubbards persönlicher Offizier für Öffentlichkeitsarbeit im alten Sinne des Wortes. Sie kümmerte sich um das Image des Alten. Ihre eigene Erscheinung war entwaffnend: Sie war eine feenhafte Brünette mit großen, grünen Augen, die entweder funkelten oder blitzten. Sie war eine der wenigen Besatzungsmitglieder, die Befehle des Commodore anzweifelten und damit davonkamen.

Ich war verknallt in Sylvia, aber ich spielte nicht mal im Ansatz in ihrer Liga, weshalb unsere Beziehung sich auf die gemeinsamen Dienste für LRH beschränkte.

»Hey, Sylvia«, sagte ich mit einem idiotischen Grinsen.

»Hey, Al«, erwiderte Sylvia und grinste zurück. »Offizier Al«, neckte sie mich. »Flaggschiff-Marketingchef-Al.«

Der Alte kicherte, was sich mehr wie ein Knurren anhörte.

»Statistikkurve-oben-Al«, fasste Sylvia zusammen.

Mich daran erinnernd, wo und wer ich war, salutierte ich Hubbard und dann Sylvia, die den Rang eines Offiziersleutnants zur See trug. Sie salutierten ebenfalls. Wäre ich ein Welpe gewesen, hätte ich mich augenblicklich auf den Rücken fallen lassen, mit dem Schwanz gewedelt und mich vollgepinkelt.

Wir sprachen ungefähr eine halbe Stunde über die anstehenden Untersuchungen. Meine Aufgabe als Chef der Öffentlichkeitsarbeit auf dem Flaggschiff sollte darin bestehen, weltweit den Puls aller Scientology-Mitarbeiter zu messen, zu erfassen und zu erhöhen. Die Flag-Abteilung war für die Weiterleitung von Befehlen an die Zweigstellen, also die Orgs, zuständig. Ich hatte dafür zu sorgen, dass alle eventuell auftretenden emotionellen Hindernisse beseitigt würden, die Scientology-Mitarbeiter am Befolgen dieser Befehle hindern könnten. Ich bekam eine Woche für die Vervollständigung und tabellarische Darstellung der ersten internationalen Bestandsaufnahme.

»Bist du dafür bereit, Al?«

»Ja, Sir!«

Ein schneidiges Salutieren in Richtung Sylvia, eins in Richtung des Commodore. Dann stepptanzte ich die breiten Treppen, die in Hubbards Büro führten, hinunter, als wäre ich James Cagney alias George M. Cohan in *Yankee Doodle Dandy*, mein zweitliebster Film aller Zeiten. Der kleine Stepptanz hätte L. Ron Hubbard einiges über mich verraten können, wenn er meine gesamte Lebensgeschichte nicht ohnehin schon gekannt hätte. Er wusste genau, dass ich mir nichts mehr wünschte, als ein hübsches Mädchen zu sein.

L. Ron Hubbard stöberte in den vertraulichen Personalakten jedes Besatzungsmitglieds. Dem Commodore war also klar, was für ein Perversling ich in Wirklichkeit war. Ich tat trotzdem, was ich mein gesamtes Leben getan hatte: Ich log. Ich spielte den männlichen Offizier Al Bornstein. Meine Arbeit erledigte ich so eifrig wie möglich in der Hoffnung, dass ich vielleicht im nächsten Leben ein hübsches Mädchen sein dürfte, ein Mädchen wie zum Beispiel Mary Badham als Jean Louise »Scout« Finch in *Wer die Nachtigall stört*. Als Scientologe glaubte ich, dass ich in einem baldigen Leben genau so jemand sein könnte.

*

In den zwei Wochen darauf folgten tägliche Besuche im Büro des Commodore. Die internationale Erhebung stellte ich pünktlich fertig. Was die Übernahme des Planeten betraf, befand sich das Scientology-Personal weltweit bei 3,75 auf der emotionellen Tonskala, also zwischen *Starkem Interesse* und *Begeisterung*. Was aber ihren eigenen Beitrag dafür anging, fiel die Tonstufe international auf 0,95 Prozent, genau in der Mitte zwischen *Empfindungslosigkeit* und *Nackter Angst*.

»Hab ich euch!«, rief der Alte und ließ zur Bekräftigung die Faust auf den Tisch sausen. Er entwarf ein komplexes Konzept, um die Tonskala der Scientology-Mitarbeiter weltweit so zu erhöhen, dass sie mit ihrem Grundgefühl zur Übernahme des Planeten übereinstimmen würden. Weil das Personal so niedrig auf der Tonskala war, mussten wir die erste Kampagne auf der Stufe *Wut* (1,5) ansetzen. Zum Ende der folgenden Woche sahen wir uns die Statistiken an. Die verdammten *Stats* waren gestiegen, fast jede einzelne. An diesem

Abend wurde auf dem Flaggschiff gefeiert. Hubbards Durchbruch in der Öffentlichkeitsarbeit war wie Zauberei, was es in gewisser Weise ja auch war.

Ron war so begeistert von den fantastischen internationalen Ergebnissen seiner Maßnahmen, dass er sie auch an Bord des Schiffes anwendete. Meine Tage bestanden aus unauffälligen Spaziergängen zu den Decks, Zwischendecks, zum Maschinenraum, zum Achterdeck mit Kombüse und in die Wäscherei, in die untersten Schlafsäle, die Räume der Einsatzleitung und die Kursräume. Ich lief jeden Meter dieses schönen alten Schiffs ab und untersuchte beiläufig die emotionelle Tonlage der Besatzung. Auf Befehl des Alten verbarg ich die eigentlichen Untersuchungsfragen hinter unscheinbarer Konversation. Es funktionierte hervorragend: In der folgenden Woche war jeder einzelne Bereich produktiver. Heißer Scheiß!

Das waren die guten Zeiten. Ich war ein Offizier und Gentleman. Ich lernte auf völlig neue Art, ein Mann zu sein. Die Regeln für diesen Typ Mann waren glasklar und in allen Details von L. Ron Hubbard persönlich aufgeschrieben worden. Die Beförderung brachte mir meine eigene kleine Kabine im Passagierbereich des Schiffs. Ich war ein Frauentyp, genau wie mein Vater und Hubbard, und verbrachte nur selten eine Nacht allein in meiner Koje.

Über mehr als sechs Monate führte ich ein gutes Leben auf dem Schiff. Dann versaute L. Ron Hubbard alles, indem er der Besatzung gegenüber damit protzte, wie erfolgreich er ihren Stand auf der Tonskala erfasst und sie zu Gunsten einer immer höheren Produktivität manipuliert hatte. Von diesem Moment an funktionierte es nicht mehr. Alle wussten, worum es ging, wenn sie mich sahen. Weil keiner als tieftonig ertappt werden wollte, wurde jeder gut darin, zu simulieren. Darüber hinaus hatte sich sein Vorgehen auch außerhalb des Schiffes herumgesprochen.

Zwei Monate nachdem er über den Erfolg schwadroniert hatte, starteten der Commodore und ich die zweite internationale Untersuchung. Die Ergebnisse waren deutlich höher auf der Tonskala. Für Ron war die ganze Aktion erfolgreicher verlaufen, als er es sich in seinen wildesten Vorstellungen hätte träumen lassen, und er klopfte mir beifällig auf die Schulter. Sylvia und ich waren weniger begeistert, denn wir wussten beide, dass die Ergebnisse geschönt waren. Trotzdem trauten wir uns beide nicht, dem Commodore zu sagen, dass seine Mitarbeiter nicht blöd und die Zahlen gefälscht waren.

Die nächste Kampagne scheiterte kläglich. Die *Stats* fielen und der Alte war stinksauer über mein Versagen. Ich verlor meinen Posten und wurde wieder zu den Matrosen versetzt. Ich war froh, weil ich ohnehin genug von dem Papierkram hatte und zurück zu meinen weißen Decks unter der brennenden Sonne wollte. Der Commodore ließ mir meinen Dienstgrad, was aber eher Fluch als Segen sein sollte.

Kapitel 8
Liebe war niemals frei

Die Arbeit an der frischen Luft belebte mich. Meine Privatkabine hatte ich verloren und ich schlief wieder im Vorderdeck auf der Hafenseite des Bugs in einer Kabine mit Doppelstockkojen für sechs Deckarbeiter. Wir hatten viel mehr Platz als die Kursteilnehmer oder die Verwaltungsmannschaft, die mit fünfzig bis sechzig Leuten in abgeteilten Bereichen schliefen, wo früher das Vieh seine Fahrten über das Irische Meer erlitten hatte. In der Kabine der Matrosen gab es keinen Sex. Die Betten waren zu schmal und außerdem war keiner von uns befreit genug, um wenige Zentimeter entfernt von vier oder fünf anderen Jungs mit einer Frau zu schlafen. Also schlichen wir zu Frauen, die in eigenen Kabinen schliefen, oder hatten gelernt, wie man sich in aller Stille einen runterholt. Morgens roch es in dem Raum wie in der Videokabine eines Pornoshops. Ich genoss dieses Leben bis zu dem Morgen, an dem ein Messenger des Commodore mich aus dem Tiefschlaf riss. Sie hatte ihre Hand auf meine Brust gelegt und drückte mich gegen das Bett, wie Hubbard es vorschrieb, damit wir uns nicht plötzlich aufrichteten und uns die Köpfe am Bett über uns stießen. Ich öffnete meine Augen und der Messenger musste meinen schnellen Herzschlag gespürt haben.

»Der Commodore lässt dir ausrichten, dass der Erste Offizier vom Schiff in den Außendienst versetzt wurde und du als Offizier unter den Matrosen jetzt der Erste Offizier bist.«

Und schon war sie wieder verschwunden.

Eigentlich hätte George als Bootsmann den Job bekommen müssen, jeder wusste das. Da ich aber den Rang eines Offiziers hatte, erwartete man von mir, dafür zu sorgen, dass es lief. Die Wendung »dafür sorgen, dass es läuft« wurde in der Sea Org benutzt, wenn etwas schwierig zu werden schien. Ich, der nette jüdische Junge von nebenan und heimliche Prinzessin, sollte als ranghöchster nautischer Offizier nach dem Kapitän dafür sorgen, dass es läuft. Nach weniger als zwei Jahren an Bord des Flaggschiffs war ich plötzlich verantwortlich für die Seetauglichkeit des gesamten Schiffes und seiner Mannschaft. Abgesehen vom Deckteeren und dem Knüpfen einiger ausgefallener Knoten hatte ich keine Ahnung von Seefahrerei und Navigation. Noch wichtiger war aber, mich in ein echtes Alpha-Tier zu verwandeln. Erster Offizier zu sein, war ein extrem wichtiger Job. Von meinen Entscheidungen würden Menschenleben abhängen. Wochenlang wurde ich genau beobachtet und war ein verängstigtes Ding, das sich durch den Papierkram wühlte und nachts lange wach blieb, um die Navigation nach den Gestirnen zu verstehen.

Die gute Nachricht war, dass der Posten des Ersten Offiziers mit einer Privatkabine auf der Steuerbordseite des Vorderdecks verbunden war. Ich konnte mit Marion zusammenziehen, einer schlanken, klugen und wunderschönen jungen Frau von 17 Jahren. Ich war 24. Marion arbeitete in der Abteilung für Datenerfassung, wo die Statistiken jedes Mitarbeiters aller Zweigstellen auf der ganzen Welt erfasst wurden. Sie war eine Frau, die ich sowohl sein, als auch vögeln wollte. Wir liebten einander wie zwei Welpen.

»Al? Sir?« Bootsmann George stand vor meiner Tür. Es war dunkel. Nur ein Notfall konnte der Grund dafür sein, dass er mich weckte. Mist. Ärger?

»Hey, George. Was ist los?« Ich richtete mich im Bett auf. Marion, noch schlafend, schlang ihre Arme um mich. Wir waren beide nackt.

»Kann ich reinkommen?«

»Ich komm' raus.« Ich schlüpfte aus der Koje und zog meine Jeans an. Marion neigte fragend ihren Kopf.

»Bin gleich wieder da«, sagte ich und verließ das Zimmer. Bootsmann George gab sich nicht viel Mühe, sein Grinsen zu verbergen.

»Charlie hat eine Signalflagge in der Seilrolle auf der Rahe verklemmt.«

Ich kannte mich gut genug mit Schiffen aus, um zu wissen, was das bedeutete: Eine Signalflagge war zu hoch gezogen worden und hatte sich am Flaschenzug an der Spitze des zwölf Meter hohen Mastes verheddert. Mir war auch klar, dass die Flagge entheddert werden musste, was nur möglich war, wenn jemand auf dem beschissenen Mast ganz nach oben kletterte, sich extrem weit an der Rahe – der Stange, die den Mast waagerecht kreuzt – zur Seite hangelte und die beschissene Signalflagge befreite. Die Rahe war gute sechs Meter über dem Ausguck, wo ich einige Zeit verbracht hatte. Ich sah George erwartungsvoll an. Sein Schweigen sagte mir, dass ich entscheiden musste, wer da hoch steigen sollte.

»Wenn Charlie die Flagge verheddert hat, warum klettert er nicht hoch und bringt das in Ordnung?«, fragte ich logischerweise.

»Zu viel Angst. Er macht's nicht.«

»Aha.«

Es folgte ein weiterer, langer Moment des Schweigens.

»Du hast schon alle anderen gefragt, oder?« George nickte.

»Und keiner von euch will da raufklettern, richtig?« Noch ein Nicken.

Ich konnte ihnen keinen Vorwurf machen. Die Rahe war eine Holzlatte, so alt wie das Schiff selbst. Jeder wusste, dass sie nur mit ein paar dünnen, verrosteten Eisenteilen am Mast befestigt war.

»Okay«, sagte ich. «Wenn die Sonne aufgegangen ist, entheddere ich das Scheißding.«

Ich ging zurück in meine Kabine und erzählte Marion, was ich zu tun hatte. Sie fragte nach dem Teil der Aufgabe, bei dem ich möglicherweise vom Mast fallen und auf das Deck knallen würde. Ich schüttelte nur den Kopf. Dann vögelten wir, als wäre es der letzte Sex unseres Lebens.

Zehn Minuten nach Sonnenaufgang stand ich auf dem Vorderdeck und sah mit einem Fernglas den Mast hinauf. Ja, die blaue Signalflagge hatte sich am äußeren Ende der Rahe im Flaschenzug verhakt. Es war eine schöne Flagge, die der Alte gern hisste. Sie signalisierte, dass der Commodore an Bord war. Nachdem ich George das Fernglas gereicht hatte, ging ich Vollidiot hinüber zum Mast und begann zu klettern. Die ersten drei bis sechs Meter waren ein Kinderspiel.

Ich gehörte zu jenen Menschen, die nicht gern aus der Höhe nach unten blickten. Klettern hatte mir zwar schon immer Spaß gemacht, aber ich mochte einfach nur nicht hinuntersehen. Als ich an der Küste von Jersey aufwuchs, gab es überall Freiflächen, die mit kleinen Bäumen, Gestrüpp und Kletterpflanzen bewachsen waren. Auf einer dieser Flächen gab es eine hoch über alles andere hinausragende Birke, an der ich Klettern lernte. Im Frühling und Sommer verbrachte ich Stunden in ihrer Baumkrone, wo ich mich in eine Prinzessin verwandelte, die in einem Turm eingesperrt auf die Rettung durch eine andere Prinzessin wartete. Doch wenn ich auf dem Baum war, blickte ich niemals nach unten, weil mir das eine Heidenangst einjagte.

Und obwohl ich das ganz genau wusste, blickte ich hinunter aufs Deck. Die Matrosen hatten sich um den Mast versammelt und sahen zu mir hinauf. So eine Scheiße. Ich kletterte weiter. Schiffsmaste sind nie gerade gebaut, sie sind wegen der Aerodynamik immer ein wenig nach hinten geneigt. Durch den heckwärts geneigten Mast lag das Gewicht zunehmend auf meinem rechten Arm und schon bald kletterte ich nur noch langsam und vorsichtig. Für zwei Sprossen brauchte ich ungefähr eine Minute. Ich blickte nach oben und sah, dass die Rahe immer noch dreieinhalb bis viereinhalb Meter entfernt war. Nicht runtersehen, sagte ich mir ... und blickte wieder nach unten. Die Ansammlung wurde immer größer, offensichtlich hatte es sich rumgesprochen. Jeder wollte sehen, wie Bornstein auf den Vormast kletterte. Fuck. Fuck. Fuck.

Es dauerte weitere 15 Minuten, bis ich auf der Höhe der dreieinhalb Meter langen Rahe angekommen war. Ich konnte mich nicht einfach nur an der Leiter festhalten und hinüberstrecken, um die Flagge aus der Seilwinde zu ziehen. Das verdammte Ding war fast zwei Meter entfernt von dem Mast, an den ich mich verzweifelt klammerte. Ich würde mit einem Arm um den Mast greifen müssen, um mich dann, vom Mast abstoßend, in eine hängende Position zu schwingen. Es würde also einen Moment geben, in dem ich frei schweben würde. Sorg dafür, dass es läuft, dachte ich und sprang. Zwölf Meter unter mir schrie ein Mädchen auf.

Ich schaffte es und hing kopfüber, wie ein Faultier, an der Rahe. Es wäre kinderleicht gewesen, einfach loszulassen. Es war das dritte Mal in meinem Leben, dass ich ernsthaft an Selbstmord dachte.

Das erste Mal hatte ich mich in der sechsten Klasse umbringen wollen und auch da hatte es sich um ein mögliches Sprungszenario gehandelt. Miss Rickards hatte die Klasse in Jungs und Mädchen eingeteilt, was nicht alle Lehrer taten. Die Jungs wussten, dass ich nicht zu ihnen gehörte, was mich zum Ziel von eingespeichelten Papierkügelchen, plötzlichen Schlägen in die Magengrube und Judenfeindlichkeit machte. Mein Plan war, auf die Zugbrücke über der Hai-Bucht zu klettern. Dort gab es zwar keine Haie mehr, aber für uns Kinder schon. Die Brücke wurde geöffnet, wenn höhere Boote in die Bucht fahren wollten. Am höchsten Punkt war sie zwölf bis fünfzehn Meter hoch. Ich hätte Arthur Rubin gefragt, ob er mitkommt, denn auch er war ein jüdischer, ungeouteter Außenseiter, der sein Leben genauso wenig mochte wie ich. Wir wären zusammen hochgeklettert und ganz oben hätte er mir über den Kopf gestreichelt, hätte mich sanft geküsst und wir wären händchenhaltend in den Tod gesprungen. Ich wusste, dass er mitgemacht hätte, brachte aber nie den Mut auf, ihn zu fragen.

Ich hing immer noch kopfüber an der Rahe und hatte mich zentimeterweise um etwa einen Meter fortbewegt. Zu Beginn dieser Hangelei hatte die Rahe laut geknackt und sich knirschend aus der Waagerechten geneigt. Ich arbeitete mich stückweise vorwärts, zweifelnd, ob die verrosteten Eisenteile mich und die Rahe halten würden. Und wenn sie nicht hielt? Was soll's, dachte ich.

Das zweite Mal, dass ich über Selbstmord nachgedacht hatte, war in meinem ersten Jahr an der Pennington School, dem methodistischen Jungeninternat, auf das nur eine Handvoll Katholiken und Juden gingen. Ich war kugelrund und auf dem Weg zum Mittagessen. Es war Mittwoch und in der Cafeteria wartete eine leckere, fettige Shepherd's Pie auf uns.

»Aus dem Weg, du dreckiger Jude!«

Ich blieb stehen, drehte mich um und schaute hoch ... höher ... und noch ein bisschen höher, bis ich in das höhnisch grinsende Gesicht des größten Jungen aus únserer Klasse blickte. Ohne auch nur eine Sekunde zu zögern, schlug ich ihm mit der Faust ins Gesicht und dann verprügelte er mich nach Strich und Faden. Später im Büro des Direktors war ich dann an allem schuld, weil ich zuerst zugeschlagen hatte. Als Jude an dieser Schule zu sein, war hart. Mein Zimmer war nur drei Türen entfernt von dem eines Jungen, der sich eine riesige Naziflagge an die Wand genagelt hatte. Wir durften nachts unsere Türen nicht abschließen, aber in jener Nacht hatte ich solche Angst, dass ich es trotzdem tat – so wie auch in allen folgenden Nächten. Da begriff ich, wie leicht es wäre, mir einfach die Pulsadern aufzuschneiden. Ich wusste auch wie. Mein Vater war Arzt und ich wusste, dass man sich die Arterien und Venen längs aufschneiden muss, nicht quer. Ich würde einfach in den Wald gehen und mir die Handgelenke aufschneiden. Okay, sie würden mich irgendwann finden, aber sie müssten nicht einmal saubermachen. Nacht für Nacht nahm mein Plan konkretere Formen an. An dem Tag, als ich mir eine Packung

Rasierklingen kaufte, wurde John F. Kennedy ermordet und man schickte uns für eine Woche nach Hause, damit wir mit unseren Familien trauern konnten. Danach wollte ich mich nicht mehr umbringen.

Ich hätte einfach nur loslassen müssen und dafür sorgen können, dass es wie ein Unfall aussah. Stattdessen hangelte ich mich noch weiter auf der Rahe, bis die Rolle des gottverdammten Flaschenzuges endlich in Reichweite war. An meinen Beinen und einem Arm hängend, streckte ich meine Finger aus und zog an der bescheuerten, blauen Signalflagge, die sich sofort löste. Das Eisenteil zwischen Mast und Rahe krächzte, während die Rahe sich immer weiter aus der Waagerechten neigte. Zwölf Meter unter mir an Deck ertönte Jubel. Das wäre der Moment gewesen, in dem ich es hätte tun sollen, aber Applaus war für mich schon immer ein starkes Gegengift bei Selbstmordgedanken.

Meine Entscheidung für das Leben wurde dicht gefolgt von der Erkenntnis, dass ich keine Ahnung hatte, wie ich wieder hinunterkommen sollte. Aber ich sollte verdammt sein, wenn ich nicht wie ein Offizier der Sea Org gehandelt und ohne Zögern meinen Weg zurück zum Mast angetreten hätte. Die Rahe neigte sich wirklich bedrohlich, als ich es schaffte, wieder auf die Leiter zu springen. Der Weg nach unten war nur noch ein Klacks. Ich wurde mit lautem Beifall empfangen und man klopfte mir anerkennend auf die Schultern. Ich trat aus der Menge heraus.

»Bootsmann, vortreten!«, bellte ich. George sah sich nervös um, folgte dann aber meiner Anweisung.

»Bootsmann, diese Rahe und ihre Befestigungen sind in einem grauenhaften Zustand. Weisen Sie einen Ihrer Leute an, das bis morgen zu reparieren. Wer auch immer da hoch klettert, bekommt einen zusätzlichen Tag Landgang.«

»Ja, Sir!«, schmetterte George mit einem breiten Grinsen. »Sofort, Sir!«

Ich drehte mich um und ging zurück zum Vorderdeck. Die Offiziere und die restliche Besatzung feierten mich mit einem »Hipp, hipp, hurra!«. Ich war der Mann des Tages. Zurück in meiner Kabine ging ich zur Toilette und übergab mich.

*

2. Januar 1972: In jedem Posteingangskorb lag ein Memo des Commodore. Das Jahr 1972 sei ein Schaltjahr, schrieb er, und der Tradition zufolge dürften in diesem Jahr die Frauen den Männern Heiratsanträge machen. Darüber hinaus, schrieb er, würde jede Frau, die einem Mann einen Antrag machte und ihn auch heiratete, einen Rang aufsteigen. Da es an Bord des Flaggschiffs so einige machthungrige Frauen gab, wussten wir, dass es in diesem Jahr viele Hochzeiten geben würde.

Ganz aus heiterem Himmel kam diese Bekanntmachung nicht. Wir alle wussten, worum es dabei ging. Zwei Nächte zuvor hatte die Besatzung eine wilde Silvesterparty gefeiert, eine trunkene Wanderorgie auf dem ganzen Schiff. Ungefähr einhundert Sea-Org-Mitglieder hatten es überall miteinander getrieben, vom Sonnendeck bis zu den tiefsten Frachträumen des Schiffes. Viele von uns kamen am nächsten Tag zu spät zum Dienst. Ich vermute, dass der Alte aufmerksam geworden war, weil all die freie Liebe die Statistiken negativ beeinflusst hatte. Ich lebte da immer noch mit Marion zusammen, die mittlerweile 18 geworden war. Molly hatte sich bis zum Fähnrich hochgearbeitet, was ein Rang unter meinem war. Für den Fall, dass sie mir einen Antrag stellte und mich heiratete, würde sie zum Offizier aufsteigen und ihr Weg zu scientologischem Ruhm wäre geebnet. Molly war ein Wesen voller Ambitionen, eine Charaktereigenschaft, die ich für sexy hielt.

Seit der Bekanntmachung des Alten waren noch keine 24 Stunden vergangen. Es war zwei Uhr nachts und das Schiff auf See. Ich hatte gerade meine vierstündige Schicht auf der Brücke beendet. Als Wache verbrachte man die gesamte Zeit im Freien, entweder im Ausguck oder, was häufiger vorkam, auf dem Dach des Steuerhäuschens, das »fliegende Brücke« genannt wurde. Die Stewards hatten auf See ihre eigenen Pflichten zu erledigen. Sie mussten zum Beispiel Brot backen und dafür sorgen, dass es pünktlich zu unserem Schichtende aus dem Ofen kam. Es gab immer Tabletts mit frisch gebackenem Brot, großen Schalen süßer Butter und einen endlosen Vorrat starken schwarzen Kaffees. Ich kaute gerade mein vorzügliches Butterbrot, als Molly mich ansah und mir einen Heiratsantrag machte.

Marion. Ich konnte nur an Marion denken. Wir waren jetzt schon fast ein Jahr zusammen und hatten großartigen Sex miteinander. Molly sah mich an und wartete auf eine Antwort. Ich fuhr mit der Zunge über meinen Schnurrbart, er schmeckte nach Marion, deren Schicht im Maschinenraum in etwa einer Stunde enden würde. Ich wollte ihr ein paar warme Brotscheiben und Butter bringen.

»Ich, äh ... also, ich lebe mit Marion zusammen, weißt du ...«

»Das ganze Schiff weiß das, Al. Also: Heiratest du mich?«

Marion und ich waren doch glücklich miteinander, verdammt. Und warum wollte Molly mich heiraten? Wir hatten doch noch nicht einmal miteinander geschlafen.

»Sie ist nicht die richtige Ehefrau für dich, Al. Du bist ein Offizier und was ist sie? Bootsmann dritter Klasse?«

»Zweiter Klasse, Molly.«

Molly schnaubte verächtlich.

»Ihr zwei seid wohl kaum das optimale Sea-Org-Paar.«

Sie hatte recht. Bei L. Ron Hubbard sind Sex, Heirat und Kinder als eine Vektorgröße definiert, die das Überleben aller Wesen sichert und mehr Kraft erzeugt als die Summe der einzelnen Teile.

Es war unsere Pflicht, uns optimal zu verheiraten, weil so die Macht der Sea Org vergrößert wurde. Molly packte mich am Kragen, zog mich über den Tisch ganz nah an ihr Gesicht und flüsterte:

»Du brauchst jemanden, der klüger und stärker ist als du. Du brauchst mich. Also was sagst du: Willst du mich heiraten?«

Mir lief ein unkontrollierbarer Schauer über den Körper. Diese Frage bekamen eigentlich nur Mädchen gestellt: Willst du mich heiraten? Für Molly war ich zumindest teilweise ein Mädchen. Sie und ich hatten schon ein gemeinsames Leben im alten Rom hinter uns. Sie als großer, blendend aussehender Gladiator und ich als hilflose schlanke Sexsklavin. Und wie er mich benutzt hatte ... wie er mich auf die Strohmatte geworfen und genommen hatte, immer und immer wieder. Ich bekomme immer noch leuchtende Augen, wenn ich an Molly und mich im alten Rom denke. Wir glaubten fest daran, dass man sich daran erinnerte, wenn man in einem früheren Leben eine umgekehrte Sex- und Geschlechterbeziehung mit jemandem gehabt hatte. Molly wusste, dass ich ein Mädchen gewesen war. Sie wusste, wie sehr ich es mochte, und sie spielte damit. Genau darin lag der Reiz unserer herrlichen Flirts: Wir kehrten die kulturell definierten Geschlechterrollen um und sie hatte die Macht. Jetzt bat sie also um meine Hand. Unser Spieleinsatz war plötzlich in schwindelerregende Höhen geschossen. Sie/er wollte mich heiraten. Bei dem Gedanken fiel ich fast in Ohnmacht. Ich biss mir auf die Unterlippe und stammelte:

»Okay, klar. Gute Idee.«

Molly hatte immer ein großartiges Lächeln für Leute reserviert, die genau das taten, was sie von ihnen wollte. Es war genau die Art von Lächeln, das ich mir immer von meinem Vater gewünscht hatte. Ich fühlte mich wie eine Disney-Prinzessin. Molly redete immer noch. Zeremonie? Was?

»Wir machen es so schnell wie möglich«, sagte sie. »Der Kapitän hat schon zugesagt. Er übernimmt die Trauung.«

Molly war eine selbstsichere Frau. Sie wusste, was sie vom Leben wollte. Sie hatte wunderschöne braune Augen, langes, weiches, kastanienbraunes Haar und sie war eine tolle beste Freundin, aber wir hatten immer noch nicht miteinander geschlafen. Warum zur Hölle hatte ich gerade Ja gesagt?

Ungefähr eine Stunde später gegen drei Uhr morgens, immer noch auf See: Ich hatte Molly gerade zugesagt, dass ich sie heiraten würde, und stand jetzt in meiner Kabine, wo ich auf die tief und fest in unserer Koje schlafende Marion hinunterblickte. Ihr Haar war auf dem Kissen ausgebreitet wie ein schläfriger goldener Sturm. Die letzten Worte sind nicht von mir, sie stammen aus einem Song von Leonard Cohen.

»Schatz, wach auf ...« Sie räkelte sich leicht unter der Bettdecke. Trotz der Dunkelheit erkannte ich, dass sie lächelte. Ich lächelte kaum. Ich war zu traurig.

»Komm schon, Süße. Ich muss dir was sagen.«

Marion drehte sich auf den Rücken und stützte sich verschlafen auf die Ellbogen.

»Komm her«, murmelte sie und rückte zur Seite, um mir in der Koje Platz zu machen. Ich antwortete nicht und es folgte ein langes Schweigen. Große Pausen sind wie große Worte. Man vergisst sie nicht. Das war eine dieser großen Pausen. Sie bedeutete: Ich liebe dich, du bist so schön. Und sie bedeutete: Auf Wiedersehen.

Marion lächelte nicht mehr. Sie klopfte noch einmal auf die Matratze. Ihr Geschmack hing immer noch in meinem Schnurrbart vom letzten Sex einige Stunden zuvor. Diesen Suppenfänger hatte ich mir das erste Mal im Sommer 1967 wachsen lassen, als ich Mackie Messer in der Dreigroschenoper spielte. Ich hatte ihn behalten, weil er verhinderte, dass ich mich als Frau sah. Ich war ein Mann und schmeckte Marion, die wollte, dass ich zu ihr ins Bett kam.

»Ich kann nicht«, nuschelte ich.

Sie setzte sich auf und lehnte den Rücken an den kalten Stahl des Schiffsrumpfes. Sie war nackt und zog die Bettdecke hoch, um sich zu bedecken. Der leichte Lufthauch ihrer Bewegung schwebte über das Bett und plötzlich atmete ich Marions Duft ein. Noch eine Sekunde länger und ich würde nicht mehr sagen können, was ich zu sagen hatte. Die Worte sprudelten nur so aus mir heraus:

»Molly hat mich gefragt, ob ich sie heirate, und ich habe Ja gesagt und sie hat gefragt, ob ich noch mit dir zusammen bin, und ich habe Ja gesagt und sie hat mir gesagt, dass ich herkommen und mit dir Schluss machen muss, und hier bin ich jetzt und es ist vorbei und es tut mir sehr leid.«

Oh Mann – und wie es mir leidtat ...

Wortlos schwang sie die Füße aus dem Bett und auf den Boden, stand auf und suchte ihre Sachen zusammen. An der Tür blieb sie stehen, drehte sich um und sah mich an. Eine weitere jener großen Pausen, wie sie in allen großen Liebesfilmen vorkommen. Beschämt blickte ich zu Boden und steckte meine Hände tief in die Hosentaschen. Als ich wieder hochsah, war sie gegangen. Ich war so eine Ratte.

3. Januar 1972, kurz nach drei Uhr morgens: Marion lief im Halbschlaf über das mondbeleuchtete Deck zu den Schlafräumen tief unten im Inneren des Schiffs, wo sie mit dreißig anderen Frauen untergebracht war. Ich ging zur Schiffsküche, wo Molly auf mich wartete.

»Und?«, fragte sie zwischen einem Schluck Kaffee und einem Bissen in ihr Butterbrot. »Ist sie weg?«

»Ja, ist sie.«

»Gut, dann ziehe ich bei dir ein.«

Tags darauf half ich Molly dabei, ihre Sachen in meine Kabine zu bringen. Sie blieb in der Tür stehen und rümpfte die Nase. Es roch nach Sex, nach großartigem Sex mit Marion. Als Erstes zog Molly das Bettzeug ab. Aus ihrer Tasche holte sie ein sauberes Laken und Bezüge.

Ich hatte seit einem Jahr keine frische Bettwäsche mehr gehabt. Da Molly Stellvertreter des Ersten Stewards war, hatte sie Zugang zur Wäscherei. Ab jetzt würde auch ich Zugang haben. Sie sah mir dabei zu, wie ich die frische Bettwäsche aufzog, zog sich schnell aus und schlüpfte unter die Decke. Es war ein kalter Morgen. Ich war nicht hart, aber ich spürte ein großes Verlangen nach Molly, dem Gladiatoren. Es ging nicht unbedingt um Molly als Mann, es ging um ihre Macht. Ich wollte, dass sie mich nahm. Ich wollte diejenige mit den festen Rundungen sein. In der kalten Kabine stehend, zog ich mich langsam aus. Es fühlte sich sexy an, für sie zu strippen. Endlich wurde ich hart und wir schliefen das erste Mal miteinander. Es war grauenhaft und ich glaube, sie hat es auch nicht sonderlich genossen. Wir haben nie ein Wort darüber verloren. Die Hochzeit sollte zwei Monate später, Anfang März, stattfinden. Wir fingen beide an, viel zu essen. Als wir schließlich mit einer Scientology-Zeremonie von Kapitän Bill Robertson verheiratet wurden, waren wir schon ziemlich pummelig.

Kapitän Robertson schenkte uns eine Flasche Aguardiente, ein portugiesisches Feuerwasser aus gegorenen Traubenresten, das so ähnlich wie Wodka ist, nur viel stärker. Den Großteil trank ich und kippte irgendwann während des Hochzeitsempfangs um. Ich erwachte am frühen Nachmittag des nächsten Tages. Molly war wach. Sie saß neben mir in dem schmalen Bett und sah auf mich herab. Wenn ich ihren Gesichtsausdruck richtig interpretierte, war der Sex während unserer Hochzeitsnacht auch nicht viel besser gewesen als in allen anderen Nächten.

»Wir werden ein Kind machen, Al.«
»Ach ja?«
»Komm schon, denk drüber nach: Ein kleiner, süßer Körper für den mächtigsten Thetan der Welt. Wen sonst sollte er sich als Eltern aussuchen? Du weißt genau, dass es so ist.«

Sie hatte recht. Operierende Thetane können sich ihre zukünftigen Körper aussuchen und wer sich uns als Eltern aussuchen würde, könnte wirklich nur ein Teufelskerl von einem Thetan sein.

Ich sah in Mollys Augen, in denen ich nicht besonders viel Liebe fand, dafür umso mehr brennenden Eifer und Entschlossenheit. Schweigend zogen wir uns an und gingen nach Achtern zum Lunch. Die Offiziere und der Rest der Besatzung beglückwünschten uns zu unserer Heirat und zu Mollys Beförderung. Molly und ich setzten für alle ein strahlendes Lächeln auf, nur nicht füreinander.

Kapitel 9
Gestrandet

1972, einige Wochen nach unserer Hochzeit: Es war ein wunderschöner Sommertag in der marokkanischen Hafenstadt Casablanca, die Luft fast staub- und smogfrei. Die Sonne stand hoch und der Himmel war überall, weil kein hohes Gebäude die Sicht versperrte. Die Silhouette der Kasbah, der alten Befestigungsanlage, zeichnete sich direkt hinter dem Hafen ab, nicht einmal einen Kilometer landeinwärts. Der Ausblick ließ mich von einem Ohr zum anderen grinsen. Ich baumelte etwa zehn Meter über dem Wasser an der Seite des Schiffes, bemalte den Rumpf mit weißer Farbe und ganz nebenbei konnte ich über meine Schulter auf die Kasbah von Casablanca blicken. Wie cool war das eigentlich?! Ich schloss meine Augen und dachte, dass es sich eigentlich auch als Mann ganz gut aushalten ließ. Scheiß drauf, ich war ein Mann und vielleicht war das ja doch gar nicht so übel. Ich sah auf das Wasser, das friedlich gegen die Kaimauer plätscherte. Mittlerweile konnte ich ohne Probleme aus der Höhe nach unten sehen.

»Sir?«

Ich sah nach oben, wo ein junger Messenger der Einsatzabteilung über die Reling des Vorschiffs lugte. Er wedelte mit einem Zettel.

»Offizier Bornstein, Sir! In diesem Befehl steht, dass Sie Ihren Posten als Erster Offizier an Bootsmann George Charnas übergeben sollen. Wenn Sie so weit sind, melden Sie sich im Unterraum drei zur Einsatzbesprechung. Vertraulicher Flag-Einsatzbefehl Nummer 102.« Er winkte noch einmal mit dem Schriftstück zum Beweis der Einhaltung der Befehlskette. Alle Flag-Einsatzbefehle mussten vom Commodore persönlich abgesegnet werden. »Melden Sie sich dort bis spätestens 19 Uhr. Verstanden?«

Molly war mit Jessica schwanger, was eine gute und gleichzeitig eine beängstigende Nachricht war. Wir zwei wollten einen starken Thetan in die Welt setzen, aber die Regeln besagten, dass auf den Schiffen der Flotte keine Kleinkinder leben durften. Wir mussten also auf einen der weltweiten Sea-Org-Stützpunkte an Land versetzt werden. Molly und ich sollten nach New York versetzt werden, um nach einem in einzelne Schritte unterteilten Einsatzbefehl (Mission Order) einen Landstützpunkt der Sea Org (Garrison) aufzubauen und zu leiten. Wir hatten schon seit einigen Tagen Gerüchte darüber gehört, jetzt war es offiziell. Molly würde mein Boss sein, ich ihr Stellvertreter. Ein Teil unseres Auftrags sollte in der Rekrutierung neuer Mitarbeiter bestehen. An der Seitenwand des Schiffes hängend, krümmte ich mich bei dem Gedanken an Molly als mein Boss.

»Verstanden«, rief ich. Der Messenger verschwand hinter der Reling.

Ich verstaute mein Malerwerkzeug im Eimer, zog mich die sechs Meter an der Bordwand bis zum Vorderdeck hoch und machte mich so schnell wie möglich auf den Weg nach Achtern. Molly beaufsichtigte gerade die Mitarbeiter der Schiffsküche. Als sie mich sah, winkte sie mir mit ihrem eigenen Einsatzbefehl zu. Zum ersten Mal seit Monaten umarmten wir uns voller Liebe. Während ich mir unser Kind in ihrem fest an mich gepressten Bauch vorstellte, küssten wir uns auch zum ersten Mal seit Monaten lange und innig.

Molly und ich hatten also bis 19 Uhr Zeit, um uns bei der Einsatzleitung im untersten Laderaum des Schiffs zu melden und dort unsere Befehle zu studieren. Die Zahl 102 in dem Einsatzbefehl bedeutete, dass wir die 102. Flag Garrison Mission waren. Uns erwarteten drei volle Tage mit Briefings für unseren Einsatz, lediglich unterbrochen von 15 Minuten kurzen Essenspausen und höchstens sechs Stunden Schlaf. Missionen waren das Herz, das ruhmreiche Werk der Sea Org. Kurzeinsätze wurden aus verschiedenen Gründen von der

Flag-Zentrale angewiesen: Um zum Beispiel einen Notfall zu handhaben, jemanden von seinem Posten zu entfernen oder, was äußerst selten geschah, um eine hart arbeitende Führungskraft auszuzeichnen. Solche Einsätze dauerten zwischen 72 Stunden und drei Wochen. Garrison-Missionen wie unsere liefen über Jahre.

Wir würden nach New York gehen, dem Mittelpunkt der Welt für fast alle wirklich wichtigen Dinge. Scientology gab es zwar auch in New York, aber die Sea Org hatte dort noch keine Filiale, was uns zu Pionieren machte. Für uns ging ein romantischer Traum in Erfüllung. Gemeinsam würden wir an vorderster Front der einzigen Bewegung kämpfen, die Vernunft auf diesen Planeten bringen konnte und würde. Wenn es um die Arbeit ging, liebten Molly und ich uns wirklich.

Wir machten uns also unverzüglich auf den Weg zum Unterraum drei, wo die Informationsmaterialien auf uns warteten. Sie waren auf einem Tisch ausgebreitet worden, der mit Vorhängen von dem restlichen Büro der Einsatzabteilung abgeschottet war. Es gab allerhand zu tun, bevor wir startbereit sein würden.

Drei Tage lang studierten wir die einzelnen Schritte unseres Auftrags zum Aufbau eines multifunktionalen Sea-Org-Standortes. Anfangs würden wir lediglich ein Verteilerzentrum für die ein- und ausgehende Kommunikation mit der Flag-Zentrale auf dem Flaggschiff sein. Schritt zwei bestand in der Etablierung einer Sea-Org-Außenstelle, die unter der Führung der Flag-Zentrale für alle Orgs im Osten der USA und Kanada zuständig wäre. Das Flaggschiff würde Befehle aussenden und wir würden dafür sorgen, dass sie in allen Zweigstellen ankamen und befolgt würden. Damals war das Wort für die einzelnen »Kirchen« von Scientology »Org«, die Abkürzung für Organisation. Den Begriff »Kirche« verwendeten wir nur in der Öffentlichkeitsarbeit oder bei rechtlichen und finanziellen Angelegenheiten. Es waren Orgs, unsere Orgs, Mollys und meine Org. Wir würden die Verantwortung für sie tragen.

Die einzelnen Schritte eines Einsatzbefehls werden Ziele genannt. Man hat sie ins Visier zu nehmen und dann voll ins Schwarze zu treffen, nicht weniger als das. Drei Tage lang saßen Molly und ich uns gegenüber und bastelten kleine Tonmodelle von jedem einzelnen Ziel. Unser dreißig Seiten umfassender Einsatzbefehl enthielt mehr als einhundert Ziele. L. Ron Hubbards Regeln entsprechend, mussten wir die Definition jedes einzelnen Wortes auf jeder Seite kennen. Immer wieder fragten Molly und ich uns gegenseitig zu den genauen Definitionen von Wörtern ab wie »Andockmanöver«, »Etablierung«, »Compliance« und sogar kleiner Wörter wie »der«, »die«, »das« oder »wenn«. Die Grundlage für dieses Vorgehen ist Hubbards Lernmethode, die besagt: Sobald ein Leser auf irgendein Wort stößt – egal welches –, das er nicht vollständig versteht, wird ihn alles verwirren, was nach diesem Wort folgt.

Das Leben auf dem Flaggschiff hatte für mich seinen Zauber verloren und Molly schien es ähnlich zu gehen. Natürlich gab es noch einige wunderbare Momente, aber Molly hatte mittlerweile zu viel schmutzige Bettwäsche gewaschen und ich zu viel Teer an Deck verteilt. Außerdem gab es einige Offiziere an Bord, die einen schikanierten, und manchmal gehörte auch der Alte dazu. Ich habe gesehen, wie er Leute anbrüllte, sie von einem hochrangigen Posten zu den niedersten Tätigkeiten versetzte oder vor anderen Offizieren und der Besatzung demütigte. Mir schien er dabei nicht die emotionelle Tonskala anzuwenden. Mir kam es eher so vor, als ob der Alte oft einfach nur ein bösartiger alter Mann war. Molly war also zu einem perfekten Zeitpunkt unseres Lebens schwanger geworden. Wir wollten das Kind und waren beide bereit, das Flaggschiff zu verlassen, um es auf die Welt zu bringen.

Bevor wir auf unsere Mission geschickt werden konnten, mussten wir dem Einsatzleiter beweisen, dass wir ganz genau wussten, wo in Rons Plan zur Übernahme des Planeten sich unsere Aufgabe einordnete.

Nur wenn wir ihn vollkommen davon überzeugten, dass wir unsere Befehle perfekt verinnerlicht hatten und auf keinen Fall scheitern konnten, würde er uns den Landungssteg hinab zu einem wartenden Taxi geleiten, das uns auf dem steinernen Kai aus dem Hafen Casablancas und dann zum Flughafen bringen würde. Wenn alles gut lief, würde es am nächsten Tag so weit sein.

»In New York werden wir die großen Fische im kleinen Teich sein«, flüsterte Molly mit leuchtenden Augen. »Der Kontinent gehört uns.« Sie hatte ihren Arm um mich gelegt, ich meinen Kopf auf ihrer Brust und so schlief ich ein.

Tags darauf überzeugten wir den Einsatzleiter problemlos davon, dass wir zu einhundertzehn Prozent hinter unserem Auftrag standen. Wir packten unsere Habseligkeiten in ein oder zwei Seesäcke und verabschiedeten uns persönlich von unseren Freunden auf dem ganzen Schiff. Wir wussten nicht, ob wir sie jemals wiedersehen würden. Tatsächlich habe ich viele der damaligen Besatzungsmitglieder seit über vierzig Jahren nicht gesehen. Aber so war das Leben in der Sea Org, viele Abschiede gehörten dazu. Die Pflicht kam immer zuerst. Davon abgesehen hatten wir ja eine Milliarde Jahre Zeit, um einander früher oder später wieder auf den neusten Stand zu bringen.

Wir erhielten die Flugtickets und unsere Pässe, die seit dem Tag unserer Ankunft zwei Jahre zuvor im Safe des Kapitäns aufbewahrt worden waren. Molly und ich waren startbereit – zwei perfekt präparierte, theologisch gesteuerte Raketen.

Offiziere und Mannschaft kamen an die Reling der drei Decks, um uns alles Gute zu wünschen. Fünf Minuten lang jubelten wir gemeinsam, winkten, umarmten einander und warfen uns Kusshände zu. Dann wurde es still. Wir alle hielten inne und sahen nach oben. Direkt vor seinem Büro an der Reling des Oberdecks stand der Commodore. Er tauchte nicht immer auf, wenn jemand auf eine Mission geschickt wurde, aber für uns tat er es.

»Zu Weihnachten bekomme ich von euch beiden New York, okay?«
»Ja, *Sir!*«
Der Alte erwiderte unseren Salut mit einem Zwinkern und einem Winken, drehte sich um und verschwand in sein Büro, um noch mehr Geheimnisse des menschlichen Verstandes zu enträtseln. Molly und ich schlenderten die Landungsbrücke entlang und fühlten uns fantastisch.

Eine Lüge – alles, was ich gerade über das Verlassen des Schiffs geschrieben habe, war gelogen. So hätte es sein sollen, das war die Wunschvorstellung jedes Sea-Org-Mitglieds. Es gab einige Stars in der Sea Org, die tatsächlich solche Verabschiedungen bekamen, Papas Segnung inklusive, aber weder Molly noch ich spielten in dieser Liga.

In Wirklichkeit wurden Molly und ich am Abend losgeschickt. Alle waren beim Abendessen und niemand tauchte zur Verabschiedung auf, bis auf den Einsatzleiter, der dabei sein musste, um uns offiziell abzumustern. Auch der Alte ließ sich nicht blicken, aber das Taxi wartete am Ende der Gangway und für uns begann ein höllisches Abenteuer.

*

Auf einem Flughafen nach dem anderen wurden wir von den Beamten abgenickt und durchgewunken, egal, welches Gate sie bewachten. Wir trugen unsere offiziellen Seemannsuniformen und wurden mit Respekt behandelt, weil Ron die Uniformen, Abzeichen und Wappen so entworfen hatte, dass sie bei den *Wogs* unbewusst Respekt erzeugten. Unsere Uniformen waren allerdings nicht identisch. Jedes Mitglied war für den Kauf seiner eigenen Uniform verantwortlich, weshalb keine exakt aussah wie die eines anderen. Aber als Offizier der Sea Org auf einer Mission bewegte man sich mit einer Grundhaltung, die Respekt hervorrief.

*

Einen Tag nach unserem Abschied kamen Molly und ich in unseren blauen Uniformen in New York an. Ihre Schwangerschaft war nicht zu übersehen, ein Umstand, den sie nie auszunutzen vergaß. Außerdem waren wir beide groß und dick, was unserem Auftritt zusätzlichen Nachdruck verlieh. Wir standen auf dem Gehweg vor dem Hotel Martinique am Herald Square. Die New Yorker Org belegte den gesamten zweiten Stock des Hotels, darunter ein prachtvoller Ballsaal mit einer zwei Stockwerke hohen Decke und acht Kristallkronleuchtern. Die Org nutzte diesen Saal als »Akademie«, wie ein Unterrichtsraum bei Scientology offiziell bezeichnet wird.

Wir sahen uns um. Auf der anderen Straßenseite war eine Statue von George M. Cohan, dem ursprünglichen Yankee Doodle Dandy, der die berühmte Zeile *Remember me to Herald Square* gesungen hatte. Zu Cohans Zeiten war der Herald Square eine noble Adresse gewesen und das Hotel Martinique ein mondäner Ort für Jungs und Mädels auf der Suche nach Amüsement. Als wir dort einzogen, diente das Hotel allerdings nur noch als billige Unterkunft. Flure wurden als Obdachlosenasyl genutzt, die beiden obersten Stockwerke beherbergten eine psychiatrische Anstalt.

Eine psychiatrische Anstalt?! Psychiater? Davon stand nichts in unserem Einsatzbefehl. Das musste sofort gemeldet werden und wir mussten ganz besonders auf der Hut sein. Ja, wenn es um Psychiatrie ging, waren wir ziemlich verrückt, aber denken Sie mal darüber nach: Wer verlegt denn bitte schön eine psychiatrische Anstalt in die obersten Stockwerke eines vierzehnstöckigen Hauses in einem heruntergekommenen Stadtteil? Jeden Frühling gab es das Springer-Phänomen. Wir sahen sie an unseren Fenstern vorbeifliegen, die meistens weit geöffnet waren, und so hörten wir, wenn sie auf dem Gehweg oder der Hotelmarquise aufschlugen. Wenn sie von der anderen Seite runtersprangen, landeten sie auf dem Dach des großen Ballsaals. Dienstältere Mitarbeiter der New Yorker Org erzählten uns, dass an einem Tag schon mal drei Springer direkt hintereinander auf das Dach des Unterrichtsraumes geknallt waren. Stellen Sie sich das mal vor: PADAMM! PENG! KRAWUMM!

Wir waren also in einer üblen Ecke der Stadt gelandet. Aber wir waren Sea-Org-Offiziere und dafür zuständig, dass alles läuft. Nach einer langen Umarmung betraten wir das Hotel. Molly ging voraus, ich trug unsere Seesäcke. Unserem Einsatzbefehl folgend, marschierten wir direkt in das Büro des Leiters der New Yorker Org. Er hatte nichts von unserer Ankunft gewusst. Niemand weiß, wann eine Sea-Org-Mission aufschlägt. Das gehörte zum Sonderstatus, den wir als Einsatzkommando genossen.

Wir informierten den Leiter der Org, dass wir einige Büros des oberen Stockwerks beziehen würden und dass das doch großartige Neuigkeiten für die New Yorker Org seien, denn mit uns in ihrer unmittelbaren Nähe würde sie natürlich besser arbeiten und einen Haufen Geld verdienen, nicht wahr?! Nichts davon stimmte und wir alle wussten es. Deshalb fühlte ich mich wie ein Schutzgeld erpressender Mafioso, als wir ihm mitteilten, dass seine Org von jenem Tag an zehn Prozent der wöchentlichen Bruttoeinnahmen an uns abzutreten habe.

Vom Büro des Org-Leiters konnte man durch zwei verglaste Flügeltüren in den Ballsaal sehen. Während Molly ihm unseren Einsatzbefehl und die Verpflichtungen seiner Org uns gegenüber erläuterte, hatte ich ihnen den Rücken zugewandt und starrte in diesen wunderbaren, alten Saal. Ich versuchte mir vorzustellen, wie ich vor vier oder fünf Jahrzehnten dort wohl als Flapper oder Vortänzerin ausgesehen hätte. Der Leiter der Org redete noch immer.

»Wir müssen zehn Prozent unserer Einnahmen abtreten?«
»Der Bruttoeinnahmen, ja.«

»Und die Flag-Zentrale erhält außerdem ihren Anteil von zehn Prozent?«

»Das ist ebenfalls korrekt.«

Eine Reihe von langen, primitiv zusammengeschusterten Arbeitstischen säumte die Wände hinter den Säulen, auf denen Dutzende Tonbandgeräte standen. Einige Kursteilnehmer lauschten dort L. Ron Hubbards Vorträgen. Seine Worte, ob geschrieben, auf Tonband aufgenommen oder gefilmt, waren alles, was wir je studierten, und alles, was wir zu studieren brauchten.

»Bitte unterschreiben Sie hier, dass Sie unseren Einsatzbefehl gelesen und verstanden haben sowie die damit verbundenen Pflichten und Vorteile für die Org.«

Bei dem Wort »Vorteile« schnaubte der Leiter kurz abfällig. Mollys Nasenflügel zitterten und sie stemmte die Fäuste in ihre Hüften.

»Jetzt hören Sie mal, Mister. Ich bin hier auf Anweisung von Ron höchstpersönlich. Meine Aufgabe ist es, eine Oststaaten-Abteilung aufzubauen, auf die er stolz sein kann. Und *Sie* ...«, sagte sie und bohrte ihren Zeigefinger in seine Brust, »... *Sie* profitieren von unserer Kompetenz. Offizier Bornstein wird Ihr direkter Vorgesetzter sein und mir Bericht erstatten. Al?«

Ich blickte gerade zur Decke hoch, einem gewölbten Blechdach. Es hatte zu regnen begonnen und das Geräusch fallender Regentropfen war traumhaft. Ein Hagelsturm musste hier einfach spektakulär sein. Auf dem Boden fingen Eimer das Regenwasser aus über einem Dutzend undichter Stellen auf. Genau das Richtige für ein Taxigirl wie mich.

»Mister Bornstein, ich spreche mit Ihnen.«

»Ja, Sir!«, bellte ich meiner Ehefrau und Vorgesetzten entgegen.

»Erklären Sie Barry, wie viel mehr Geld er machen wird, weil wir hier sind.«

Ich blinzelte einige Male, um meine geschlechterübergreifenden Tagträume zu stoppen, und erklärte Barry, dass sich sein Bruttoeinkommen innerhalb des ersten Jahres verdoppeln würde. Eine halbe Stunde später lachten Barry und ich gemeinsam und klopften uns gegenseitig auf die Schulter. Ziel Nummer 14: Tonskala-Technologie nutzen, um alle gegenläufigen Tendenzen des Leiters der Org zu handhaben. Erledigt!

»Also gut«, sagte Molly zu Barry und verabschiedete sich von ihm mit ihrem schraubzwingenartigen Händedruck. »Wir sehen uns morgen, in aller Frühe. Auf geht's!« Wir drehten uns um und verließen die Org. Es fühlte sich großartig an, ein Ziel unseres Einsatzbefehls nach dem anderen abzuhaken.

*

Zwei Tage nach unserer Ankunft hielten wir ein »Vertrauliches Flag-Briefing für die Mitarbeiter der New Yorker Org« ab, wie es laut unseres Einsatzbefehls zu heißen hatte. Das Ziel war die Rekrutierung von vier Mitarbeitern der New Yorker Org für unsere Sea-Org-Filiale. Die Versammlung fand spät abends gegen 22 Uhr dreißig in der Akademie statt, die Teilnahme war Pflicht. Molly und ich erschienen in unseren mit Goldborten und Abzeichen verzierten Uniformen. Das hohe Blechdach des Ballsaals sorgte für eine großartige Akustik.

Molly sprach zuerst. Sie hatte ihren Vortrag nach dem Vorbild jener berühmten Rede von General Patton in George C. Scotts Film ausgearbeitet, die er kurz vor der Schlacht vor einer riesigen Flagge stehend an seine Truppen richtet. Von Molly kam der Funken, dann schürte ich das Feuer.

Emotionsgeladen berichtete ich von der Sea Org – wie wir einstmals vor 76 Millionen Jahren eine Allianz aus Offizieren der Galaktischen Föderation gewesen seien und nun wieder zusammenkämen, um dieses Mal erfolgreich zu sein. Molly leitete an den richtigen Stellen den Applaus ein. Ich erzählte ihnen, dass ich gerade nach zwei Jahren auf stürmischer See an der Seite L. Ron Hubbards zurückgekehrt war. Er ließe ihnen ausrichten, dass er die höchsten Stufen für die Fähigkeiten der Operierenden Thetane (OTs) erforscht habe. Und: Er sei bereit, sie für alle freizugeben! Ich wartete, bis der Applaus abebbte. Aber es gebe ein Problem, sagte ich. Scientology benötige ein noch festeres Standbein auf dem Planeten Erde, bevor es sicher genug sei, der Menschheit diese neuen Fähigkeiten zu übergeben. Dem Publikum stockte hörbar der Atem. Doch Ron habe eine Lösung! Wir gaben dem Tonmann das Zeichen zum Abspielen des Vangelis-Soundtracks zu *Die Stunde des Siegers*. Ich hatte die Dramaturgie meines Vortrags exakt auf das Auf und Ab der mitreißenden Musik abgestimmt. Ich sagte ihnen, dass New York City von nun an die Heimat des Flag Operations Liaison Office, Eastern United States (FOLO EUS) war. Die Anwesenden jubelten, ohne dass Molly sie dazu animieren musste. Ich erklärte, dass Ron ein neues, exaktes Management-System entwickelt habe, das wirklich funktioniere. Unsere Mission bestünde nun darin, Ron jene Präsenz zu verschaffen, die er in den östlichen Staaten der USA und Kanada bräuchte. Wenn wir das geschafft hätten, könne er die höheren Kursstufen innerhalb der folgenden zwei Jahre freigeben. Als der Jubel letztlich abflaute, sagte ich pünktlich zum Aufbrausen der Musik einfach nur »Seid dabei!« und fuhr nach einer kurzen Pause fort: »Der Planet gehört uns. Wir brauchen Thetane, die bereit sind, dafür zu sorgen, dass die Dinge in Rons Sinne laufen – für die nächsten eine Milliarde Jahre.« Die Musik wurde ruhiger und landete bei einem gedämpften, einfachen Ton, dem ich mich anpasste: »Wir brauchen Pioniere. Wir brauchen treue Gefolgsleute!« Die Musik verstummte. Ich kam hinter meinem Sprecherpult hervor und wechselte in einen lockeren Tonfall. »Macht mit, arbeitet mit uns. Es wird hart, aber wer weiß ... nach ein paar Jahren in der FOLO EUS werdet ihr vielleicht befördert. Und wohin? Bingo: zur Flag-Zentrale, wo ihr mit dem Alten zusammenarbeiten werdet. Ja, so nennen wir den Commodore. Kann sich hier irgendjemand was Besseres vorstellen für die nächste Milliarde Jahre? Wer ist dabei?«

Wir konnten aus mehr als zwanzig Bewerbern auswählen, den Besten der Besten der New Yorker Org. Durch unseren Einsatzbefehl waren wir befugt, vier von ihnen abzuwerben – und der Leiter der Org konnte nichts dagegen tun.

*

Wir wohnten nicht im Martinique, sondern mieteten stattdessen Obergeschoss und Penthouse des Wolcott Hotels, das vor langer Zeit eine nette Wochenendbleibe für Leute gewesen war, die es von da aus nicht weit zum Broadway gehabt hatten. In den goldenen Zwanzigern war die Gästeliste des Wolcott voller großer Namen gewesen und für die Auftritte in ihrer Lounge wurden echte Stars gebucht. Das war einmal. Jetzt wurden die Zimmer tage- oder stundenweise vermietet. Sie waren hocherfreut, regelmäßig zahlende Mieter für die Wellblechhütte auf dem Dach gefunden zu haben, die sie Penthouse nannten.

»Entschuldigen Sie die Frage«, sagte der alte Mann an der Rezeption, »aber was sind das eigentlich für Uniformen?«

Ich sah ihm, ohne zu blinzeln, in die Augen. Scientologen glauben, dass man einem Gesprächspartner immer in die Augen sehen muss. Uns wurde beigebracht, wie das ohne Blinzeln funktionierte. Ich sah ihn also mit meinem seltsam starren Blick an, bis er blinzelte und den Kopf senkte.

»Ich bin nicht befugt, darüber zu sprechen«, sagte ich endlich. Nie wieder wurden wir vom Personal oder den Chefs des Hotels danach gefragt. Ziel Nummer 18: Erledigt!

Das Wolcott war genau 13 Stockwerke hoch. Das Pech steckte also schon von Anfang an in dem Gemäuer, genauso wie die Ratten und daumengroßen Kakerlaken. Zu sechst zogen wir in unseren blauen Marineuniformen in diese Absteige voller Dragqueens, Junkies und Nutten. Ein Stockwerk wurde von schwer depressiven Obdachlosen bewohnt. Das war also die Heimat der Sea-Org-Mitglieder in New York City.

*

Etwa drei Monate nach meiner Ankunft in New York rief ich meine Eltern an.

»Dürfen wir dich besuchen, Albert?«

»Noch nicht, Mom. Wir sind erst seit zwei Wochen hier und müssen uns noch einleben.« Es war so leicht geworden, für das Wohl der Menschheit zu lügen.

»Hast du genug Geld?«

»Äh ... nicht wirklich, nein.«

Genau deshalb hatte ich sie angerufen. Wir waren total pleite. Unser wöchentliches Taschengeld betrug 12,50 Dollar bis 14 Dollar, was kaum für Wodka und Zigaretten reichte. Ich rauchte Kette, mindestens zwei Schachteln pro Tag. Zum Essen auszugehen, bedeutete McDonalds oder Grey's Papaya, wo es zwei Hotdogs und ein kleines Getränk für fünfzig Cent gab. Die New Yorker Org verdiente nicht besonders viel Geld, weshalb uns ihre zehn Prozent nicht weit brachten. Eine wichtige Aufgabe des Kochs bestand nicht etwa aus Nahrungsmitteleinkäufen, sondern der Besorgung von Essensresten aus den Müllcontainern in China Town.

In den folgenden zwei Jahren schickten meine Eltern mir fünfundzwanzig Dollar pro Woche, manchmal mehr. Mollys Mutter konnte fünfzig Dollar monatlich beisteuern. Ohne dieses Geld ging gar nichts. Die Schwangerschaftsvorsorge musste bezahlt und unser Hotelzimmer auf die Ankunft unseres Babys vorbereitet werden. Weder bei der Sea Org noch bei Scientology gab es eine Krankenversicherung.

Einige wenige Sea Orgs hatten eigene Krankenschwestern, wir nicht. Wenn wir medizinische Versorgung benötigten, meldeten wir uns mit falschen Namen und Adressen in den Notaufnahmen der Stadt. Damals war man noch nicht so fanatisch wie heute, was Ausweise und Papierkram angeht. Man ging einfach nie zweimal hintereinander zum gleichen Krankenhaus. Bevor man allerdings zu einer Notaufnahme gehen durfte, wurde man an einen E-Meter angeschlossen und bis zu zwei Stunden schonungslos zu möglichen Kontakten mit unterdrückerischen Personen befragt. Krank wurde nämlich nur, wer solche Kontakte hatte. Finde den Unterdrücker in deinem Leben, breche den Kontakt zu ihm oder ihr ab und schon wirst du wieder gesund, ohne in die Notaufnahme zu müssen! Bei einer Schwangerschaftsvorsorge funktionierte das so aber nicht. Man wurde ja nicht wegen des Kontakts zu einer unterdrückerischen Person schwanger – außer Molly, aber das konnte damals ja noch keiner ahnen. Einmal im Monat fuhren Molly und ich also die zweistündige Strecke bis zur Küste von New Jersey, wo Griff Grimm, der Arzt, der auch mich auf die Welt gebracht hatte, sich um Mollys Vorsorgeuntersuchungen kümmerte.

*

In der Etage unter unserem Penthouse wohnten zwei Transen. Oft verbrachten wir gemeinsame Schweigeminuten in dem langsamen, quietschenden Aufzug, der die Größe einer Telefonzelle hatte. Lulu, Carmen und ich füllten den winzigen Platz meist vollständig aus, je nachdem für welche Brustgröße sich Lulu am entsprechenden Abend entschieden hatte. Sie trugen untrendige Retromode der 1950er-Jahre: billig, nuttig und absolut bezaubernd. David Bowie hätte Hymnen auf sie gesungen. Ich wollte auch solche Outfits tragen. Wenn ihre Parfümwolke uns einhüllte, wurde mir schwindlig. Carmen kämmte ihre Farrah-Fawcett-Frisur zurecht. Wir sprachen nie miteinander, abgesehen von der förmlichen Vorstellung bei unserem ersten Treffen. Irgendwann traute ich mich dann doch, sie anzusprechen.

»Sie sehen heute Abend ganz entzückend aus, meine Damen.« Das war ernst gemeint, sie waren total süß.

»Bist du bei der Marine?«, fragte Carmen. Ich hatte ihre Kleidung gelobt, also wollten sie wissen, was ich trug. Ihre Haut glänzte weich unter dem bernsteinfarbenen Schein der einzigen Glühlampe im Fahrstuhl. Der Bartschatten würde noch weitere vier bis fünf Stunden von ihrem dicken, stark deckenden Make-up überdeckt werden und ihre Schönheit machte sie selbstbewusst.

»Tut mir leid, meine Dame ... aber darüber darf ich nicht sprechen.« Beide kicherten über das »meine Dame«. Ich bekam einen Steifen. Ich erinnere mich nicht daran, jemals guten Sex mit Molly gehabt zu haben, und erst recht nicht, dass sie mich den besten Liebhaber der Welt genannt hätte. Wir schliefen im selben Bett, berührten uns aber nur selten. Ich dachte, es lag daran, dass ich kein richtiger Mann war, aber wahrscheinlicher ist, dass wir einander nie besonders attraktiv fanden. Der Aufzug hielt in der Lobby.

»Darf ich Sie noch irgendwohin begleiten?« Lulu und Carmen strahlten mich freundlich an, lehnten das Angebot aber dankend ab und so gingen wir in gegensätzliche Richtungen davon. Wir alle drei arbeiteten in der Nachtschicht. Ich ging sechs Blocks nach Norden zum Martinique, die Mädels nach Süden in Richtung Union Square zum Restaurant und Nachtklub Max's Kansas City, damals noch eine beliebte Location für den inneren Kreis um Andy Warhol. Ich konnte es mir nicht leisten, im Max's zu essen, aber das Stadtleben hatte meine Hippiemädchen-Fantasien schnell in den Wunsch verwandelt, ein Factory-Mädchen zu sein. Ich wollte Edie Sedgwick sein. Natürlich war ich viermal so dick wie die zierliche Edie mit ihren Magersuchtmaßen, was mich deprimierte, also aß ich noch mehr Junkfood, wodurch ich noch fetter wurde, was mich noch mehr deprimierte. Ich aß alles, so viel und so oft ich konnte: Schokoriegel und Donuts, Reis mit Bohnen, Nudeln, Pizza, Falafel im Brot und was sonst noch von den morgendlichen Fahrten zu den Containern hinter den chinesischen Läden auf unseren Tellern landete. Ich blickte Lulu und Carmen nach, die drei Blocks entfernt hinter einer Ecke verschwanden. Ich drehte mich um ... und sah im Lichtkegel einer Straßenlaterne, wie ein Mann einem anderen die Kehle durchschnitt.

Das Opfer hatte es nicht kommen sehen. Augen und Mund waren weit aufgerissen vor Überraschung. Er hatte seine Hand nicht einmal hoch genug heben können, um die Klinge abzuwehren. Das Blut spritzte filmreif in hohem Bogen. Der Typ mit dem Messer rannte in Richtung Osten davon, das Opfer griff sich an den Hals und kippte rückwärts gegen eine Ziegelmauer. Er blieb gegen die Mauer gelehnt, um nicht umzufallen und gab grauenhaft gurgelnde Geräusche von sich. Er taumelte einige Schritte zur Seite, als ein Polizist um die Ecke kam und sah, wie der Mann tot auf den Gehweg fiel und eine lange, verschmierte Blutspur an der Ziegelmauer zurückließ. Der Polizist riss seinen Kopf hoch und blickte hektisch die Straße rauf und runter. Ich zeigte nach Osten. Es war ein echter Da-ist-er-lang-Moment. Der Polizist rannte dem Täter hinterher.

Ich ging weiter und dachte: Ach, ihr armen, verwirrten Erdlinge! Habt ihr ein Glück, dass wir euch retten werden!

*

Meine Tochter Jessica wurde am 4. Juli in Neptune, New Jersey geboren. Als sie noch klein war, erzählten wir ihr, dass das Feuerwerk zum Unabhängigkeitstag zu Ehren ihres Geburtstags abgefeuert wurde, weil nur die wichtigsten Menschen der Welt am 4. Juli geboren werden. George M. Cohan hat immer damit angegeben, am 4. Juli geboren worden zu sein, was aber nicht stimmt. Er war ein Varietékünstler, der in eine leidenschaftlich patriotische, irisch-amerikanische Familie geboren wurde, und es hörte sich einfach besser an, vom 4. Juli als Geburtsdatum zu sprechen. In Wirklichkeit hatte er aber am 3. Juli Geburtstag ... genau wie Jessica. Auch wenn es gelogen ist, sage ich gern, dass sie am 4. Juli geboren wurde, das gehört einfach zum Showbiz dazu.

Mollys Wehen setzten ein, als sie hinter ihrem Schreibtisch saß und versuchte, das Problem der geflohenen Boa constrictor zu lösen. Die Schlange war in einen Stromverteilerkasten geklettert und hatte sich wegen der Wärme um die Kabel geschlungen. Jetzt steckte sie fest wie ein gordischer Knoten. Es war Sonntagnachmittag, der 2. Juli 1973, ein perfekter sonniger Tag, nach einem Sturm nicht zu schwül. Wehe Nummer eins.

Als Molly wieder atmen konnte, gab sie Mia, der Pflegerin der Boa, Anweisungen: »Besorg dir eine kleine, weiße Babyratte. Bau eine Art Käfig um den Stromkasten und wirf die Ratte rein.« Unsere Sachen standen bereits gepackt an der Eingangstür. Ich half Molly beim Aufstehen.

»Und sorg dafür, dass die Ratte nicht abhauen kann.«

Mia sah verwirrt aus. Wir blieben in der Tür stehen und Molly drehte sich genervt um.

»Irgendwann wird die Schlange schon Hunger kriegen. Sie ist in die verdammte Box reingekommen, also wird sie es auch wieder rausschaffen.« Molly war der befehlshabende Offizier, weil sie solche Probleme lösen konnte.

Ein neuer Mitarbeiter trug unser Gepäck zum Bürgersteig und wir stiegen in unsere Schrottkiste von einem Dienstwagen, einen Jahrzehnte alten, türkisfarbenen Ford Falcon der ersten Generation mit Dreigang-Handschaltgetriebe. Die Straßen Richtung Süden war relativ leer.

»Fahr verdammt noch mal schneller«, zischte Molly mich an. Wehe Nummer zwei.

»Nein. Mein Vater hat mir beigebracht, genau sieben Meilen über der Geschwindigkeitsbegrenzung zu fahren.«

»Scheiß auf deinen gottverdammten Vater!«

»Na, das wär doch mal was ...«

Ich kurbelte das Fenster herunter. Die geringe Luftfeuchtigkeit war sehr angenehm. Ich fragte mich, wie meine Eltern mit ihren Freunden über mich redeten. Sie hatten nicht vielen Leuten erzählt, dass ihr Sohn in eine Sekte eingetreten war – so nannten sie es immer, sie sagten nie Scientology. Ich habe keine Ahnung, wie sie unsere gelegentlichen Besuche erklärten, bei denen wir in zusammengewürfelten Marineuniformen auftauchten.

Oh Mann! Wir bekamen ein Kind!

Ich fuhr in die Einfahrt, die ich schon mein ganzes Leben kannte. Mom und Dad kamen, so schnell sie konnten, aus der Hintertür gerannt, verglichen mit früher waren sie jedoch deutlich langsamer geworden. Sie waren vollkommen verrückt vor Freude. Für meine jüdische Familie ging ein Enkel über alles. Molly erlaubte meiner Mutter, sie schnell ins Haus zu bringen, wo ein Zimmer vorbereitet worden war, in dem sie sich hinlegen konnte. Meine Mutter konnte Molly nicht leiden, aber sie erfüllte ihre mütterlichen Pflichten und in jeder ihrer Bewegungen war die Freude auf das Enkelkind zu erkennen.

Mein Vater klopfte mir auf den Rücken.

»Tut mir leid, Sohn«, sagte er mit Enttäuschung in der Stimme. »Es wird ein Mädchen. Ich erkenne das am Bauch.« Er zog mich beiseite, legte mir den Arm um die Schultern und sagte leise: »Versuch es einfach immer wieder, dann wirst du auch irgendwann Söhne bekommen.« Aber die Aussicht auf eine echte Enkeltochter übertrumpfte letztlich sogar die Enkelsöhne der Zukunft und mein Vater grinste von einem Ohr zum anderen. Wir lächelten alle, bis auf Molly, die sich Grimassen ziehend durch die nächste Wehe arbeitete. Die Wehen kamen noch in relativ großen Abständen, aber regelmäßig. Da saßen wir also gemeinsam im Haus und hatten uns nichts zu sagen. Meine Eltern waren *Wogs* und Scientologen haben *Wogs* nicht sonderlich viel zu sagen, abgesehen von: »Möchten Sie einen Persönlichkeitstest machen?«

Ticktack machte die Opa-Standuhr meiner schlaflosen Kindernächte. Der alte Schlivick hatte sie uns zum letzten Weihnachtsfest geschenkt, kurz bevor mein Vater ihn verlor. Die Uhr war zu hoch für die abgehängte Decke unseres Wohnzimmers gewesen, also ließ mein Vater meinen Bruder ein Loch in die Decke sägen. Das Oberteil der Uhr verschwand auf unheimliche Weise in der Decke, genau unter meinem Zimmer. Der Westminsterschlag des verdammten Dings ertönte alle Viertelstunde. Irgendwann zu der Zeit, als ich aufs College ging, hatten die Glockenschläge angefangen, in falscher Reihenfolge zu schlagen. Zur vollen Stunde schlug die verrückt gewordene Uhr viertel nach, dafür ertönten dann fünfzehn Minuten vor der vollen Stunde alle vier Westminsterschläge in falscher Sequenz, gefolgt von lauten, langen, tiefen Dongs – ein Dong für jede Stunde. Als ich klein war, ging ich abends kurz vor zehn ins Bett und hörte das Dröhnen der Dongs um zehn, elf und zwölf, die gleichzeitig den Boden zum Beben brachten.

*

An dieser Stelle würde mein Bruder, der vor mir in dem Zimmer gewohnt hatte, mich unterbrechen und korrigieren. Er würde sagen, dass die Glockenschläge gedämpft wurden und kaum zu hören waren. Und er hätte recht. Dazu sollten Sie wissen, dass mein großer Bruder vor zwei Jahren gestorben ist, als ich gerade mal knapp die Hälfte dieses Buches geschrieben hatte. Sein Tod hat mich ziemlich mitgenommen. Ich fing wieder an zu rauchen. Alans Tod hat auch für Sie

Auswirkungen, weil mein Faktenprüfer nicht mehr da ist. Denken Sie also daran: *Unterdrückerische Personen lügen immer.*

Alan wusste nicht viel über mein Leben bei Scientology und auch nicht über mein Leben danach. Von dem Tag meines Eintritts bei Scientology bis zu der Woche, in der unsere Mutter starb, hatten wir kaum Kontakt. Ich glaube, dass es ihm, obwohl er nicht homophob war, den Magen umgedreht hat, seinen kleinen Bruder in einem Kleid zu sehen. Ich vermisse ihn. Ich vermisse es, einen großen Bruder zu haben, der diejenigen verprügelte, die mich ärgerten. Ein Arzt verlor Alan wegen einer Fehldiagnose. Er starb langsam, qualvoll, unerwartet und jetzt gibt es einen Krater, wo früher die Familie war. Ich bin der letzte Mohikaner. Zurück zum Abend vor Jessicas Geburt: Molly, meine Eltern und ich saßen im Wohnzimmer und hatten uns nichts zu sagen.

Ticktack, ticktack.

Mollys Mutter sollte am nächsten Tag aus Denver einfliegen. Jetzt saßen wir also schweigend zu viert im Wohnzimmer und sahen eine Folge der Krimiserie *McMillan and Wife*. Meine Eltern saßen auf der Couch, Molly und ich hinter ihnen. Der Fernseher leierte vor sich hin, bis Molly und ich es nicht länger aushielten. Wir sagten meinen Eltern, dass wir ein bisschen Zeit für uns bräuchten, um den Thetan zu begrüßen, der Jessicas Körper in Besitz nehmen würde. Entgeistert starrten sie uns an. Sie hatten ja keine Ahnung, dass Thetane sich in der Nähe des ungeborenen Babys aufhalten, das sie sich ausgesucht hatten. *Wogs* ... was soll man bloß mit ihnen anfangen?! Wir entschuldigten uns und gingen ins Kino und sahen uns *Leben und sterben lassen* an, mit Roger Moore als James Bond.

Dank Mollys schwangerer Plumpheit fühlte ich mich wie ein Mann und ich sah auf jeden Fall auch aus wie ein Mann. Bei einer Größe von ein Meter achtzig wog ich einhundert Kilogramm, trug lange Koteletten und einen Schnurrbart, der rechts und links meiner

Oberlippe noch etwa einen Zentimeter nach unten wuchs. Ich sorgte dafür, dass ich dick und beschnurrbartet blieb, damit ich mich im Spiegel auf keinen Fall als Mädchen sehen konnte. Ich wusste genau, dass ich der Versuchung nicht würde widerstehen können, ein Kleid anzuziehen, sobald ich glaubte, dass ich darin gut aussehen würde.
Die Abstände zwischen Mollys Wehen wurden immer kürzer. Wir saßen in einem Pärchensessel in der ersten Reihe einer Loge des St. James Kinos. Es war dasselbe Kino, das mein Bruder geleitet hatte, als ich jung war. Während ich mir den Film ansah – den Arm um meine Frau gelegt, ihr Kopf auf meiner Brust und unser Baby in ihrem Bauch –, sah ich mich als die Tarotkarten legende Schönheit namens Solitaire, gespielt von Jane Seymour. Ich hatte mir keine Karten mehr gelegt, seit ich Scientology beigetreten war, weil das als *Squirrel*-Technologie angesehen wurde. Dieser Begriff schließt alle nicht-scientologischen Ansätze ein, die sich mit dem Verstand oder dem Geist beschäftigen. Während ich Jane Seymour auf der Leinwand zusah, dachte ich darüber nach, wieder zu hungern und mir Schnurrbart und Koteletten abzurasieren.

*

Am nächsten Morgen um fünf Uhr waren wir alle in Kittel und Maske im Kreißsaal des Fitkin Memorial Hospitals. Ich erklärte allen Anwesenden das oberste Prinzip einer scientologischen Geburt: Es durfte kein Wort gesprochen werden. Es ist ein scientologischer Glaube – und teilweise auch ein Aberglaube von mir bis zum heutigen Tag –, dass die gesprochenen Worte während einer Geburt sowohl für die Mutter als auch für das Baby ein physisch ohnehin traumatisches Ereignis noch erschweren können.
Ich erklärte, dass Scientologen glauben, unser unbewusster Verstand schalte sich ein, wenn man Schmerzen hat oder ohnmächtig ist.

Dieser unbewusste Verstand speichert alle Wahrnehmungen. Im späteren Leben können sie wieder hochkommen und einen verfolgen. Stellen Sie sich zum Beispiel vor, Sie sehen ein Neugeborenes und sagen: »Wow, guck mal, wie dick sie schon ist.« Theoretisch könnte das später dazu führen, dass dieses Mädchen sich immer dick fühlt, egal wie viel sie wiegt.

Die Ärzte, Assistenten und Schwestern waren überraschend herzlich, selbst der geschwätzige alte Griff Grimm. Er und meine Mutter waren eng befreundet und hatten schon oft ordentlich gemeinsam gefeiert. Immer wenn ich einer meiner Geliebten erzählte, dass er ihr, als die Wehen einsetzten, eine Karaffe voller Martini mitgebracht hatte, die sie während der Geburt leerte, nickte jede einzelne von ihnen, als wäre damit alles gesagt.

Die Entbindung dauerte zwei wortlose Stunden, dann kam Jessica zur Welt. Dr. Grimm brach die Friedhofsstille mit denselben Worten, die er bei meiner Geburt gesagt hatte:

»Willkommen auf dieser Welt, Schätzchen, willkommen.«

Scheiß drauf, dachte ich. Sollte das Unterbewusstsein meiner Tochter ihr irgendwann irgendwelche Worte vorspielen, dann bin ich froh, dass es Willkommensworte sein werden.

Molly, Jessica und ich verbrachten die folgende Woche zusammen mit Mollys Mutter im Haus meiner Eltern. Dank der Kochkünste meiner Mutter wurden Molly und ich noch dicker. Am Ende der Woche fuhren wir zurück in die Stadt und kehrten in unser Leben in der New Yorker Sea Org zurück.

Kapitel 10
Familienvater

Wir schreiben das Jahr 1952, vielleicht auch 1954: Ich liege bäuchlings vor der Garage, in dem das Auto meiner Mutter steht. Ich war immer noch ein dünnes, kleines Kind und machte mich so lang, wie ich konnte, Arme und Beine so weit wie möglich ausgestreckt. Die grauen Kieselsteine bohrten sich in meine Wange, Arme, Knie und Handflächen. Ich gab alles, um nicht verlassen zu werden. In der Garage saß meine Mutter am Steuer ihres türkisfarbenen, zweitürigen Crosley Coupé von 1947, den sie Lambie getauft hatte. Dahinter lag ich, ausgestreckt in der Ausfahrt als Stillleben eines Wutanfalls.

Meine Mutter hatte keine Chance, den Wagen aus der Garage zu fahren, ohne mich zu überrollen. Sie vergötterte mich und verbrachte gern Zeit mit mir. Aber sie war auch eine ruhelose, junge Schönheit, die zwei Jungs aufzuziehen hatte. Sie kurbelte das Fenster herunter und rief nach meinem Bruder.

»Alan, komm her und hol deinen Bruder aus der Einfahrt!«

Mir blieben noch zwei oder drei Minuten, bis er aus dem Haus stampfen und mich von dem Schotter auf den feuchten, frisch gemähten Rasen schleifen würde. Ich hörte das Schlagen der Hintertür und seine absichtlich lauten Schritte, als er die Holztreppe der Veranda hinunterlief. Er hatte keine Lust darauf. Er war elf oder zwölf Jahre alt, vielleicht dreizehn, so dünn wie ich, aber viel größer. Er hatte Besseres zu tun, als seinen Bruder aus der Einfahrt zu zerren. Jetzt lief er schon über den feuchten Rasen. Ich hörte das Knirschen seiner Schritte, als er, den Schotter überquerend, auf mich zukam. Ich lag mit dem Gesicht auf den Kieseln und mir blieb nur noch eine Option. Einen Moment lang herrschte Stille und dann ...

»Mom, er hält wieder die Luft an!«

»Kitzle ihn, Alan.« Sie drehte den Schlüssel im Zündschloss und startete den zweizylindrigen Motor des Crosleys. Der Wagen klang wie ein Außenbordmotor.

»Er wird ganz blau, Mom.«

»Kitzeln, Alan, ich bin spät dran.«

Alan ging auf meine Rippen los. Ruckartig wich die ganze Luft aus meinen Lungen und wurde zu einem lauten Schrei voller Wonne und Schmerz. Ich schnappte nach Luft. Von den Abgasen des Autos wurde mir übel, was in Verbindung mit der Kitzelei keine günstige Kombination war.

»Ach Mom, jetzt kotzt er gleich.«

»Hör mit dem Kitzeln auf!«

Ich war erschöpft und lag schlaff auf dem Schotter. Alan packte mich bei den Fußgelenken und zog mich auf den frisch gemähten Rasen. Mom legte den Gang ein und fuhr aus der Garage. Fix und fertig vom Gekitzeltwerden, Schreien, Treten und dem Geheule, fühlte es sich jetzt gut an, die Wange auf dem kühlen, feuchten Gras abzulegen. Es war vorbei. Sie war weg und ich war allein. Jetzt konnten sie mich holen – die Monster, Dämonen, der Teufel persönlich ...

»Albert, alles okay?« Mein Bruder kniete sich neben mich. Er würde so lange da hocken bleiben, bis mein Anfall vorbei war.

»Ich hasse das«, konnte ich nur sagen.

»Ich weiß. Komm rein, wir spielen mit deinen Soldaten und essen Kartoffelchips.«

»Bin ich böse?«

»Der Böseste von allen. Na komm schon, Kleiner.«

Also ja: Ich habe da so meine Probleme mit dem Verlassenwerden, wie die meisten Leute mit einer Borderline-Persönlichkeit.

*

Dezember 1976, Herald Square, Manhattan: Jessica war zweieinhalb Jahre alt, das perfekte Alter für Weihnachten in New York City.

Als Scientologen feierten wir Weihnachten wie einen weltlichen Feiertag. Es bot die Gelegenheit, sich eine schöne Zeit zu machen, zumal das im Sinne aller war. Weihnachten war bei der Sea Org insofern etwas Besonderes, als dass man einen Tag lang von der Angst befreit war, bei seinem Job etwas falsch zu machen. Weihnachten war die Zeit, in der man ohne Titel und Rang entspannen konnte. Man konnte sich der Liebe widmen, sich bis zur Bewusstlosigkeit betrinken oder beides. Und auch für uns war Weihnachten die Zeit der Geschenke, egal wie pleite wir waren. Als Kind hatte ich gelernt, dass man mit Geschenken zeigt, wie sehr man jemanden liebt, und dass Geschenke einem selbst zeigen, wie sehr man geliebt wird.

Als ich aufwuchs, heimste mein Vater immer die meisten Geschenke ein. Jeder liebte ihn. In den Fünfzigern und Sechzigern nahmen die hohen Stapel mit seinen Geschenken eine ganze Wand des Wohnzimmers ein. Wir begannen mit dem Öffnen seiner Geschenke direkt nach dem Abendessen und wurden damit immer erst lange nach unserer gewohnten Schlafenszeit fertig. Er bekam Geschenke von uns, seiner liebenden Familie, aber auch von Patienten, Kollegen und Verwandten, von denen wir meistens nur zu Weihnachten etwas hörten.

Der Heilige Abend war klar geregelt. Mein Vater saß in seinem roten Lehnsessel und nippte an seinem Wild Turkey Bourbon. Mein Bruder und ich rissen seine Geschenke auf. Meine Mutter notierte auf einem gelben Block, wer Dad was geschenkt hatte, weil sie später die Danksagungen schreiben würde. Mein Vater bekam jedes Jahr locker hundert Geschenke. Sehr viel Liebe ...

L. Ron Hubbard erhielt Tausende von Geschenken.

Innerhalb weniger Monate, nachdem wir unsere Sea-Org-Niederlassung aufgebaut hatten, wurden ähnliche Zentralen auf allen Kontinenten gegründet, überall dort, wo es Scientology-Orgs gab.

Um die Weihnachtszeit veränderte sich unser Aufgabenbereich. Die Priorität verlagerte sich von der Leitung der Orgs auf die Versendung der Weihnachtsgeschenke für den Alten auf das Schiff. Die Scientologen verschickten ihre Geschenke für Ron über die nächstgelegene Flag-Einheit an Land, weil niemand den Aufenthaltsort des Flaggschiffs kannte. Selbst wir kannten ihn nicht, aber wir wussten, wer es wusste. Im New Yorker Bezirk Queens gab es eine Verteilerstation, die sich um die Verschiffung und den Empfang kümmerte. In dem Monat vor Weihnachten kamen in unserem Büro Hunderte und Aberhunderte von Geschenken aus den östlichen USA und Kanada an. Eine Woche vor Weihnachten mussten alle mit anpacken, um die Geschenke in größere Pakete zu verstauen, die wir dann zu dem geheimen Stützpunkt der New Yorker Verteilerstation brachten.

Für die Verschickung von Rons Weihnachtsgeschenken wurden alle drei New Yorker Flughäfen genutzt. Wir hätten auch alle Pakete über den LaGuardia Airport versenden können, der nur eine halbe Stunde entfernt war, aber dieses Muster hätten Spione leicht erkennen und somit auch irgendwann das Flaggschiff lokalisieren können. Also nahmen wir zwei Stunden zusätzlicher Fahrtzeit zu den anderen beiden Flughäfen in Kauf. Zu den Aufgaben jedes Mitglieds der Sea Org gehörte es, für die Sicherheit und Zufriedenheit von Ron, seiner Frau Sue und ihren vier Kindern zu sorgen.

Hubbards Kinder hießen, in der Reihenfolge ihrer Geburten, Diana, Quentin, Suzette und Arthur. Alle vier waren rothaarig, wie ihre Eltern. Diana Hubbard, mindestens so schön und charismatisch wie Großbritanniens Prinzessin Diana, arbeitete als Rons Sonderbotschafterin für die nicht-scientologische Öffentlichkeit, die sie niemals *Wogs* nannte. Quentin war ein hochqualifizierter spiritueller Berater, ein sogenannter Auditor. Suzette Hubbard erfüllte merkwürdige Aufgaben innerhalb der Sea Org und arbeitete sogar eine kurze Zeit an Land bei der New Yorker Verteilerstation. Arthur war ein Künstler, der Cartoons zeichnete. Alle Familienmitglieder schrieben eine Liste mit Geschenken, die sie für den Rest der Familie besorgt haben wollten. Da wir in New York waren – die Stadt, die alles hat – musste unsere Zentrale den Großteil der Hubbardschen Weihnachtseinkäufe erledigen.

Ihre Listen schickten uns zum Beispiel nach Greenwich Village, wo wir in einem Restaurant Pizza kaufen sollten, deren Betreiber »ganz-ganz-ehrlich« behaupteten, das allererste Ray's-Pizza-Restaurant zu besitzen. Auf den Hubbardschen Geschenkelisten fanden sich außerdem Bekleidung von Saks Fifth Avenue, Filet mignons vom besten Fleischer aus dem Meatpacking District und Seefahrtausrüstung von Kaufman's Army and Navy auf der West 42nd Street. Da alle Hubbards fast immer an Bord des Schiffes lebten, wurden nur sehr selten größere Gegenstände angefordert, aber fast immer handelte es sich bei ihren Bestellungen um das Beste vom Besten: die besten Musikanlagen, die besten Diamanten, Transistorradios und Taschenrechner.

Zu Weihnachten dekorieren die meisten New Yorker ihre Viertel um. Lichterketten, Glöckchen, Sterne und Weihnachtsmänner schmücken die Straßen der Stadt, die zum Verweilen einladen. In einer New Yorker Straße, die an den Festtagen nicht herausgeputzt wurde, hielt man sich in den Siebzigern nicht ohne persönliche Einladung auf. Wir wohnten in einer der düsteren Straßen am Greely Square, südlich und östlich der vornehmeren Gegend am Herald Square. Hier erleuchteten Macy's und Gimbel's, die beiden größten Kaufhäuser der Stadt, die Straße. Beide Geschäfte protzten vor ihren Haupteingängen mit zwei Stockwerke hohen Weihnachtsbäumen und präsentierten an gut sichtbarer Stelle ihre hell und farbenprächtig beleuchteten Weihnachtskrippen. Beide Jesuskinder waren weiß, wie auch jeweils Maria und Josef. Alle Engel waren rotwangige Blondchen. Die Schäfer und einer der Heiligen Drei Könige waren dunkelhäutig.

Dank der Weihnachtseinkäufe für die Hubbards konnten wir dem deprimierenden Hotel Martinique entfliehen und stürzten uns in die bunte Welt der Festtagsbeleuchtungen und Schaufenster. Ach, welch Wunderland, welch Sirenengesänge. Jessica saß dabei immer auf meinen Schultern. Einen Abend spazierten wir die zwei Blocks nach Norden, um uns dort für zwei Stunden vor den Schaufenstern und Fantasiewelten von Macy's und Gimbel's zu verlieren. An einem anderen Abend schlenderte ich mit ihr die Fifth Avenue entlang, wo alle Geschäfte ihre schillerndsten Verkleidungen angelegt hatten. Mein Ziel war das FAO Schwarz, damals der größte Spielzeugladen der Stadt an der Ecke 59th und 5th Avenue, ganz in der Nähe von Tiffany's. Heutzutage stehen die Menschen ungeduldig in einer Schlange hinter roten Absperrseilen aus Samt, um dann schnell an den fabelhaften Festtagsschaufenstern der Fifth Avenue vorbeilaufen zu dürfen. In den Siebzigern wurden die Menschenmassen noch nicht eingewiesen, außerdem waren die Leute meistens geduldig und freundlich zueinander. Jessica und ich schafften es immer durch die Menge bis zu den Schaufenstern. Ich trug schließlich nicht nur einen langen Marinemantel mit passender Kappe, sondern auch ein extrem süßes, zweijähriges Mädchen auf meinen Schultern. Für uns teilten sich die Menschenmengen, wobei es nicht schadete, dass ich ein mächtiger Thetan war und genau dies beabsichtigte. Jessica quietschte und jubelte vor Freude über die Elfen, Eisenbahnen, Barbies und Prinzessinnen. An diesem Tag waren wir ohne Molly unterwegs, die gerade bei Tiffany's weitere Geschenke für die Hubbards besorgte.

»Das da will ich haben, Daddy.« Jessica hatte einen Arm um meinen Kopf geschlungen. Der Finger vor meinem Gesicht zeigte auf ein Puppengeschirr mit Dornröschenmotiven. »Sag Santa, das will ich!«

»Kannst du ihm selbst sagen. Wir gehen auf dem Heimweg bei Macy's vorbei, da wird er bestimmt sein.«

»Was? Santa ist auf der anderen Straßenseite?«

»Jede Wette, Schatz. Aber der Commodore hat Vorrang.«

Mit Jessica immer noch auf meinen Schultern sitzend, betrat ich das FAO Schwarz, wo ich sechs Automodellbausätze für Arthur und sechs Flugzeugmodellbausätze für Quentin kaufte und zwar nicht einfach irgendwelche. Sie hatten genau angegeben, welche Autos und Flugzeuge es sein sollten, und es dauerte eine ganze Weile, sie in den Regalen zu finden. Jessica weinte, als wir den Laden verließen.

»Was ist los, Kleines?«

»Der Weihnachtsmann weiß nicht, dass ich das Puppengeschirr haben will! Er wird's mir nicht bringen.«

»Da wäre der Weihnachtsmann ja wohl ein riesengroßer Blödi, wenn er dir nicht besorgt, was du dir wünschst!«

Sie sprach in *Trauer* (0,5), also schoss ich zurück mit *leicht abgemilderter Wut* (1,5). Durch den Lärm der Weihnachtseinkäufer hörte ich Jessica hinter meinem rechten Ohr kichern. Scientology funktioniert, dachte ich mir.

»Halt dich gut fest, Schatz«, sagte ich. Wir waren spät dran und ich trug in beiden Händen Einkaufstüten. Jessica lehnte sich nach vorn und umschlang meinen Kopf, indem sie ihre Hände fest vor meiner Stirn verschränkte. Wir fuhren mit der U-Bahn zurück zum Herald Square und schafften es gerade noch rechtzeitig in die Weihnachtsmannschlange, bevor sie geschlossen wurde. Ich habe ein Foto von Jessica, wie sie auf dem Schoß des Weihnachtsmanns sitzt und sich das Dornröschen-Puppengeschirr wünscht, das dann einige Tage später tatsächlich für sie unterm Weihnachtsbaum lag.

Es war schon spät, als ich meine Tüten mit Hubbardschen Weihnachtsgeschenken ins Büro des Hotel Martinique brachte. Dort hatte jemand warmen Kakao gemacht, also tranken Jessica und ich vor dem Heimweg ins Walcott noch eine dampfend heiße Tasse. Als wir wieder hinausgingen, schneite es. Es war Jessicas erster Schnee und sie hörte gar nicht mehr auf zu lachen. Es war unser letztes Weihnachten am Herald Square. Wir standen kurz vor dem Umzug von Org und Flag-Zentrale in die gleichermaßen heruntergekommene Upper West Side.

*

Im Jahr 1975 stand New York City kurz vor dem Bankrott. Die Stadt konnte ihre Rechnungen für die Abfallbeseitigung nicht mehr bezahlen, weshalb der Müll bergeweise an den Gehwegen lag. Lichtgestalten in dieser düsteren Zeit waren Gouverneur Hugh Carey und der Generalbundesanwalt Elliot Spitzer, der damals für die Aufdeckung eines Betruges im Zusammenhang mit *Medicaid*, dem Gesundheitsdienst für Bedürftige, gefeiert wurde. Einige Mietsherren hatten Geld von der Stadt eingestrichen auf Kosten alter, pflegebedürftiger Menschen, die bei ihnen untergebracht waren.

Die ganze Kontroverse drehte sich vor allem um zwei benachbarte Wohnhäuser, die von der Stadt und dem Staat New York subventioniert wurden und als Heim für ältere Obdachlose gedacht waren. Die Zustände waren schockierend. Patienten schliefen auf Linoleumböden und wurden von der Belegschaft mit Katzenfutter ernährt. Viele Patienten waren inkontinent, sauber gemacht wurden sie und die Räume aber nur selten. Die Hausbesitzer wurden zu Gefängnisstrafen verurteilt, ihre Gebäude versteigert. Scientology nutzte die Gunst der Stunde und kaufte gleich beide Häuser. Unsere Gegend am Greeley Square war in den letzten Jahren schrecklich heruntergekommen. Die Information über den Umzug zur Upper West Side kam mit einem Flag-Befehl.

Ungefähr zwanzig Mitarbeiter brauchten über zwei Wochen, um das Chaos in den Pflegeheimen zu beseitigen. Selbst die extrem starken Pfefferminz-Geruchshemmer konnten anfangs den Gestank nach Urin, Fäkalien und vergammeltem Katzenfutter nicht überdecken.

Zum Glück war Frühling und wir konnten alle Fenster der Häuser aufreißen. Dann war der Geruch endlich verschwunden und die Gebäude blitzten nur so vor Sauberkeit. Einige Lastwagenladungen später bezogen wir unsere neuen Quartiere: Empfangs- und Büroräume der Sea Org im östlichen Gebäude, die New Yorker Org und das New Yorker Guardian Office im westlichen.

Im Flag-Befehl stand auch, dass Molly als befehlshabender Offizier zu ersetzen sei. Sie war für eine Fortbildung des Guardian's Office in Los Angeles vorgesehen, wo später ein Führungsposten auf sie warten würde. Das Guardian's Office, auch GO genannt, war ein Vorläufer des heutigen Office for Special Affairs (OSA), dem Geheimdienst von Scientology. Seine Aufgabe lässt sich mehr oder weniger wie folgt zusammenfassen: Sie hatten dafür zu sorgen, dass Psychiater, Psychologen, Reporter, feindliche Autoren, Verräter und andere unterdrückerische Personen nach allen Regeln der Kunst attackiert und fertig gemacht wurden. Molly hatte sich bereits Monate zuvor für die Versetzung beworben. Mir hatte sie nichts davon erzählt. Nach einem Verlust fühlte es sich nicht an, als ich es erfuhr.

Wir hatten seit über einem Jahr keinen Sex mehr gehabt. Wir waren immer dicker geworden und nur kurz vor der Fettsucht. Wir sprachen nie darüber, außer als sie am folgenden Tag für ihre Abreise nach Los Angeles packte. Freunde waren wir auch nicht mehr so richtig. Wir respektierten einander, aber es gab keine romantische oder sexuelle Energie mehr zwischen uns. Wir stritten uns und beruhigten uns wieder. Jessica würde bei mir in New York bleiben. Mollys Ausbildung würde ihr keine Zeit für Jessica lassen. Im Taxi hielten Molly und ich uns bei der Hand. Egal wie sehr wir uns auseinandergelebt hatten, wir weinten beide um die guten alten Zeiten. Sie wollte in ungefähr zwei Jahren zurückkommen.

Das Taxi setzte uns ab und wir betraten den Flughafen. Jessica saß auf meinen Schultern. Wir brachten Molly bis zu ihrem Gate und warteten gemeinsam, bis das Zeichen zum Boarding gegeben wurde. Damals konnte man noch einfach jemanden bis zum Gate bringen, um sich zu verabschieden. Keine Security, stellen Sie sich das mal vor. Am Fenster stehend, winkten Jessica und ich Mollys Flugzeug hinterher.

Die zwei Jahre alte Jessica und ich fuhren zurück in die Stadt. Sie weinte und ich war nicht in der Verfassung, die Tonskala anzuwenden, weil ich selbst weinte. Ich bat den Fahrer, uns an der Ecke Broadway und 72nd Street am Gray's Papaya abzusetzen, nur einen kurzen Spaziergang über sechs Blocks entfernt von unserem neuen Quartier. Hot Dogs und ein Kokos-Shake wurden zu unserem Ritual. Ob Sonne oder Regen: Wenn meine *Stats*-Kurve in den folgenden zwei Jahren nach oben zeigte, aßen Jessica und ich zum Ende der Geschäftswoche am Tresen des Gray's Papaya zu Abend.

*

Sonnabende waren die einzigen Tage, die man vollständig mit den Kindern verbringen konnte, und das auch nur, wenn die *Stats*-Kurve nach oben zeigte. Freie Tage mit Jessica in Manhattans Upper West Side bedeuteten, je nach Jahreszeit und Wetter, eine wechselnde Kombination aus Besuchen im Naturkundemuseum, im Zoo des Central Parks, im Planetarium und auf dem Spielplatz. Regentage waren für Bücher reserviert. Jessicas Lieblingsbuch war *Der Wind in den Weiden*. Okay, wahrscheinlich war es mein Lieblingsbuch, weil ich die Welt auch so sah wie der durchgeknallte Kröterich Toad in seinem gelben Auto. Ich las ihr oft vor. Ich hatte immer schon ein Talent dafür, verschiedene Stimmen zu imitieren, zum Beispiel Goofy, den besten Kumpel von Mickey Mouse. Damit konnte ich Jessica immer zum Lachen bringen, was mir große Freude bereitete.

Wenn die *Stats*-Kurve nach unten zeigte, arbeitete man auch sonnabends, während sich ein Kindermädchen um das Kind kümmerte. Alle Kinder der FOLO im Alter von zwei bis zwölf Jahren wurden von Bernadette betreut. Uns Eltern wurde täglich nur eine Stunde mit unseren Kindern erlaubt, nach dem Abendbrot vor dem Schlafengehen.

Abgesehen von diesen beiden sonnabendlichen Ausnahmen – ein ganzer freier Tag bei steigenden *Stats,* eine Extrastunde bei fallenden – wurden die Kinder tagsüber von Bernadette betreut und aufgezogen. Jeden Abend holte ich sie nach dem Abendessen aus dem Kindergarten ab und brachte sie nach einer Runde Vorlesen ins Bett. Bernadette unterrichtete die Kinder in L. Ron Hubbards Grundlagen der Kommunikation und Lernmethoden. Als Drei- und Vierjährige gab mir Jessica jeden Abend einen Statusbericht. Und jeden Abend sang ich ihr zum Einschlafen *Frog Went A-Courting* vor. Sie sang so lange mit, wie sie ihre Augen offen halten konnte, und schlief dann ein.

Dieses wunderschöne Kindergesicht auf dem Kissen: Jeden Abend sah ich ihr fünf bis zehn Minuten beim Schlafen zu und versuchte, mir eine bessere Welt für sie vorzustellen als jene, die für mich vorgesehen war. Scientologen nennen das postulieren. Ein positives Postulat ist ein Wunsch, von dessen Wahrwerden man hundertprozentig überzeugt ist. Das tat ich jeden Abend, bevor ich leise das Zimmer verließ, um mich mit Kevin zu treffen. Wir waren Saufkumpels und dementsprechend verliefen die meisten Abende.

Meistens wusste ich nicht mehr, wie ich nachts nach Hause gekommen war. Ich war ein Black-Out-Trinker und wachte in meinem Bett auf, ohne zu wissen, wie ich es dorthin geschafft hatte. In der Regel war es jedenfalls mein Bett. Manchmal war es auch das Bett von Liz, deren Mann ebenfalls nach Westen abkommandiert worden war. Wir verbrachten einige Nächte pro Woche mit liebendem, heilendem und tröstendem Sex.

In den zwei Jahren von Mollys Abwesenheit liebte ich mich durch vier weitere Beziehungen mit anderen Frauen. Jede von ihnen war vernarrt in Jessica und mit allen konnte ich meine Rolle als Familienoberhaupt spielen. Mein Vorbild war Atticus Finch aus *Wer die Nachtigall stört*. Wenn ich schon nicht Scout sein konnte, wollte ich ein Daddy wie er sein. Während Mollys zweijähriger Weiterbildung in Los Angeles versuchte ich, mein Bestes als alleinerziehender Vater zu geben.

*

Karusselfahrten im Central Park, Weihnachtszeit auf der Fifth Avenue, Donnerstagabende im Gray's Papaya. Abgesehen von dem überwältigenden Gefühl der Liebe, das mich überkommt, wenn ich an Jessica denke, habe ich nur wenige konkrete Erinnerungen an unsere gemeinsame Zeit. Ich besitze weniger als ein Dutzend Fotos von ihr, bis sie vier wurde, noch weniger aus ihrer frühen Teenagerzeit. Sie schickte die Fotos als Weihnachtsgeschenke an meine Mutter, nachdem ich Scientology verlassen hatte. Wenn ich nach einem Bild in meinem Kopf suche, sehe ich sie auf dem Schoß des Weihnachtsmanns sitzen. Wenn ich mir ihre Stimme vorstelle, höre ich das Lachen eines kleinen Mädchens genau hinter meinem rechten Ohr.

Und jetzt kommt eine Erinnerung, die mich seit mehr als dreißig Jahren ständig begleitet: Anfang Juni 1978 rief Molly mich an und sagte mir, dass sie Jessicas vierten Geburtstag mit ihr in Los Angeles feiern wollte. Mir erschien das nur fair zu sein. Molly hatte Jessica seit fast zwei Jahren nicht mehr gesehen. Mit einem Taxi brachte ich Jessica zum LaGuardia Airport und ging mit ihr zum Gate des Fluges nach Los Angeles. Kniend umarmte ich sie zum Abschied. Eine lächelnde Stewardess nahm Jessicas Hand und brachte sie an Bord. Ich folgte ihnen bis zu Jessicas Platz und überzeugte mich davon, dass alles in Ordnung war und sie ihren Gurt angelegt hatte. Ich ging wieder auf die Knie und sie schlang ihre Arme fest um meinen Hals. Sie roch nach Johnson's Babyshampoo. Ich winkte, warf ihr eine Kusshand zu und verließ das Flugzeug.

Vom Gate aus beobachtete ich, wie das Flugzeug abhob und am Himmel verschwand, dann fuhr ich mit dem Bus nach Hause. Die mexikanischen Scheidungspapiere von Molly lagen zwei Wochen später auf meinem Schreibtisch. Ich sollte Jessica erst fünf Jahre später wiedersehen.

Kapitel 11
Aller guten Dinge

Der Kampf für das Gute in der Sea Org hatte mich zu dem guten Menschen werden lassen, der ich immer hatte sein wollen. Nach zehn Jahren treuer Dienste rund um die Uhr an jedem Tag der Woche war ich in absoluter Höchstform. Ich war ein vollwertiger Lieutenant Officer und in der gesamten Scientology-Organisation gab es nur fünfzig Personen mit höheren Rängen. Vor Kurzem noch Erster Offizier auf dem Flaggschiff, arbeitete ich jetzt, nur einige Jahre später, direkt mit dem Commodore zusammen und plante Strategien für die weltweite Öffentlichkeitsarbeit. Ich leitete einen ganzen verdammten Kontinent für sie, bis ich völlig zusammenbrach, nachdem ich mich monatelang mit Junkfood, Southern Comfort mit Coca Cola, Sex und Transenpornos durch die einsame Zeit nach Jessicas Verschwinden gerettet hatte. Mit meinen Statistiken ging es rapide bergab, bis ich kurzerhand von meinem Leitungsposten entbunden und in den Vertrieb versetzt wurde, wo ich wie Phönix aus der Asche wiederauferstand, diesmal stärker und strahlender als je zuvor.

Ich war ein begnadeter Verkäufer. Mein ganzes Leben lang hatte ich damit verbracht, die Menschen um mich herum zufriedenzustellen. Und was macht die Menschen zufriedener, als das Wahrwerden ihrer Träume?! Im Vertrieb von Scientology brachte man uns bei, den »Ruin«, den wunden Punkt einer Person, aufzuspüren. Was machte sie unglücklich und hielt sie davon ab, ihre Ziele zu erreichen? Ich konnte den Ruin jedes Menschen innerhalb von wenigen Minuten finden und ihm zur Lösung seines Problems in nicht mal einer Stunde Scientology-Dienste im Wert von mehreren Tausend Dollar verkaufen. Ich stellte ein grandioses sechsköpfiges Team zusammen, mit dem ich wöchentlich fast eine Viertelmillion Dollar erwirtschaftete.

Ich war in jeder Hinsicht meines Lebens ein echter Mann. Es ging immer um Geld, Geld, Geld. Was sind Ihnen Ihre Träume wert? Wie viel würden Sie ausgeben, wenn dadurch Ihre Träume wahr würden? Die Menschen brauchten, was wir hatten. Und wir brauchten ihr Geld und zwar den Großteil ihres Geldes, wenn nicht sogar alles.

In der Sea Org wusste jeder, dass die US-Regierung und die Wirtschaft jeden Augenblick zusammenbrechen konnten und – Zack! – das Ende der Welt, wie wir sie kannten, wäre gekommen. Dann würden wir einmarschieren und übernehmen. Für diesen Tag wurde eine Kriegskasse angelegt, weshalb L. Ron Hubbard abgesehen von seinen Buchtantiemen nur sehr wenig Geld der Organisation für sich in Anspruch nahm. Darüber hinaus ging jeder Cent in die Erhaltung, Verteidigung und Expansion der Organisation.

Bei Scientology verwendeten wir niemals das Wort »Verkäufer«. Wer Scientology-Dienste verkaufte, verwendete immer den angenehmer klingenden Euphemismus »Registrator«, oft mit »Reg.« abgekürzt. In der Sea Org wurde der Euphemismus noch mehr aufgeweicht und so gehörte ich in New York City zu einem internationalen Verkaufsteam namens Flag Service Consultants. Wir waren die am besten ausgebildeten Verkäufer bei Scientology und vertrieben nur die teuersten Dienste. Dabei handelte es sich um die höchsten Kursstufen der Organisation, die ausnahmslos auf dem Flaggschiff von dem qualifiziertesten Sea-Org-Personal der Welt erteilt wurden. In den späten Siebzigern nahm ich für Flag durchschnittlich zwanzigtausend Dollar pro Woche ein. Meine persönlichen Verkaufszahlen lagen oft zwischen fünfzigtausend und siebzigtausend Dollar, womit ich einer der Topverdiener der Sea Org war. Das wiederum brachte mir einen Status ein, den sie »Ethics Protection« nennen. Kurz zusammengefasst: Niemand durfte mir blöd kommen, ich konnte tun und lassen, was ich wollte. Da Jessica aus meinem Leben verschwunden war, gab es keinen Grund mehr, ein Mann zu sein. Ich war ein Thetan, sagte ich mir, und als solch ein geschlechtsloses Wesen traf ich die rationale Entscheidung, umzudenken. Ich begann zu erforschen, wie es war, ein Mädchen zu sein. Als Erstes hörte ich auf zu essen. Die ersten drei Tage zurück in die Magersucht sind die schwierigsten. Der Hunger schmerzt auf allen Ebenen: körperlich, geistig und spirituell. Wenn man diese drei Tage durchlitten hat, ist man auf der anderen Seite angekommen, wo man tausend Kalorien oder weniger am Tag zu sich nimmt und verdammt stolz ist auf seinen Entschluss, sein Durchhaltevermögen und das tägliche Purzeln der Kilos. Jungs verlieren schneller an Gewicht als Mädchen und so ließen sich schon innerhalb von zwei Monaten Knochen erkennen. Damit war mein Körper in meinen Augen so mädchenhaft wie nur möglich. Zum ersten Mal in meinem Leben hatte ich das Geld und die Freiheit, Kleidung für ein Ich zu kaufen, das theoretisch ein hübsches Mädchen sein konnte. Jahrelang hatte ich bewusst und unbewusst die New Yorker Frauen und ihre Mode studiert. Damals hätte ich es noch nicht so ausdrücken können, aber ich lernte in der Zeit, dass man immer gut aussehen kann, egal welche Figur man hat. Das ist die New Yorker Mode: Die Frauen hier wissen, wie man dafür sorgt, dass man gut aussieht. Die Erkenntnis, dass andere Menschen diese Fähigkeit, dieses Talent besaßen und diese Überlebensstrategie beherrschten, ließ mich hoffen. Vielleicht könnte auch ich es lernen und so sein wie die Dragqueens, jede Einzelne von ihnen eine der schönsten Kreaturen der Menschheit.

Ich hatte etwas Geld. Ich bedankte mich bei meinen Eltern für ihre zweijährige Unterstützung und sagte ihnen, dass ich jetzt selbst genug hatte. Bei 2,5 Prozent Beteiligung an meinen Verkäufen war das keineswegs übertrieben. Da blieb einiges an Taschengeld übrig, zumal alle Mahlzeiten und anderen Lebenshaltungskosten übernommen wurden. Molly und ihrem neuen Mann hatte ich Alimente für Jessica angeboten, aber sie hatten abgelehnt. Ich kenne kein Sea-Org-Mitglied, das damals Steuern zahlte. Die Bezahlung lag mit einem wöchentlichen Betrag von zwölf bis 15 Dollar weit unter der Mindestlohngrenze, aber nicht bei mir: Zum ersten Mal seit Jahren blieb mir Geld zum Ausgeben übrig.

Ich hatte also den Körper eines Mädchens und ich hatte das Geld, mich dementsprechend einzukleiden. Da Jessica weg war, hinderte mich nun nichts mehr daran, Lee G. Brewster's Mardi Gras Boutique ausfindig zu machen. Der Laden war die weltweit beste Quelle für Transenpornos, außerdem ausgestattet mit einer riesigen Auswahl an Frauenkleidern in Männergrößen. Bevor Lee in die größeren Räumlichkeiten im Meat Packing District zog, hatte sie ihren Shop in einer Zweizimmerwohnung auf der 10th Avenue, irgendeine Hausnummer in den Fünfzigern. Damals war ich es bereits gewohnt, durch städtische Kampfgebiete zu laufen. Ich klingelte. Aus dem Lautsprecher an der Haustür kam eine heißblütige Stimme.

»Zu wem wollen Sie?«

»Äh ... Mardi Gras?«

»Das bin ich. Komm rein.«

Der Türöffner summte und ich stieg die Steintreppen hinauf zu ihrem Laden. Auf dem Treppenabsatz des vierten Stocks stand ein wunderschöner Junge. Er musterte mich sorgfältig von oben bis unten und lächelte mich verschmitzt an.

»Schätzchen«, sagte er gedehnt, »ich war FBI-Agent, Damenimitator und heute bin ich ein Aktivist für Schwulenrechte. Ich dachte, ich hätte alles gesehen, aber was um Himmels Willen hast du denn da an? So eine Uniform habe ich ja noch nie gesehen und ich kenne mich ziemlich gut aus mit Männern in Uniformen.«

Schwulenrechte? Was war das denn? Die wunderschönen Augen dieses wunderschönen Jungen bohrten sich in meine, bis mir klar wurde, dass er mit mir flirtete. Ohgottohgott, was machte ich hier eigentlich? Mit niedergeschlagenen Augen murmelte ich etwas von Handelsmarine. Als ich wieder aufblickte, hatte Lees Gesicht seine

Freundlichkeit verloren. Er hatte sich in den professionellen Geschäftsinhaber verwandelt. Kunden wie mich gab es viele – Crossdresser, denen es zu peinlich war, über ihre heimliche Leidenschaft zu sprechen. Er hielt mir eine gut einstudierte Rede:
»Die erste Ladenregel lautet: Wenn du nicht reden willst, musst du nicht. Ich habe so ziemlich alles hier, wonach du möglicherweise suchen könntest. Probier nichts an, ohne mich vorher zu fragen. Wenn du deine Größe nicht findest, frag mich. Hier ist jeder Winkel mit Mädchenzeug vollgestopft. Sag Bescheid, wenn du Fragen hast.« Ihr Gesicht verschwand hinter dem Buch *Sissy, Schicksalsjahre einer Tramperin*, das ich auch gerade las. In ihrem Laden arbeitete Lee nicht in Frauenkleidern. Später erzählte sie mir, dass es die Kunden einschüchterte. Ihre Karriere als Dragqueen hatte in den 1960er-Jahren begonnen, zu der Zeit sagte man noch Damenimitator oder Frauendarsteller dazu. Nach den Stonewall-Unruhen 1969 hatte sie sich voller Trotz zur Dragqueen und Schwulenaktivistin ernannt. Ihr Geschäft zielte auf verkappte Fälle wie mich ab.

Ich lief durch ihren Laden wie Alice durchs Wunderland. Es gab Transenpornos jeder erdenklichen Art. Es gab Perücken, Schuhe und Make-up. Es gab Polster für Titten, Ärsche und Hüften sowie Korsetts für die Bäuche. Es gab endlos viele Regale mit Frauenklamotten, wovon die meisten in zwei Kategorien fielen: Kitschglamour oder Betty Ford. Heimliche Crossdresser aller Generationen haben sich in der Mode immer ein Vorbild an den Präsidentengattinnen genommen. Die Barbara-Bush-Jahre waren unerträglich.

Ich verbrachte eine Stunde mit der Erkundung des Ladens, kaufte aber nur Pornos. In dem Schlafsaal der Sea Org, wo ich jetzt wohnte, würde es schon schwierig genug sein, die Zeitschriften und Bücher zu verstecken. Platz zum Verstecken von Frauenklamotten gab es nicht, ganz zu schweigen von einem Ort, wo man sie hätte anziehen können. Ich hatte den Körper und das Geld für Klamotten.

Jetzt fehlte mir nur noch ein Ort zum Anprobieren, der geschützt war vor unerwünschten neugierigen Augen. Ich bin nicht pervers, sagte ich mir immer wieder. Ich war ein Thetan und Thetane haben kein Geschlecht. Ich erforschte nur meine Optionen, daran war nichts falsch.

*

Mein guter Freund Dave leitete das Netzwerk der Flag Service Consultants aus der Ferne von seinem Büro auf dem Flaggschiff aus. In den späten Siebzigern hatte L. Ron Hubbard seinen Wohn- und Arbeitsort auf eine gut versteckte, gut bewachte Ranch in der Wüste Südkaliforniens verlegt. Er umgab sich mit immer mehr Messengern, die von einer kleinen Einheit zu einer eigenen Org geworden waren. Einer von ihnen war der junge David Miscavige. Die Leitzentrale der Sea Org, ehemals an Bord des Flaggschiffs, hatte man jetzt in ein Hotel von verblichenem Glanz in einem schläfrigen Städtchen an der Golfküste Floridas verlegt.

Dave war einer von den Guten. Er war entspannt, unprätentiös und bereit, ein Auge zuzudrücken, solange die Statistiken der jeweiligen Filiale nach oben gingen. Er ließ uns so Geld verdienen, wie wir es für das Beste hielten. Für mich bedeutete das, dass ich zunächst einige Wochen in meinem Büro der New Yorker Flag-Zentrale arbeitete. Ich hatte allerdings herausgefunden, dass ich auf Reisen einen Haufen Geld machen konnte, und so wurde ich bald zum reisenden Registratoren. Ich verbrachte jeweils zwei bis drei Wochen hintereinander in Hotels in Toronto, Boston, Charlotte, Washington, D.C. und Miami. Meine Verkaufsstrategie war einfach. Sie lautete, so viel Geld wie möglich für die ansässige Org zu verdienen. Wenn ein Verkaufsgespräch darauf hinauslief, dass ein Scientologe entweder unsere Flag-Kurse oder die Dienste der lokalen Org buchen wollte, nicht aber beides, konzentrierte ich mich auf die Org, auch wenn dadurch meine persönlichen *Stats* nach unten gingen. Dave verstand die Investition. Das Management von Scientology achtete eher auf Trends als auf wöchentliches Steigen oder Fallen der *Stats*.

Ich war nach meinen eigenen Gesetzen in der Welt unterwegs. Es gab nur mich und ich sah keinen Grund, ein Mann zu sein. Die eigenen Hotelzimmer nutzte ich bei jeder Gelegenheit, um vor Ort gekaufte Frauenkleider anzuprobieren. Ich war vorsichtig genug, vor dem Verlassen einer Stadt alles wieder zu entsorgen, und entwickelte so die Gewohnheit, Crossdressing-Utensilien zu kaufen und wieder wegzuschmeißen.

Ich verdiente durchschnittlich zweihundert bis vierhundert Dollar pro Woche und hatte keine Ausgaben. Von meinem Taschengeld lud ich auch Mitarbeiter und Kunden zu einem Drink oder zum Essen ein. Einmal nahm ich sogar einen potenziellen Käufer mit in den Meat Packing District, um ihn dort flachlegen zu lassen. Er hatte gesagt, er würde mir keinen Cent geben, solange er noch Jungfrau sei. Ich bezahlte ein sauberes Hotelzimmer und gab dem Mädchen doppelt so viel, wie sie verlangt hatte, wofür sie mich mit einem Lächeln ansah, das sich echt anfühlte.

Männerkleidung kaufte ich mir, weil ich musste. Endlich dünn, brauchte ich eine Uniform, die mir passte, und zwar ohne billigen Schnickschnack. Ich hatte das Geld, um mir eine echte Offiziersmütze der US-Navy und eine goldene Kordel zu besorgen. In dem Uniformgeschäft ließ ich mir gleich das Emblem der Sea Org auf meine Mütze sticken. Ich war so gut gekleidet, dass ich im Spiegel ein Mädchen sah, das in der Marineuniform eines Mannes steckte. Ich kaufte schicke dreiteilige Anzüge, Hemden und ein paar Schlipse in Schwulenläden in Greenwich Village. Im Spiegel sah ich ein Mädchen in dem Anzug ihres Freundes.

✽

Weihnachtszeit in Manhattan, 1977: Es klopft an meine Bürotür.

»Verzeihung, Sir?«

Ich sah von meinem Schreibtisch auf. Ich war ein junger Johnny Depp in Uniform, die Hemdsärmel bis weit über die Ellbogen hochgekrempelt. In der Tür stand, halb drinnen, halb draußen, eine junge Frau in einer Sea-Org-Uniform, die so geschmackvoll war wie meine eigene. Sie war in ihren frühen Zwanzigern und hatte eine majestätische Ähnlichkeit mit Prinzessin Diana. Ich erhob mich und die Dame in ihr würdigte den Gentleman in mir.

»Wie kann ich Ihnen behilflich sein?«

»Sir, ich bin Unteroffizier dritter Klasse Elizabeth Mayweather Reilly die Dritte. Ich bin der neue Deputy Continental LRH Kommunikator und fülle meine Orientierungs-Checkliste zu den Mitarbeitern aus. Sie sind Offizier Al Bronstein?«

»Bornstein«, erwiderte ich lächelnd. Der Durchschnittsamerikaner hat fast immer Probleme mit meinem Namen.

»Bornstein«, wiederholte sie ohne entschuldigenden Unterton und prägte es sich ein.

»Willkommen in New York, Unteroffizier dritter Klasse Elizabeth Mayweather Reilley die Dritte. Wunderschöner Name.« Ihr Erröten war zauberhaft.

»Sie haben einen Montblanc-Stift, Sir?«

Becky stellte mir diese Frage von der Checkliste. Ein Jahr zuvor war sie der Sea Org in Philadelphia beigetreten und war gerade an unsere Zentrale versetzt worden. Die Orientierungs-Checkliste für neue Mitarbeiter ist eine Art Schatzkarte, die dazu dient, sich mit dem Büro und den neuen Kollegen vertraut zu machen. Sie schickt einen im Zickzack von einem Ende des Büros zum anderen und wieder zurück. Wenn man fertig ist, hat man alle Mitarbeiter kennengelernt.

Jedem Kollegen hat man eine vorgegebene Frage zu stellen und muss bei ihnen einen besonderen Gegenstand finden.

»Ich besitze in der Tat einen Montblanc-Stift.«

Sie sah auf ihre Checkliste und machte ein Kreuzchen, dann blickte sie wieder zu mir hinüber. Ihre smaragdgrünen Augen blitzten voller Entzücken und sie tänzelte in mein Büro. Wow!

»Der Stift, Sir?« Sie sah sich um, von meinem Schreibtisch zum Bücherregal, dann zum Aktenschrank. Von der anderen Seite des Büros konnte sie nicht viel erkennen. »Wo ist er?«

»Sie müssen ihn suchen, Mister Reilly. Das ist ja der Witz an der Sache.«

Sie zeigte auf meine Hosentasche und neigte dabei leicht den Kopf zur Seite. Mehr *Tinker Bell* ging nicht. Fast hätte ich laut aufgestöhnt.

»Kalt.«

»Darf ich mich umsehen, Sir?«

»Sie können alles tun, was Sie möchten, Mister Reilly.«

Sie errötete wieder. Wir erröteten beide. Sie begann, mein Büro zu durchsuchen. Ich tat so, als studierte ich eine Akte, während sie im Zimmer hin- und herlief. Ihr Körper war durchtrainiert wie der einer schlanken Katze. Ihre Arme waren dünn, aber trotzdem muskulös, wie meine. Später fand ich heraus, dass auch sie eine Essstörung hatte. Bei ihr war es Bulimie. Sie hatte meinen Tisch umkreist und stand genau hinter mir. Ich schwöre bei allem, was mir heilig ist, dass sie duftete wie eine Wiese an einem warmen Sonnentag. Sie zeigte auf meinen Posteingangskorb, der leer war bis auf den Stift.

»Da ist er.«

»Bingo! Und jetzt haben Sie eine Frage für mich?« Ich hing am Haken. Becky besaß das gleiche Charisma, mit dem Gott Mary Tyler Moore gesegnet hatte. Sie sah auf ihr Klemmbrett, dann wieder nach oben zu mir und runzelte ihre Stirn auf die süßeste Art und Weise, die ich jemals gesehen habe.

»Sie tragen Ihre Abzeichen nicht, Sir.«
»Recht haben Sie, UO Drei Reilly.«
»Becky. Sir.«
»Becky.«
Ich trug nur mein Hemd. Ich stand auf, durchquerte den Raum, zog meine exklusive blaue Uniformjacke an und drehte mich zu ihr um. Ich ergötzte mich an der Bewunderung, die in ihren Augen lag, als sie mich – ganz Johnny Depp – ansah. Wortlos zeigte sie auf die zahlreichen Abzeichen auf meiner Brust.

»Welches?«, fragte ich lachend und forderte sie mit einem Schulterzucken zu einer Berührung auf. Sie kam, ohne zu zögern, auf mich zu und legte ihren Zeigefinger auf ein blauweißes Abzeichen mit zwei Sternen.

»Genau das. Und was bedeutet es, Sir?«
»Al.«
»Und was bedeutet es, Al?«
»Es bedeutet, dass ich seit zwei Jahren Flag-Offizier bin, Becky.«

Sie lachte erfreut auf und notierte meine Antwort auf ihrer Checkliste. Dann besann sie sich und salutierte, um sich in aller Form zu verabschieden. Da ich ihren Gruß nicht erwiderte, stand sie eine Weile so da, die ausgestreckte Hand an ihrer Stirn.

»Heute Abendessen mit mir, Becky?«
»Es wär mir ein Vergnügen ... Al.«

Ich nahm sie zu Max's Kansas City mit, wo sie lachend auf die Dragqueens zeigte. Ich sagte ihr, dass ich die Queens schön fand, wenn auch nicht so schön wie sie. Nach dem Essen besorgte ich uns ein Taxi und wir fuhren zum Waldorf Astoria, wo ich uns ein Zimmer besorgte. Bein um Bein, Arm um Arm, Finger um Finger suchten und fanden wir uns, die ganze Nacht. Wir ließen einander lachen und weinen und stöhnen. Becky war die Frau, die ich am meisten sein wollte. Sex mit Becky ließ mich erahnen, wie es sein könnte, sie zu sein.

*

Mein Kumpel Dave hatte dafür gesorgt, dass Becky als Flag Service Consultant in mein Büro versetzt wurde, wo sie und ich schnell zu einem erfolgreichen Verkaufsteam wurden. Weil wir beide Charmeure waren, stellten die Leute uns einen Check nach dem anderen aus. Wir mussten nicht in den Quartieren der FOLO leben, weil wir streng genommen der Flag-Zentrale angehörten. Wir mieteten uns also eine Wohnung in Astoria, Queens und arbeiteten in unserem Büro in der West 74th Street in Manhattan. Für die Pendelei hatte ich uns ein Auto gekauft, einen feuerroten AMC Pacer. Der Wagen lag sehr tief, war fast rund und hatte viele Fenster. Sie war mein Raumschiff und ich liebte meinen Schatz wie der Kröterich *Toad* sein leuchtend gelbes Auto. Becky und ich hatten ein System entwickelt, bei dem ich meist allein auf Reisen ging, während sie in New York blieb und sich um die Telefonverkäufe kümmerte, die ich in den Wochen zuvor angeleiert hatte. Ich ließ mir meinen Schnurrbart wieder wachsen und nahm ein bisschen zu, aber nicht zu viel. Ich war stattlich, aber als dick hätte man mich nicht bezeichnet. Wenn wir unsere Uniformen nicht trugen, kleideten wir uns in modischeren Zivilklamotten. Unser Argument war, dass sich potenzielle Kunden wohler fühlten, wenn wir unsere Uniformen nicht anhatten. Da unsere Statistiken gut aussahen, bekamen wir grünes Licht und durften tragen, was wir wollten. Na ja, ich trug nicht alles, was ich wollte, aber mein Verlangen nach Frauenkleidern hielt sich in Grenzen. Becky und ich lebten zusammen wie zwei Schwestern, wodurch ich mich ausreichend als Mädchen und glücklich fühlte.

*

April 1979, im Rathaus von Philadelphia: Der Richter überflog die Scheidungspapiere, die ich ihm gereicht hatte. Es waren jene Dokumente, die Molly mir Jahre zuvor geschickt hatte. Er lachte laut auf.

»Junger Mann, das hier gilt ausschließlich in Mexiko und ist in den USA nicht rechtskräftig. Tut mir leid, aber Sie sind nicht geschieden und ich kann Sie nicht verheiraten, bis Sie es sind.«

Der Schlag kam aus dem Nichts und ich ging zu Boden, genauso wie Becky, der sofort die Tränen in die Augen traten.

»A-a-aber die Hochzeit ist dieses Wochenende«, stotterte ich.

»Es ist unser großer Tag«, flüsterte sie. »Alle, die uns lieben, kommen.«

Sie verwandelte sich in ein heimatloses Kind, alleingelassen in einem Sturm und mit Tränen in den Augen. Ich selbst habe mich oft in diese Rolle geflüchtet, was ein Teil meiner Borderline-Persönlichkeitsstörung war. Jedenfalls sah der Richter uns beide an und gab nach.

»Ach, was soll's. Ihr zwei beiden seht aus wie füreinander geschaffen.« Er kritzelte etwas auf unseren Antrag und machte ein paar Kreuze. »Ich werde eurem Glück nicht im Weg stehen.« Er stand auf und schüttelte uns über den Tisch hinweg die Hände. »Und danke für Ihre Dienste für unser Land.«

HA-HA! Wieder einmal hatten unsere Uniformen ihre Macht auf das Unterbewusstsein unter Beweis gestellt, genau wie vom Alten vorhergesagt, als er sie entworfen hatte.

*

Becky hatte gelogen, als sie dem Richter sagte, dass alle zu unserer Hochzeit kommen würden, die uns liebten. Meine Eltern kamen nicht. Mein Vater war zwar als Arzt offiziell in Rente gegangen, doch Heiler gehen nie wirklich in Rente. Er und meine Mutter verbrachten einen Monat in einem Indianerreservat in New Mexico, wo mein

Vater ehrenamtlich als Arzt arbeitete. Sie wohnten in einer Lehmhütte, allerdings hatte meine Mutter auf eine Innentoilette bestanden. Sie arbeitete als seine Sprechstundenhilfe und kümmerte sich um den ganzen Papierkram. Später erzählte sie mir, wie warm ihr ums Herz geworden war, als sie diesen Menschen half.

»Albert, sie waren auf so viele Arten so anders als wir.«

»Kate.«

»Kate.«

Mein Vater praktizierte als Arzt auf die einzige Art, die er kannte: als arroganter, unwirscher Griesgram.

»Sie nannten mich Großer Weißer Vater«, gab er vor mir und meinem Bruder an.

Alan erklärte ihm, dass das sarkastisch gemeint war, aber Dad wollte ihm nicht glauben.

Mom und Dad waren wirklich traurig, dass sie bei der Hochzeit in Philadelphia nicht dabei sein konnten. Sie vergötterten Becky. Mein Vater sagte mir immer und immer wieder, dass sie das süßeste Mädchen war, das er je getroffen hatte.

»Und klug, Albert. Eine Kluge hast du da!«

Meine Mutter umarmte mich fest und flüsterte fröhlich, dass ich eine echte Dame gefunden hatte.

»Und stark, Albert. Eine Starke ist sie!«

Die Hochzeit fand in einem Vorort Philadelphias statt, wo Becky aufgewachsen war. Es war ein wunderschönes Gebäude und die Zeremonie wurde in dem sorgfältig gestalteten Garten hinter dem Haus abgehalten. Becky hatte im Alter von 14 Jahren ihre Mutter verloren. Sie und ihre ältere Schwester lebten nach ihrem Tod bei ihrem Vater. Weder die Schwester noch der Vater waren Scientologen, aber keiner der beiden lachte uns aus. Sie gaben ihr Bestes, uns ernst zu nehmen, wenn wir begeistert über die Zivilisationen des Universums und der Jahrtausende sprachen. Die Zeremonie übernahm unser Freund

Ron Miscavige, ein damals ziemlich bekannter Jazztrompeter. Sein Sohn David Miscavige war damals 19 Jahre alt und all den Internetlügen zufolge erschlich er sich in dieser Zeit gerade das Vertrauen L. Ron Hubbards.

Es war eine herrliche Hochzeit. Alan war mein Trauzeuge, Beckys Schwester Andi die Trauzeugin. Unsere Hochzeitsreise verbrachten wir in Cape Cod mit sechs Tagen großartigem Sex, der von Mal zu Mal einfach immer besser wurde.

*

Bei der Rückkehr von unserer Hochzeitsreise erfuhren Becky und ich, dass wir aus New York in die Flag-Zentrale in Clearwater, Florida versetzt werden sollten. Wir freuten uns riesig über die Versetzung. Man hatte uns zu Reise-Registratoren der Flag befördert, was bedeutete, dass wir nicht nur in den östlichen Staaten der USA unterwegs sein würden, sondern auch in Europa. Da wir nicht viel besaßen, dauerte es nur einen Tag, bis wir alle Habseligkeiten in einen Anhänger geladen hatten, den man an mein kleines rotes Auto kuppeln konnte. Wir fuhren nach Süden, ein verliebtes Sea-Org-Powerteam aus dem wirklichen Leben.

Molly und ihr Mann Randy lebten bereits in Clearwater mit Jessica und ihrem kleinen Bruder Christopher, dessen Name später auch mein Enkel tragen sollte. Sie waren einige Monate zuvor aus Los Angeles dorthin versetzt worden. Die Flag-Offiziere lebten in einem alten Quality Inn Motel, das die Sea Org gekauft hatte, als sie das erste Mal in Clearwater an Land gingen. Das zweistöckige Motel sah aus wie ein Set für das Massaker eines Quentin-Tarantino-Films. Jessica und ihre Familie wohnten im ersten Stock. Becky und ich bauten unser Nest ein Stockwerk darüber. Und nein, es gab kein Massaker. Oder vielleicht doch.

Becky und ich reisten mehrere Monate lang nach Rom, London, Berlin, Paris, Kopenhagen und in so viele andere Städte, dass ich mich nicht mehr an alle erinnern kann. Die Auftritte selbst waren Routine: Geoff, unser Helfer, fuhr zwei Wochen vor uns in eine Stadt, buchte einen Saal und warb für meine Rede bei den ansässigen Scientologen. Jede Tour hatte ein bestimmtes Thema, aber es lief immer auf das Gleiche hinaus: Kommt und lasst euch von einem Flag-Offizier über L. Ron Hubbards neuesten technologischen Durchbruch berichten! In den zwei Wochen vor unserer Ankunft traf er sich mit den lokalen Registratoren und vereinbarte Termine für mich, aber nur mit Leuten, die Schecks über mindestens fünftausend Dollar für die Flag-Zentrale und 2.500 Dollar für die ansässige Org ausstellen konnten. Das gemeinsame Reiseleben war einfach nur wunderbar für Becky und mich. Unser Glück wurde nur von einer Sache beeinträchtigt: Ich hatte einen steifen Hals bekommen. Mein Kopf neigte sich nach rechts und verdrehte sich gleichzeitig nach links. Um geradeaus blicken zu können, musste ich mein Kinn festhalten. Mein Vater nannte es immer einen spastischen Schiefhals. Ich dachte, schuld seien die stundenlangen organisatorischen Telefonate für die FOLO, bei denen ich den Hörer zwischen Wange und Schulter klemmte. Doch nein: Vor einigen Jahren erfuhr ich, dass diese Krankheit zervikale Dystonie heißt. Ich leide heute noch darunter. Aber angesichts unseres gemeinsamen Glücks ließen sich die Schmerzen leicht ignorieren. Zwischen den Reisen kehrten wir tageweise nach Clearwater zurück, wobei diese Aufenthalte meistens weniger als eine Woche dauerten. An diesen Tagen konnte ich Jessica zur Schule fahren und wieder abholen.

Meine Tochter war ein großes, schlankes Mädchen geworden – und wunderschön. Alle sagten, dass sie mir wie aus dem Gesicht geschnitten war. Wenn ich mir heute die Fotos ansehe, muss ich sagen, dass es stimmt. Sie sah aus wie ich und sie liebte mein Auto so sehr wie ich.

Der Schulweg dauerte zwanzig oder dreißig Minuten, wenn ich die Nebenstraßen nahm. Wir wussten, dass wir nicht viel Zeit miteinander hatten, also versuchten wir jedes Gespräch zu einem besonderen zu machen.

»Daddy, was ist Gott?« Darauf war ich vorbereitet. Ich hatte selbst viel darüber nachgedacht.

»Schatz, Gott ist das Größte, das am meisten Gute und am meisten Alles von allem.«

Eine lange Pause, dann:
»Ist Jesus Gott?«
»Wo hast du das denn her?«
»Aus der Schule. Ist Jesus unser Herr?«
»Wenn du willst, dass er dein Herr ist, bestimmt.«
»Ist Jesus dein Herr?«
»Nein, Kleines. Jesus und ich sind nur gute Freunde.«
»Du kommst in die Hölle, Daddy.«
»Ja, was soll's ...«

*

Die Scientologen in Europa stellten ihre Schecks auf die *Religious Research Foundation* aus, eine Strohfirma mit einem Schweizer Bankkonto, das keinerlei Verbindung mit Scientology hatte. Das Geld, das wir auf dieses Konto zahlten, wurde von Scientology genutzt, ohne dass es in irgendeinem Land versteuert werden mussten. Viele internationale Organisationen nutzen dieses Geschäftsmodell. Natürlich gab es auch keine Verbindung zwischen L. Ron Hubbard und diesem Schweizer Konto. Es war von entscheidender Bedeutung, seine persönlichen Finanzen in bester Ordnung zu halten, damit kein Feind der Organisation irgendwelche finanziellen Ungereimtheiten gegen ihn ausspielen konnte. Das war aber undenkbar, weil er erstens so mächtig war und zweitens die Sea Org und das Guardian Office zu seinem Schutz hatte. Wir beschützten ihn mit aller Kraft.

Das Leben lief also großartig. Wegen meiner hohen Erträge war ich zu einem echten Sea-Org-Star geworden. Mitarbeiter stellten sich tatsächlich in einer Reihe auf, um mich zu verabschieden oder in der Heimat willkommen zu heißen. Doch dann, in Zürich, an einem sonnigen Herbsttag des Jahres 1982, ging alles in die Brüche. Ich war nur für einen einwöchigen Kurztrip unterwegs, Becky war in Clearwater geblieben. Ich hatte gerade eine ziemlich große Summe auf das Schweizer Konto eingezahlt und war zum ersten Mal in der Hauptfiliale der Bank, einem wunderschönen, alten Gebäude. Der Reichtum manifestierte sich in der ernsten Architektur, hier und da ein wenig aufgelockert mit geschmackvollen, eleganten Details.

Ich wartete darauf, dass der Bankangestellte mit den Belegen zum Schalter zurückkehrte, als ein weiterer Beamter an meiner Seite auftauchte und mich bat, ihn in das Büro des Vizepräsidenten zu begleiten. Das war noch bei keinem unserer Mitarbeiter passiert, seit wir in dieser Filiale Geld einzahlten, ich war also sofort auf der Hut. Der Beamte brachte mich in ein riesiges Büro, das ohne Weiteres einem Mitglied irgendeiner internationalen Verschwörung der Schweizer Banken hätte gehören können.

Auf der anderen Seite des Raumes saß ein älterer, gediegen und geschmackvoll gekleideter Herr hinter seinem Schreibtisch. Während ich auf ihn zuging, lächelte er mich plötzlich breit an, ließ dabei all seine Zähne blitzen, stand auf, umrundete den Tisch und streckte mir zur Begrüßung seine Hand entgegen. Sie müssen wissen, dass dies für einen Schweizer Bankier eine Geste wahrer Liebe ist, er erklärt sich damit zum Beta-Tier.

»Mr. L. Ron Hubbard!«, sagte der alte Mann. »Unsere Bank weiß die langjährigen Geschäftsbeziehungen mit Ihnen sehr zu schätzen und es ist mir eine große Freude, Sie endlich persönlich kennenzulernen.«

Ups! Nein, es war deutlich mehr als nur ein »Ups«. Es war ein echtes »Ach du Scheiße«. Irgendeine unterdrückerische Person innerhalb der Schweizer Bankverschwörung hatte offensichtlich die Akten der *Religious Research Foundation* manipuliert und eine falsche Fährte zum Alten gelegt. Scheiße, scheiße, scheiße! Ich atmete tief ein und erinnerte mich daran, dass ich diesem alten Bankier weit überlegen war. Ihn anzulügen, war einfach.

»Es tut mir wirklich leid«, sagte ich. »Aber ich bin nicht dieser Mr. El ... Hub Hubbard ..., von dem Sie sprechen.«

Mittlerweile waren wir beide sichtbar blass geworden. Ich malte mir ein Worst-Case-Szenario nach dem anderen aus, während der alte Mann realisierte, dass er mit der Nennung meines Namens das wichtigste Schweizer Bankgesetz, die Wahrung der Anonymität, gebrochen hatte. Wir hielten beide inne, unsere Blicke verhakt in einer langen, seltsamen Stille. Dann zwangen wir uns beide zu einem Lachen über den albernen Fehler, verabschiedeten uns und ich spazierte aus der Bank, als wäre nichts passiert.

So etwas wie Handys gab es nicht. Ich ging also über den großen Platz zu meinem Hotel, wo ich das Münztelefon in der Lobby benutzte. Ich konnte nicht darauf vertrauen, dass das Telefon in meinem Zimmer nicht angezapft wurde. Ich rief eine Geheimnummer in Kopenhagen an und erreichte eine Telex-Vermittlerin in Dänemark. Vorsichtig umschrieb ich, was gerade passiert war, aber sie verstand und benachrichtigte direkt die Zentrale in Florida: Ein Problem war aufgetaucht, das genauer untersucht werden musste, und ich erwartete weitere Anweisungen. Die Antwort kam sehr schnell. Ich sollte sofort ins englische Sussex reisen, wo die Organisation St. Hill besaß, ein ziemlich großes Anwesen mit mehreren Gebäuden.

Meine zervikale Dystonie war in vollem Gange: Mein Nacken war verrenkt, nach links gedreht und dabei leicht nach rechts geneigt. Um geradeaus blicken zu können, musste ich mein Kinn festhalten.

Ein Dystonie-Schub dieser Stärke ist auch immer mit einem stechenden Kopfschmerz verbunden, der Art von Kopfschmerzen, bei der man nur noch auf eins achten kann: die Unendlichkeit des Schmerzes. Ich nahm trotzdem den nächsten Flug von Zürich nach London und von dort den erstmöglichen Zug nach Sussex. Es war schon spät, als ich ankam und man mich in ein Zimmer brachte, das für Offiziere und Missionsbeauftragte reserviert war. Ich nahm einige Aspirin und schlief für etwa vier Stunden.

Am nächsten Morgen erstattete ich einem Mann Bericht, der für die europäischen Finanzen verantwortlich war. Ich sagte ihm alles, was ich Ihnen gerade erzählt habe, nur viel detaillierter. Drei Tage lang hielt ich mein Kinn fest, damit ich ihn ansehen konnte, während ich mit ihm redete. Dann kam der Befehl, den nächsten verfügbaren Flug nach Hause zu nehmen. Endlich nach Hause! Ich hatte gute Arbeit geleistet bei der Aufklärung dieser Verschwörung gegen den Alten. Als der Stress vorbei war, wurde auch meine Dystonie-Attacke allmählich schwächer. Trotzdem hatte ich während des Rückflugs ständig Krämpfe und schreckte immer wieder aus dem Schlaf hoch.

Sieben große, muskulöse, junge Männer in Uniformen der Sea Org empfingen mich, als ich in Tampa aus dem Flugzeug stieg. Sie hatten am Gate auf mich gewartet. Ha! Ich war immer noch ein Superstar. Merkwürdig fand ich, dass ich keinen der Offiziere wiedererkannte, obwohl ich allen leitenden Offizieren persönlich begegnet war. Die jungen Männer hatten sehr ernste Gesichter und teilten mir mit, dass sie Mitglieder der neu gegründeten Finanzaufsicht waren. Davon hatte ich noch nie etwas gehört.

»Was ist hier los ... Sir?«

»Das werden Sie schon noch erfahren. Sie sprechen nur, wenn Sie angesprochen werden, Mister.«

»Ja, Sir.«

Jeder einzelne hatte einen höheren Rang als ich, also stellte ich ihre Autorität nicht in Frage. Schweigend fuhren wir zum Hauptquartier der Sea Org.

Ich hatte die ganze Nacht im Flugzeug nicht geschlafen. Mein Hals schmerzte noch immer und drohte wieder, sich nach links zu verrenken. Immer mal wieder drang der stechende Kopfschmerz an die Oberfläche meines Bewusstseins. Ich wollte einfach nur ins Bett zu Becky, die wusste, wie mein Kopf in solchen Situationen zu halten war. Stattdessen brachten mich diese Typen direkt in einen feuchtkalten Flur im Untergeschoss des Fort Harrison Hotels. Zwei von ihnen setzten mich auf einen Metallklappstuhl und nahmen links und rechts von mir auf bequemeren Stühlen Platz. Ich durfte kein Wort sagen, da ich immer noch nicht angesprochen worden war.

Drei Stunden später tauchten die anderen fünf Offiziere wieder auf, geduscht und frisch rasiert. Ich selbst roch säuerlich und hatte einen Stoppelbart, der Richard M. Nixon Konkurrenz gemacht hätte. Die sieben Offiziere führten mich den Flur entlang in einen Raum mit einem Tisch und einem E-Meter.

Normalerweise sind beim Auditing genau zwei Personen anwesend: Man selbst und der Auditor. Jetzt aber saß mir ein Mitglied der Finanzaufsicht am Tisch gegenüber und bediente das E-Meter, während zwei riesige Kerle hinter ihm standen, zwei in meinem Rücken und ein weiterer an der Tür. Jahre später fand ich heraus, dass so etwas ein »Gang-Bang-Sec-Check« genannt wird.

»Wie lange arbeiten Sie schon als Agent für eine ausländische Regierung?«

»Bitte was für'n Scheiß?«

»Danke«, sagte der große Typ mir gegenüber.

Er sagte nicht »Danke«, weil ich irgendetwas geäußert hatte, wofür er mir dankbar war. Er sagte »Danke«, weil man bei Scientology auf alles Gesagte eine verbale Rückmeldung zu äußern hat. Man verwendet

dabei Worte, die zeigen, dass man die andere Person gehört hat: danke, okay, gut, sehr gut und so weiter. Jemanden wissen zu lassen, dass man ihn verstanden hat, ist tatsächlich eine sehr zivilisierte Art der Kommunikation. Er bedankte sich also, dann sagte er:
»Wie lange sind Sie schon drogenabhängig?«
»Was?«
»Gut.«
Und jetzt werde ich in aller Aufrichtigkeit die Fragen umschreiben, die mir sechs Stunden lang immer und immer wieder gestellt wurden:
Haben Sie jemals Geld veruntreut?
Ich dachte: Ihr wisst doch genau, dass ich das nie getan habe. Es war mir nie in den Sinn gekommen. Selbst wenn ich es gewollt hätte, war die Überwachung der Finanzen bei Scientology so idiotensicher, dass sie mich ganz einfach durch den Papierkram erwischt hätten.
Sind Sie derzeit oder waren Sie jemals drogensüchtig?
Jemals? War ich aspirinsüchtig? In der Uni hatte ich Joints Kette geraucht und Bier getrunken. Aber das wussten sie schon über mich und ich hatte das scientologische Drogenprogramm absolviert. Ich war also befreit von schädlichen Folgeerscheinungen und dem Bedürfnis, Drogen zu nehmen. Das bedeutete, ich war kein Abhängiger. Ich verneinte und die Nadel des E-Meters war damit einverstanden.
Haben Sie jemals etwas bombardiert?
Herr im Himmel, nein! Skipper Bush und ich hatten einmal nachts einen selbstgebauten Knaller in den Graben einer Baustelle geworfen. Zählte das? Das E-Meter sagte Nein.
Haben Sie jemals jemanden umgebracht?
»Nein, war nie notwendig.«
Haben Sie jemals jemanden vergewaltigt?
»Nein, war nie notwendig.«
Haben Sie jemals etwas mit einer Babyfarm zu tun gehabt?
Bis heute bin ich mir nicht sicher, was sie mit Babyfarm meinten,

und ich habe mich auch nicht getraut, es zu googeln.
Sammeln Sie Sexgegenstände?
Ich antwortete mit Nein, was streng genommen korrekt war. Zwei Tage zuvor hatte ich meine jüngste Transenpornosammlung weggeworfen, bevor ich von Zürich nach London flog.
Danke. Haben Sie ein Geheimnis, von dem Sie befürchten, dass ich es herausfinde?
Ich fing an, mir zu wünschen, dass ich einige der Geheimnisse für mich behalten hätte, die ich in den letzten zwölf Jahren in den Beratungsgesprächen preisgegeben hatte. Sobald man Scientology verlässt, darf die Organisation all diese vertraulichen Informationen gegen einen verwenden. Nein, sie kannten alle meine Geheimnisse. Das E-Meter bestätigte immer wieder, dass ich blitzsauber war.
Ärgern Sie sich über diesen Sicherheits-Check?
»Darauf können Sie Ihren Arsch verwetten.«
Danke.
Tja, diese Antwort führte zu einer zweistündigen Abfolge von damit verbundenen Fragen, die ergaben, dass ich mich über den Sicherheitscheck ärgerte, weil ich nichts falsch gemacht hatte.
Hatten Sie jemals unfreundliche Gedanken über L. Ron Hubbard?
»Nicht einen einzigen«, antwortete ich. »Niemals.« Aber warum steckte er mir nicht persönlich einen Verdienstorden an, weil ich seinen Arsch aus dem finanziellen Kreuzfeuer gerettet hatte?
Okay. Hier gab es einen Ausschlag auf dem E-Meter. Ich werde die Frage wiederholen: Hatten Sie jemals unfreundliche Gedanken über L. Ron Hubbard?
»Nein, es sei denn, Sie wollen mir sagen, dass das Geld von dem Konto der* Religious Research Foundation *in die Taschen des Alten gelenkt wird. Ist es das, was Sie mir sagen wollen?«
Gut. Hatten Sie jemals unfreundliche Gedanken über L. Ron Hubbard?

Er befragte mich zwei weitere Stunden zu möglichen schlechten Gedanken über L. Ron Hubbard, bis das E-Meter ihn überzeugte, dass auch hier die Ergebnisse in Ordnung waren.

Danke. Wie lange arbeiten Sie schon als Spion für eine ausländische Regierung?

»Ich bin kein Spion, wenn ich's Ihnen doch sage. Ich bin seit zwölf Jahren ein treues Mitglied.«

Okay. Für welche feindliche Gruppe arbeiten Sie?

Solche Fragen stellte er mir immer wieder, insgesamt sechs Stunden lang, wobei er sorgfältig auf dem E-Meter nach Ausschlägen suchte, die meine bösen Handlungen verraten würden. Sechs Stunden, keine bösen Handlungen. Am Ende spielte der Typ seine Trumpfkarte aus. Ich hätte die Wahl, sagte er: Entweder ich würde drei Jahre lang schwer körperlich arbeiten, pro Nacht höchstens sechs Stunden auf einem kalten Steinfußboden schlafen, mit Essensresten ernährt werden und nur mit anderen schlechten Menschen wie mir sprechen dürfen, die in das wenige Monate alte Programm namens *Rehabilitation Project Force* geschickt werden. Die andere Möglichkeit wäre, dass ich meiner Wege ginge und aus der Scientology-Organisation ausgeschlossen würde für den Rest dieses und aller vor mir liegenden Leben.

»Ohne Scientology werden Sie zu einer stumpfsinnigen Version eines spirituellen Wesens entarten. Sie werden ein Körper-Thetan sein, der am Zeh irgendeines Penners klebt.«

Das waren seine Worte. Ich bedankte mich nicht. Es war zwölf Jahre her, dass ich nicht darauf reagiert hatte, was eine andere Person zu mir sagte. Seit sechs Stunden hielt ich die Büchsen in den Händen, die man nie loslassen darf. Dadurch konnte ich meinen schmerzhaft durch die Dystonie verdrehten Kopf nicht aufrecht halten, was dieser Typ als Zeichen dafür deutete, dass ich ihm nicht in die Augen sehen konnte.

Zwölf Jahre.

Was erzählte er da? Auf einem Steinfußboden schlafen, mit dem Hals? Außerdem hatte er nie meine Frage nach dem Alten und dem Schweizer Bankkonto beantwortet.

Zwölf Jahre.

Es musste wahr sein. Der Alte war ein Lügner und Betrüger. Ich konnte mit allem umgehen, was Scientology anging, aber damit nicht. Mein Verstand zersplitterte wie eine Glasplatte in einer Komödie mit Mack Sennett.

»Schließen Sie mich aus«, sagte ich. Und genau das taten sie.

*

Innerhalb von vier Stunden hatte ich gepackt und war verschwunden. Ich durfte mich von niemandem verabschieden. Wer mit mir sprach, riskierte eine Strafversetzung in die *Rehabilitation Project Force*, sogar meine neun Jahre alte Tochter, weil es auch eine eigene Abteilung für Kinder gab. Ich habe mich also nie von Jessica verabschiedet. Ich ließ sie bei Molly und Randy. Sie liebten Jessica und Jessica liebte sie. Sie würden ihr Liebe, ein Zuhause und Essen geben.

Ich durchquerte die Stadt und lief einige Kilometer den Highway entlang bis zu einer Autovermietung in der Nähe der Einkaufsmeile. Eigentlich wollte ich einen Kleinbus mieten, aber der einzige Wagen, der für eine Reise in einen anderen Staat ohne Rückfahrt zur Verfügung stand, war ein knapp viereinhalb Meter langer Laster. Ich fuhr in dem Moment auf den Parkplatz des Quality Inn, als Becky unser Zimmer verließ. Ich sprang aus der Fahrerkabine des Lasters, als sie die Treppen herunterkam. Wir blieben abrupt stehen, kurz bevor wir uns berühren konnten. Sie weinte. Sie hatten ihr bereits was auch immer erzählt. Ich gab ihr die Schlüssel für den Pacer.

»Der Wagen gehört dir.«

»Al.«

»Pst. Wir dürfen nicht sprechen.«

Sie senkte den Kopf, lief über den Parkplatz und verschwand hinter einer Ecke auf dem Weg ins Büro. Ich verstaute in vier schnellen Touren meine Habseligkeiten in dem Lastwagen, stieg wieder in das Führerhäuschen, fuhr vom Parkplatz und dann nach Norden.

Nach zwölf Jahren in einem Himmel nach scientologischen Maßstäben befand ich mich plötzlich wieder hier draußen in der Hölle, mit Ihnen. Jedoch ist mir heute im Gegensatz zu damals klar, dass ich hierher gehöre.

Teil 3

Kapitel 12
Die verlorenen Jungs

Von dem, was danach passierte, weiß ich fast nichts mehr. An das, was mir im Gedächtnis geblieben ist, erinnere ich mich allerdings bis ins kleinste Detail. Den meisten von uns, die bei Scientology waren, als der Alte noch am Leben und der Boss war, fällt es schwer, sich an die Tage und Wochen zu erinnern, die unmittelbar auf ihren Austritt oder Rausschmiss folgten. Ich habe erst vor Kurzem wieder Kontakt mit Freunden und Schiffskameraden aufgenommen, die ich seit 35 oder vierzig Jahren nicht mehr gesehen habe. Sie haben mir sehr geholfen, mich zu erinnern.

Viele von uns verließen die Organisation, bevor es das Internet, Listserver oder Online-Foren zur Kontaktaufnahme gab. Natürlich hatten wir Telefone, aber viele besorgten sich Geheimnummern. Außerdem änderten einige Ehemalige der Sea Org ihre Namen, um den Vergeltungsmaßnahmen der Organisation zu entgehen. Im Unterschied zu heute gab es weder gebührenfreie Hilfehotlines noch Telefonketten. Die meisten von uns waren auf sich allein gestellt. Versteckt in den düstersten Winkeln, versuchten wir herauszubekommen, wie wir wieder in die Welt zurückkehren konnten. Folgendes ist mir also in Erinnerung geblieben.

Die reine Fahrtzeit von Clearwater, Florida bis an die Küste von New Jersey beträgt zwanzig Stunden. Ich brauchte für die gesamte Strecke 24 Stunden und schlief zwischendurch in Haltebuchten auf dem Highway. Man hatte uns eingetrichtert, dass ein Seemann schläft, wann und wo er kann. Dann bog ich in die Einfahrt ein. Meine Eltern und mein Bruder hatten offensichtlich den Laster gehört oder mich beobachtet, weil sie alle schon am Wagen waren, als ich aus dem Führerhäuschen kletterte.

Mein Vater stand mit gekrümmtem Rücken da. Er murmelte etwas von einer Wirbelsäulenverkalkung. Meine Mom sah älter aus. Nein, sie sah alt aus und hatte viele neue Falten im Gesicht. Wir umarmten uns und ich drückte ihren Kopf an meine Brust. Sie fühlte sich unglaublich klein und leicht an. Mein Vater fasste mich an der Schulter und drehte mich zu sich um. Er schaute sich mein Gesicht genau an. Seine Arztfinger betasteten die stark verspannten und verdrehten Muskeln meines Halses. Er nahm meinen Kopf, zog ihn zu sich hinunter und küsste mir auf die Wangen. Mein Bruder und ich begrüßten uns mit einer kurzen, männlichen Umarmung und klopften uns gegenseitig auf den Rücken.

Sie brachten mich ins Haus und legten mich auf das Fernsehsofa. Meine Mutter schickte meinen Bruder und meinen Vater in die Schlafzimmer, um Kissen als Unterlage für meinen verdrehten Nacken zu holen. Mein Vater hatte sich ein Footballspiel angesehen, das immer noch lief. Er wuchtete seinen eigenen verdrehten Körper in den roten Ledersessel, den er schon seit vor meiner Geburt besaß, und seufzte erleichtert auf. Sein Labrador, genauso arthritisch wie er, lag ausgestreckt auf einem Kissen am Fußende und so war die Welt für ihn in Ordnung. Mein Vater sah sich das Spiel an – er beschimpfte die Schiedsrichter, machte die Spieler schlecht und grunzte laut bei guten Spielzügen. Alan war gegangen. Er hatte damals genug mit seinen eigenen Problemen zu tun. Mom setzte sich zu mir aufs Sofa. Wir konnten uns einfach nicht aneinander sattsehen.

Sie richteten mein altes Zimmer für mich her. Es gab keinen anderen Ort, wohin ich hätte gehen können, und ich hatte kein Geld, um woanders Miete zu zahlen. Ich entschuldigte mich bei meinen Eltern dafür, dass ich ihnen zur Last fiel, was sie als nicht der Rede wert abtaten. Jahre später sagte mir mein Bruder, wie sehr er sich über die Aufmerksamkeit geärgert hatte, die ich als der verlorene Sohn bekommen hatte.

Ich erinnere mich auch daran, dass sie mich viel schlafen ließen. Zum ersten Mal seit zwölf Jahren brauchte ich keine Befehle zu befolgen, keine Richtlinien umzusetzen, keine Ziele zu erreichen, keine Produktivitätsvorgaben zu beachten und keine Statistiken zu erfüllen. Ich folgte dem einzigen Muster, das ich kannte, und tat alles, was mein Vater mir sagte. Alle zwei Stunden gab er mir Somatabletten und zwar die doppelte der sonst üblichen Dosis dieses starken Beruhigungsmittels. Soma sorgt, wie der Namensvetter aus Huxleys *Schöne neue Welt,* für einen angenehmen Rausch. Nach zwei Tagen war ich abhängig und um diese Sucht zu befriedigen, brauchte ich meinem Vater nur zu sagen, dass mein Hals wehtat. So fix wie ein Wunsch in *Bezaubernde Jeannie* in Erfüllung geht, reichte er mir eine weitere Pille – genauso schnell, wie er meiner Mutter in mehr als vierzig Ehejahren fast jeden Abend ihre Cocktails reichte.

Mein Vater verschrieb mir heiße Tauchbäder für meinen Nacken und ließ mir eigenhändig vier- bis sechsmal täglich das Badewasser ein. Ich sollte so heiß baden, wie ich es aushalten konnte. Er konnte ja nicht ahnen, dass er es mit einem zukünftigen, sehr strapazierfähigen Masochisten mit Alkohol- und Drogenproblemen zu tun hatte. Ich wusste allerdings selbst noch nicht, dass ich ein Masochist war, und glaubte auch nicht, ein Problem mit Drogen oder Alkohol zu haben. Scientology hatte mich schließlich mit dem Drogen-*Rundown* und Reinigungsprogramm geheilt und ich war der Meinung, dass Drogen und Alkohol mir nichts mehr anhaben konnten. Außerdem hatte Scientology mir ja bestätigt, dass ich von dem Bedürfnis befreit war. Ich konnte also beides einfach nur zum Spaß nehmen, nicht wegen irgendeiner Sucht. Berauscht von Beruhigungsmitteln saß ich in diesen vier Wochen also vier- oder fünfmal am Tag eine Stunde lang in einer dampfend heißen Wanne. Durch die Medikamente sah die Welt schön aus, was mein tief verwurzeltes Verlangen aufleben ließ, ein schönes Mädchen zu sein.

In den ersten Wochen fand ich keine Worte, um mein früheres Leben als Sektenmitglied und heimliches Mädchen zu beschreiben. Also drückte ich mich mit Kunst aus und bastelte eine Serie von acht 45 mal 60 Zentimeter großen Collagen. Für jede brauchte ich zwei oder drei Tage. Ich hielt mir den Wahnsinn vom Leib, indem ich mich voll auf die Präzision konzentrierte, die ich benötigte, um Bilder mit den X-Acto-Klingen herauszulösen, um sie dann genauso präzise mithilfe von Gummilösung zu fixieren. Eines Tages ertappte ich mich während dieser Arbeit im Spiegel – ich sah einen fetten Mann mittleren Alters, dem die Haare ausfielen. In diesem Moment schnitt ich mir mit der X-Acto-Klinge in den Arm. Mein Blut steckt also in diesen Collagen. Der durch den Schnitt verursachte Schmerz überlagerte die Panik, die mein Spiegelbild hervorgerufen hatte. Ich lächelte beim Anblick des Blutes. Dann machte ich mit dem Ausschneiden und Aufkleben weiter. Ein oder zwei Collagen besitze ich noch, die anderen habe ich verschenkt.

Einige Monate später wurde die Scientology-Finanzpolizei als abtrünnige und zerstörerische Gruppe entlarvt und aufgelöst. Alle diese großen Typen verloren ihren Rang und wurden in das Programm *Rehabilitation Project Force* versetzt. Die Sea Org bot mir an, mir meinen Job zurückzugeben und mir vollständige Amnestie für alle meine Verfehlungen zu gewähren. Ich erhielt einen Anruf von meinem alten Freund und Boss Dave Renard.

»Al, komm zurück! Die Jungs von der Finanzpolizei waren Arschlöcher. Jetzt ist alles wieder beim Alten. Du musst einfach nur ein Geständnis ablegen und unterschreiben. Schuldfrei, kein RPF.«

»Ich habe nichts zu gestehen, Dave.«

»Al, sie sagen, es ist deine letzte Chance.«

»Ja, das haben die mir vor zwei Monaten auch gesagt.«

Dann prustete Dave los.

»Du trägst also gern Frauenunterwäsche, was?«

»Mach's gut, Dave.«

Warum also nutzte ich die Chance nicht und kehrte in die schützenden Arme der Organisation zurück? Ich glaubte daran, dass Scientology funktionierte. Ich glaube immer noch, dass einiges davon funktioniert. Aber ich wollte ein Mädchen sein und hatte begriffen, dass dies bei Scientology so nicht möglich sein würde.

*

Das Soma nahm mir den Appetit. Ich nutzte diesen Impuls und hörte mit dem Essen auf, womit eine manische Phase begann. Sobald ich meinen Kopf wieder gerade halten konnte, ohne ihn mit den Händen zu fixieren, fing ich an zu joggen. Ich lief die ganze Uferpromenade entlang, mehr als sechs Kilometer am Tag. Wieder einmal wurde ich dünn und zum ersten Mal seit Jahren berührte ich mich gern. Ich fürchtete mich nicht mehr vor dem Spiegel und warf sogar bei jeder Gelegenheit einen kurzen Blick auf mein Spiegelbild. Durch die Brille meiner Manie betrachtet legte sich meine Haut straff über hammermäßige Wangenknochen und Schlüsselbeine, die jeder, der halbwegs bei Verstand war, lecken wollen musste. Mit meinem flachen Bauch und den hervorstehenden Beckenknochen sah ich fast aus wie Twiggy. Ich rasierte mir den Schnurrbart ab. Ich trug gern enge, schwarze Jeans, weiße Unterhemden und eine unförmige übergroße Jacke. Dazu setzte ich einen Schlapphut mit breiter Krempe und eine Holly-Golightly-Sonnenbrille auf.

So sah ich also aus, als ich im Frühling 1983 nach New York fuhr. Ich war ein Heimatloser, der an einer Straßenlaterne in Manhattan lehnte, ganz in der Nähe der neuen Scientology-Zentrale am Times Square. Sechs Monate zuvor hatte ich meinem alten Saufkumpanen Kevin 750 Dollar geborgt. Jetzt war ich so gut wie pleite. Ich hatte allen Mut zusammengenommen und wollte ihn bitten, mir das Geld zurückzuzahlen. Als ich gerade beschlossen hatte, doch wieder zu gehen, schlenderte Kevin aus dem Haupteingang der Org. Er drehte sich in meine Richtung, sah mich und grinste. Dann kam er schnurstracks auf mich zu und streckte mir seine Hand entgegen.

»Hallo, Miss«, begrüßte er mich.

Oh. Mein. Gott. Das passierte nicht wirklich. Ich war Alice im Spiegelland.

»Ich heiße Kevin. Haben Sie schon mal von Scientology gehört?«

Das junge Mädchen in mir jauchzte vor Freude. Ich starrte ihn stumm an. Der Schnurrbart – er hatte mich nie ohne meinen Schnurrbart erlebt, nie so schlank oder auch nur annähernd so angezogen. Ließ er sich so einfach hinters Licht führen? Sah ich wirklich schon wie ein Mädchen aus?

»Würden Sie gern einen kostenlosen Persönlichkeitstest machen?«

Das war bester Komödienstoff, dachte ich, und eines Tages würde ich darüber schreiben können. Er nahm meine Hand und legte seine andere Hand auf meinen Unterarm.

»Kommen Sie schon, es ist nur ein paar Meter die Straße runter.«

Jedem Scientologen wird beigebracht, den Körper eines anderen Menschen zu kontrollieren. Das ist eines der ersten Dinge, die wir lernen. Ich ließ zu, dass er mich die Straße entlang führte. Ich ließ zu, mich wie ein richtiges Mädchen zu fühlen. Aber ich musste das jetzt beenden. Ich hatte nicht gelogen, nicht wirklich, noch nicht. Ich musste ihm meine guten Absichten beweisen. Es war nicht mein Fehler, dass er mich für ein Mädchen hielt. Das Mädchen in mir jauchzte noch einmal vor Glück.

»Kevin, ich bin's, Al Bornstein.«

Sein Körper erstarrte, während sich auf seinem Gesicht ein Wechselbad der Gefühle abzeichnete. Es war wie bei einem Glücksrad, das am Ende bei »Stinkwut« stehen blieb. Bevor er etwas sagen konnte, tat ich es:

»Kevin, ich weiß, dass du nicht mit mir reden darfst, aber könntest du mir bitte die 750 Dollar zurückgeben, die du mir schuldest?«

»Ich schulde dir einen Scheiß, Perversling.«

Er machte auf dem Absatz kehrt und ich hörte ihn im Weggehen »Scheiß Kinderschänder« sagen, während er ins Org-Gebäude zurückging.

Aha. Einen Kinderschänder würden sie mich also nennen. Und natürlich brauchte er mir mein Geld nicht zurückgeben. Ich war *Fair Game*, Freiwild, auch wenn sie mich offiziell nicht so nennen konnten.

Nachdem ich Scientology verlassen hatte, tat ich mein Bestes, um mir das seltsame Starren abzugewöhnen sowie den zwanghaften Drang, alles zu kommentieren, was jemand zu mir sagte. Ich sprach nicht mit vielen Leuten, weil ich mich schämte. Was sollte ich denn jemandem antworten, der mich fragte »Und, was treibst du so?« oder »Mensch, wo hast du eigentlich die letzten zwölf Jahre gesteckt?«. Ich log gut genug, um das ehemalige Sektenmitglied in mir geheim zu halten. Gleichzeitig ließ es sich kaum noch verbergen, dass ich mich jeden Tag ein bisschen mehr in ein Mädchen verwandelte. Schon bald würde ich einen Wendepunkt erreichen.

Was das Mädchen in mir anging, konnte ich mich den Durchschnittsmenschen nicht antrauen. Ich hatte weder genug Geld, um auszuziehen, noch irgendwelche beruflichen Qualifikationen, wenn man davon absieht, was ich von L. Ron Hubbard gelernt hatte. Einer der Patienten meines Vaters, der eine private Mittelschule in der Gegend besaß, besorgte mir schließlich einen Job als Schauspiellehrer. Bald verdiente ich regelmäßig Geld. Solange ich bei meinen Eltern wohnte, die sehr zufrieden mit der Situation zu sein schienen, würde ich mein ganzes Geld dafür benutzen können, das Mädchen in mir zu erforschen. Ich las jede Woche die Kleinanzeigen der *Village Voice*, in der ich mir eines Tages die Anzeige von Ruby anstrich. Als junge Dragqueen in ihren frühen Zwanzigern betrieb sie einen Schönheitssalon im Süden New Jerseys für Männer, die sich wie Frauen kleiden wollten. Außerdem machte sie Hausbesuche, wofür sich schon bald eine günstige Gelegenheit bot. Mein Vater hatte sich freiwillig für einen weiteren Hilfseinsatz in New Mexico gemeldet, wo er der »Große, weiße Vater« für die »armen Wilden« sein konnte.

»Deine Mutter und ich werden einen Monat weg sein. Das Haus gehört dir. Glaubst du, du kommst damit klar?«

»Das schaff' ich schon. Fahr ruhig und rette ein paar Leben.«

Sobald sie weg waren, rief ich Ruby an und lud sie ein. Sie kam noch am gleichen Abend.

»Schätzchen«, schwärmte sie, »du wirst so hübsch aussehen.«

Ich stand nackt vor ihr. Sie musterte mich nachdenklich.

»Wir fangen mit den Brusthaaren an.«

Damit meinte sie die dicht bewachsene Fläche, die von knapp unter meinem Hals bis kurz unter meinen Bauchnabel reichte. Sie fuhr mit ihren Fingern über meine Arme, Beine und Schultern.

»Wir werden alle diese Körperteile machen müssen, Baby«, sagte sie. »Und – ach du meine Güte – dein Rücken ...«

Es dauerte Stunden. Wir unterhielten uns über Tricks und Geheimnisse, die man kennen musste, um einen Männerkörper wie den eines Mädchens aussehen zu lassen. Ruby war so groß wie ich. Ich war so schlank wie sie. Nebenbei verkaufte sie auch Frauenklamotten in großen Größen und hatte eine Auswahl mitgebracht. Ich kaufte einen BH, Schaumgummipolster und einen engen Stringtanga aus Lycra, der meinen Schwanz so flach drückte, dass er nicht zu sehen war. Solch ein Tanga gehört zur absoluten Grundausstattung jeder Dragqueen. Als wir endlich alle Haare entfernt hatten, setzte Ruby mich in einen Stuhl und kümmerte sich um mein Gesicht. Ich zeigte ihr die brünette Pagenkopfperücke, die ich bei Lee gekauft hatte.

»Oh nein, nein, nein«, rief Ruby. »Wir sind hier nicht bei Miss Mouse.«

Wir probierten Blond, Platinblond, Honigblond und Blond mit schwarzem Ansatz. Ich war zu feige. Dann probierten wir es mit Rot. Das lange, glatte Haar kitzelte auf meinen Schultern und an der Stirn, als sie mir mein (!) langes, wunderschönes rotes Haar bürstete. Als sie fertig war, drehte sie den Stuhl, so dass ich mich im Spiegel sehen konnte. Ich sah ein hübsches Mädchen. Noch nie hatte ich als Mädchen so echt ausgesehen.

»Geht doch. Du hast nur ein bisschen Hilfe von deiner Dragsister gebraucht.«

Glücklich umarmten wir uns und sie schmiegte ihr Gesicht an meinen Hals.

»Ich versaue dir dein Make-up, Süße.«

»Ich bitte darum.«

Sie lachte. Wir küssten uns. Ihre Haut war unglaublich weich. Meine Bartstoppeln kamen schon langsam durch mein Make-up.

»Elektrolyse«, sagte sie. »Wenn deine Zeit gekommen ist, zeige ich dir den besten Ort dafür.«

Meine Zeit? Ruby grinste verschmitzt, legte ihre Hände auf meine Schultern und drückte mich nach unten auf die Knie.

»Schau«, sagte sie dann lachend und drehte meinen Kopf zum Spiegel. »Wir sind Lesben!« Ja, genau so sahen wir aus.

Dann drehte sie mein Gesicht ihrem Schwanz zu und drückte ihren Unterleib gegen meine Lippen. Sie duftete nach Rosen. Gierig saugte ich an ihr. Mein Lippenstift hinterließ rote Ringe auf ihrem Schwanz und Kussspuren an ihren Eiern. Wir landeten im Bett und vögelten stundenlang. Danach teilten wir uns eine Zigarette.

»Nur damit du Bescheid weißt, Al, das mache ich nicht mit jedem Kunden.« Sie seufzte in meinen Armen. »Ich kann dich nicht mehr Al nennen. Wie ist dein Mädchenname?«

»Katherine.« Ich mochte den Namen, der mich an die reizende Sea-Org-Kollegin aus New York erinnerte.

»Darf ich dich für heute Miss Kathie nennen?«

»Selbstverständlich, Miss Ruby.«

Ruby quietschte vergnügt und rollte sich unter mich.

»Und jetzt ficken Sie mich noch mal, Miss Kathie.«

Ich tat wie geheißen und dann nahm sie mich. Eine Woche später sahen wir uns wieder und schließlich begannen wir, regelmäßig miteinander auszugehen. Sie nahm kein Geld mehr von mir und wir verbrachten die Nächte bei ihr oder bei mir. Eines Abends nahm Ruby mich mit in eine Schwulenbar in South Jersey. Als wir den Raum betraten, wurde es still. Der Barkeeper sagte:

»Dragqueens werden hier nicht bedient.«

»Das ist kein Problem«, zwitscherte Ruby, »weil wir deinen verdünnten Schnaps sowieso nicht trinken wollten. Außerdem sind wir keine Dragqueens, wir sind Lesss-ben!« Sie küsste mich. Wir küssten uns so lange, bis alle zu klatschen anfingen. Die Jungs gaben uns die ganze Nacht Getränke aus. Am Ende des Monats kamen meine Eltern von ihrer Reise in das Reservat zurück. Ruby zog nach San Francisco und wir sahen uns nie wieder.

Einige Tage nach der Rückkehr meiner Eltern rief Becky im Haus meiner Eltern an. Sie hatte die Sea Org einen Monat nach mir verlassen und erholte sich in Philadelphia bei ihrer Schwester und ihrem Vater. Ob sie vorbeikommen könne, fragte sie mich, um zu besprechen, wie es weitergehen solle. Na klar, sagte ich.

Drei Stunden später bog Becky in die Einfahrt ein. Sie fuhr unser kleines rotes Auto, das vor Sauberkeit nur so blitzte und frisch gewachst war. Ich versuchte, mich so männlich wie möglich anzuziehen mit einem weiten Sweatshirt von der Brown University und einer alten Jeans. Schwungvoll lief ich die Treppe hinunter und über den Rasen, um Becky zu begrüßen. Ich öffnete die Wagentür. Sie stieg aus und umarmte mich voller Verzweiflung. Ihr Kopf lehnte an meiner Schulter, während meine Eltern uns durch die Gardinen beobachteten.

»Wo werden wir leben, jetzt wo ich da auch weg bin?« Unsere Herzen begannen, im gleichen Rhythmus zu schlagen, das machten sie schon seit Jahren so.

»Was haben sie dir über mich erzählt, Becky?«

Sie zog sich aus der Umarmung zurück und hielt mich auf Armlänge von sich. Wir sahen einander von oben bis unten an. Wir streichelten einander in Erinnerung an unsere Lust. Sie war immer noch das schönste Mädchen, das ich kannte, und ich war immer noch wahnsinnig verliebt in sie.

»Es ist kalt hier draußen. Willst du mich nicht reinbitten?«

Ihre Augen sahen immer noch aus wie Smaragde.

»Nein, Baby, will ich nicht. Was haben sie dir über mich erzählt?«

»Dass du Geld gestohlen hast und ein Kinderschänder bist.«

»Gelogen.«

»Das weiß ich!«

»Was haben sie noch erzählt?«

Ich wusste genau, was sie noch erzählt hatten. Becky blickte die Einfahrt entlang. Ich auch. Meine Eltern hatten den Schotter mit modernem Asphalt zuschütten lassen. Ich vermisste das Knirschen der Autoreifen.

»Sie haben gesagt, du trägst gern Frauensachen. Das ist Blödsinn, stimmt's?«

Das Wort »Blödsinn« verletzte mich, aber ich musste jetzt hart bleiben.

»Nein, das stimmt teilweise.«

»Ich ... wie ...? Sieh dich doch an! Du bist ein Mann. Du hast zu viel abgenommen und ich vermisse deinen Schnurrbart, aber du bist immer noch du. Ich liebe diesen Mann.«

»Es war gespielt, Becky. Ich schwöre es! Ich hatte immer das Gefühl, eine Frau zu sein.«

Sie lachte. Das half mir, noch härter zu sein.

»Das würde das Make-up erklären, dass du unterwegs immer benutzt hast.«

»Ja, das würde es.«

Sie hörte auf zu lachen. Ich hatte geglaubt, dass ich wirklich unauffällig mit dem Make-up gewesen war. Zumal es Make-up für Männer gewesen war – ein weicher Eyeliner und einfaches Mascara. Becky bohrte nach.

»Aber der Sex«, fragte sie flehend, »hatten wir nicht großartigen Sex?«

Ich fragte mich insgeheim, wie in aller Welt ein Engel wie Becky Sex mit einem Freak wie mir mögen konnte. Sie missdeutete meinen angewiderten Gesichtsausdruck, der eigentlich mir selbst galt.

»Du mochtest den Sex nicht?« Ihr Mund stand weit offen und Tränen schossen ihr in die Augen. Jetzt tat ich etwas, das dumme Menschen manchmal tun: Ich beschloss, sie zu ihrem Besten zu verletzen.

»Der Sex hätte besser sein können, oder?« Gelogen – er war immer fantastisch gewesen.

Sie sagte, dass ich wohl ein falsches Auditing erhalten hätte. Ich erklärte ihr, dass es sich bei meinen Auditings zwölf Jahre lang darum gedreht hatte, dass ich ein Mädchen sein wollte. Selbst Ron hatte davon gewusst und nichts dagegen tun können. »Oh«, sagte sie nur. Ich fragte sie, ob sie sich vorstellen könne, mit mir in Kleidern zu leben. Nein, das könne sie nicht, erwiderte sie. Ich zuckte mit den Schultern und hob ratlos die Hände. Becky schüttelte den Kopf und Tränen tropften von ihren Wangen. Sie drehte sich um und stieg in den Wagen. Ich sah zu, wie sie rückwärts aus der Einfahrt über den leisen Asphalt rollte. Ich sah ihr nach, wie sie umdrehte, die Straße entlangfuhr und dann um die Ecke bog. Jemand anderen zu seinem Besten zu verletzen, ist einfach nicht möglich. Man verletzt andere nur zu seinem eigenen Vorteil. Einige Monate später wurden wir offiziell geschieden. Dass ich auf diese Weise mit Becky Schluss gemacht habe, tut mir sehr leid.

Es stand nichts mehr zwischen mir und der sehr realen Möglichkeit, mich selbst in ein annehmbares Mädchen zu verwandeln. Aber ich verlor die Nerven wegen des Freakfaktors, der schon immer meine Träume von einer Geschlechtsumwandlung überschattet hatte. Ich glaubte nicht, dass ich als Freak leben könnte. Ich löste das Dilemma ähnlich wie ein Mann, der aus einem brennenden Gebäude springt: Ich heiratete noch einmal. Wissen Sie, was man über das Verrücktsein sagt? Dass man immer und immer wieder das Gleiche tut und dabei ein anderes Ergebnis erwartet! In meinem Wahn wagte ich noch einen letzten Versuch als Mann und heiratete zum dritten Mal. Janis war eine Freundin aus der High School und ich war von Anfang an ehrlich.

»Ich bin transsexuell.«

»Du bist nicht transsexuell«, schoss sie zurück. »Du bist ein jüdisches Muttersöhnchen.«

Ich begriff ihre Logik nicht, aber sie war selbst Jüdin und hatte es mit so viel Überzeugung gesagt, dass ich die Möglichkeit tatsächlich in Betracht zog, ein jüdisches Muttersöhnchen zu sein. Außerdem heiratete ich sie zum Teil auch, weil sie mich in unserer ersten Nacht geliebt hatte, als sei ich eine Frau.

»Schöne Brüste hast du da, meine Liebe.«

Janis verzauberte mich. Sie lag auf mir, als wäre sie ein Mann. Sie streichelte und knetete meine Brüste. Niemand hatte mir vorher jemals in die Brustwarzen gekniffen und ich schrie laut auf vor Überraschung. Janis ließ ihre Hand von meiner Brust hinunter an die Innenseite meines Oberschenkels wandern. Sie nahm meinen Schwanz in die Hand, bewegte ihren Daumen an der Kuppe hin und her, die sie meinen Kitzler nannte. Als ich kurz davor war zu kommen, hörte sie plötzlich auf, legte die Hand zwischen meine Beine und ihren Mittelfinger auf meinen Hodensack. Dann kniete sie sich hin und lutschte mich.

»Du schmeckst wie Rosenblüten, meine Süße.« Ich hatte kurz vorher mit dem Rosenöl geduscht, das ein Abschiedsgeschenk von Ruby gewesen war. Bevor ich ihr das jedoch sagen konnte, schob sie ihren Mittelfinger langsam in meinen Hodensack, dessen Haut sich um ihren Finger wickelte. Sie ließ den Finger erst ganz vorsichtig und dann immer härter kreisen, als wäre er in einer Vagina. Ich hatte Jahre zuvor herausgefunden, wie ich das selbst tun konnte, aber jetzt war es das erste Mal, dass jemand es bei mir tat. Ich schob ihr mein Becken entgegen.

»Wie süß – das kleine Mädchen will mehr.«

Sie gab mir mehr, bis ich kam und meinen Bauch vollspritzte. Es war sensationeller Sex. Ich konnte mir fast vorstellen, wie es wäre, wirklich ein Mädchen zu sein. Janis sah so befriedigt aus, wie ich es war. Mit einem strahlenden Lächeln sagte sie:

»Das ist der Beweis. Du bist nicht transsexuell.«

»Was?«

»Du hattest gerade unglaublichen Sex und warst vollkommen glücklich mit der Fantasie. Das heißt, dass du die Realität nicht brauchst.«

»Was?«

»Jüdische Jungs lieben ihre Mütter. Du liebst deine Mutter so sehr, dass du sie sein möchtest. Das ist alles. Bei den Schwulen ist es genau das Gleiche. Sie wollen alle nur Mommy sein.«

»Aber das war gerade unglaublich ... absolut fantastisch.«

»Für dich war es das. Und genau deshalb werden wir es auch nie wieder machen. Das verstärkt bloß deinen Muttersöhnchenkomplex.«

Danach saßen wir uns wieder als ich, der Mann, und Janis, die Frau, im Garten des Blue Nile Restaurant gegenüber, wo sie mich in die Welt der äthiopischen Küche einführte. Eigentlich hungerte ich zu der Zeit, aber es war so köstlich, dass ich einfach ein paar Bissen essen musste. Wenn ich meine Augen schloss und die Luft anhielt, konnte ich immer noch ihren Finger in mir spüren. Verdammt! Ich bestellte mir ein Bier, mittlerweile das vierte oder sechste? Drauf geschissen! Ich bestellte mir einen dreifachen Wodka-Tonic.

»Etwa auch noch Alkoholiker?« Ich sagte ihr, dass ich meinen *Rundown* absolviert hatte und mir Alkohol und Drogen daher nichts mehr anhaben konnten.

»Weißt du eigentlich, wie bescheuert das klingt?«

*

Janis verließ Washington, D.C. und nahm einen Job am Trenton State College in der Nähe von Philadelphia an. Sie hatte entschieden, dass wir in Philly wohnen würden, weil es dort mehr Arbeitsmöglichkeiten gäbe, womit sie recht behalten sollte. Einige Monate später beglückwünschte mich mein Therapeut Greg zu neunzig Tagen ohne Alkohol. Die Treffen bei den Anonymen Alkoholikern hatten gewirkt. Was mir dort am besten gefiel, war der Fokus auf kompromisslose Ehrlichkeit – und ich glaubte ehrlich und kompromisslos daran, eine Frau zu sein. Ich habe nie ganz begriffen, welches Problem L. Ron Hubbard mit Psychiatern hatte. Er redete ständig davon, dass es eine Verschwörung von Psychiatern gab, die die Welt übernehmen wollten. Greg war darauf spezialisiert, ehemaligen Sektenmitgliedern den Weg in die wirkliche Welt zu erleichtern. Wir hatten bereits ein ganzes Jahr mit meiner Reintegration verbracht, als alles in einer Sitzung zusammenkam.

»Wir nennen es erst seit ein paar Jahren ›Posttraumatisches Stresssyndrom‹, nachdem wir festgestellt hatten, dass Personen, die keine Kriegsveteranen waren, nach einem Trauma die gleichen Symptome wie bei einer Kriegsneurose zeigten.«

»Nach einem Trauma?«

»Genau.«

»Zwölf Jahre bei Scientology. Zählt das als Trauma?«

Greg sah mich ungläubig an. Für ihn war es vollkommen klar, dass meine Zeit in der Organisation ein einziges großes Trauma darstellte. Ich hatte das überhaupt nicht in Erwägung gezogen. Jetzt, da ich es begriffen hatte, wurde mir auch etwas anderes klar.

»Und über dreißig Jahre lang so zu tun, als wäre ich ein Mann? Allen den Mann vorzuspielen, obwohl ich keiner bin und niemals geglaubt habe, dass ich als Mann jemals das Mädchen würde ausleben können, als das ich mich schon immer sehe? Könnte das als Trauma gelten?«

Greg nickte langsam.

Wir beschäftigten uns also mit meinem posttraumatischen Stresssyndrom und lenkten dann die Aufmerksamkeit der Therapie auf meine Beziehung mit Janis. Sie hatte Wort gehalten und mich nie wieder so gefickt wie damals. Obwohl ich wieder begonnen hatte, mich für ein Mädchen zu halten, hatten wir einen Hochzeitstermin festgelegt.

»Und warum willst du Janis heiraten?«

»Weil ich kein beschissener Freak sein will. Ich könnte niemals wie ein echtes Mädchen aussehen, auch wenn ich das Gefühl habe, dass ich es wenigstens versuchen sollte.«

»Du glaubst immer noch, dass du nicht schwul bist?« Diese Frage hatte er mir jetzt mindestens einmal zu viel gestellt.

»Genau. Ich bin transsexuell.«

»Überzeuge mich.«

Mir kam nicht in den Sinn, Greg einfach zu sagen, dass ich überhaupt nicht verpflichtet war, ihn zu überzeugen. Er drängelte weiter.

»Du hattest Sex mit Männern, richtig?«

»Ja, oft.«

»Und du hast es genossen, oder?«

»Scheiße, ja, Greg. Natürlich habe ich es genossen. Ich mag Sex mit Männern. Ich will nur nicht mit einem Mann leben.« Eine bisexuelle

Frau hatte den Satz in einem Treffen der Anonymen Alkoholiker gesagt und ich war stolz, dass ich ihn auch verwendete. Aber Greg schoss sofort zurück.

»Das bedeutet meines Erachtens, dass du homophob bist, Al.« Homophobie war ein neues Wort, das ich bei einem Schwulentreffen der Anonymen Alkoholiker kennengelernt hatte. Ich war beeindruckt, dass Greg es kannte und wusste, wie man es benutzte. »Du hast deine Homophobie von deinem Vater und von L. Ron Hubbard gelernt und sie verinnerlicht. Aus die Maus.«

»Nein, nein, nein, nein, nein.« Das war eine Zeile aus *König Lear*.

»Al, was ist falsch daran, schwul zu sein?«

»Leck mich doch am Arsch, Greg. Was ist falsch daran, ein Transsexueller zu sein?«

Wir schrien uns an.

»Du willst also wirklich eine Frau sein?«

»Verdammte Scheiße, Greg: Ich *bin* wirklich eine Frau!«

Wow! Das hatte ich zum ersten Mal gesagt. Wir ließen es beide erst einmal sacken. Ich beendete das Schweigen.

»Meine Betreuerin bei den Anonymen Alkoholikern hat gesagt, dass sie mir nicht weiterhelfen kann. Ich habe ein Problem mit meinem Geschlecht. Deshalb sei eine Frau als Vorbild für ein nüchternes Leben nicht das Richtige für mich.«

»Also?«

»Also habe ich mir einen männlichen, aber nicht allzu männlichen Betreuer gesucht.«

»Und?«

»Er sagt, ich soll mein Kreuz umarmen.« Ich zuckte mit den Schultern. »Er sagt, das sei die Lektion, die Jesus uns gelehrt hat.«

Mein Kreuz umarmen, genau. Meine Mutter glaubte, ich hätte einen Erlöserkomplex, was irgendwie auch stimmte. Mein ganzes Leben war ich schon der Meinung gewesen, dass die Welt nur zu retten sei, wenn man ihre Leiden auf sich nimmt. Ich hatte mich entschieden, mich durch eine weitere Ehe zu quälen – nur um ganz sicherzugehen. Ich umarmte das falsche Kreuz. Ich wusste schon an unserem Hochzeitstag, dass es nicht funktionieren würde, aber ich war zu feige, meine innerliche Wandlung zum Mädchen auch zu leben.

Ein Jahr nach unserem Umzug wurde ich bei Satellite Business Systems angestellt, einer neu gegründeten IBM-Tochter, die in das Geschäft mit Ferngesprächen einstieg, als MA Bell sich auflöste. Wie ich mit den zwölf Jahren Sea Org umging? Sagen wir, in meiner Bewerbung waren nur ein paar Lügen. Am Abend vor meinem ersten Arbeitstag fragte ich mich vorm Einschlafen, wie ich bloß als Hippiejunge, ehemaliges Sektenmitglied und heimliche Queen bei IBM gelandet war, dem Inbegriff amerikanischer Anständigkeit. In der gleichen Nacht, gegen zwei Uhr morgens, weckte mein Vater meine Mutter mit seinen letzten Worten:

»Oh nein! Oh nein! Oh nein!«

Die meisten Leute, die von einem Schlaganfall der Stärke heimgesucht werden wie der, der meinen Vater innerhalb eines Tages und einer Nacht umbrachte, wissen nicht, wie ihnen geschieht. So wie viele andere Leute auch glaubte ich, ein Schlaganfall sei eine Art elektrischer Kurzschluss des Nervensystems, der einem das Gehirn röstet – wie ein Blitzschlag. Aber so ist es nicht. Obwohl der Schlaganfall im Gehirn stattfindet, geht es eigentlich um das Herz und den Blutfluss. Als Internist mit Fachgebiet Herz und Thorax wusste mein Vater über viele Todesursachen genau Bescheid. Seine größte Angst war, durch einen heftigen Schlaganfall zu sterben. Der englische Fachbegriff für Schlaganfall lautet »cerebral vascular accident« – »accident« bedeutet Unfall. Merkwürdig. Vielleicht ist es ja tatsächlich eine Art Unfall, wenn der Blutfluss ins Gehirn plötzlich unterbrochen wird und man das Gefühl hat, gerade eine Metallkeule über den Schädel gezogen zu kriegen.

»Oh nein!«

Vielleicht ist es ein Unfall, dass unmittelbar nach diesem extremen Kopfschmerz die Gehirnzellen beginnen abzusterben und man dadurch verwirrt wird und zwar dermaßen verwirrt und orientierungslos, dass man nicht einmal mehr weiß, dass man in dem Bett liegt, in dem man die vergangenen vierzig Jahre mit seiner Frau geschlafen hat.

»Oh nein!«

Doch so verwirrt mein Vater auch gewesen sein mag: Ein erfahrener Arzt wie er dürfte genau gewusst haben, was mit ihm in diesem Moment passierte.

»Oh nein! Oh nein! Oh nein!«

Als mein Bruder uns telefonisch mitgeteilt hatte, was passiert war, stiegen Janis und ich sofort ins Auto. Wir brauchten drei Stunden bis zum Krankenhaus, in dem mein Vater einst Oberarzt gewesen war und wo meine Tochter und ich geboren wurden. Meine Mutter und mein Bruder saßen schon im Wartezimmer der Intensivstation. Sie waren am Boden zerstört. Eine Schwester brachte mich zu meinem Vater.

Der Raum war leer bis auf das Bett, die Gerätschaften zur Herzüberwachung und den intravenösen Tropf. Alles war weiß, aus Glas oder verchromt. Mein Vater trug ein strahlend weißes Krankenhaushemd. Ich weiß nicht, wo das Pflegepersonal das Hemd aufgetrieben hatte, normalerweise war Krankenhauskleidung pastellfarben oder mit Blümchen bedruckt. Aber die Schwestern wussten, dass mein Vater, der ehemalige Oberarzt, kein Mann war, der in einem pastellfarbenen Gewand sterben wollte. Die Schwester, die mich als Docs Sohn kannte, legte mir mitfühlend die Hand auf die Schulter und ließ mich mit meinem Dad allein.

Zusammengekrümmt auf dem Krankenhausbett sah mein Vater aus wie ein 75-jähriger Fötus, der auf seine Geburt in den Tod wartete. Er war bei vollem Bewusstsein, konnte aber in den eineinhalb Tagen, die sein Sterben dauerte, kein Wort sprechen oder schreiben. Er konnte sich also nicht verabschieden. Er war wütend. Er hatte Angst. In den wenigen Minuten, in denen er still dalag, hechelte er wie ein Hund. Meistens schlug er gegen das Gitter des Bettes. Er brüllte. Er schluchzte. Er schnappte nach Luft. Ich musste etwas sagen, das ihn beruhigen würde. Ich holte tief Luft ...

»Dad, ich bin transsexuell. Schhht, es wird alles gut, versprochen. Hör einfach zu. Ich bin dein Sohn, aber ich hätte die ganze Zeit deine Tochter sein sollen. Ich bin immer noch dein Kind, du bist immer noch mein Vater. Hör zu, Daddy, das ist nichts Schlimmes. Und erklärt sich dadurch nicht alles, was unser ganzes Leben lang zwischen uns stand?«

Mein Gott, hätte ich doch nur ... aber nein. Er war schon gebrochen genug und ich konnte ihm nicht noch mehr Leid zufügen. Ich sagte ihm Dinge, die ihm wichtig waren.

»Dad«, sagte ich, nicht »Daddy«. »Ich bin immer noch trocken, schon über ein Jahr.«

Es war die Wahrheit. Er beruhigte sich und drückte meine Hand.

»Und es sind jetzt sechs Monate ohne eine Zigarette, Dad.«

Das stimmte auch. Er drückte meine Hand noch einmal.

»Heute wäre mein erster Arbeitstag bei IBM gewesen. Wie findest du das, Dad? Was hast du dir dabei gedacht? Willst du mir etwa meinen steilen Aufstieg in die Chefetage vermasseln?«

Er gurgelte. Ich streichelte seinen Kopf, wie bei einem Hündchen. Dann log ich.

»Mit Janis und mir läuft es gut.«

So hatten mein Dad und ich immer miteinander gesprochen. Wir sagten die Wahrheit, wenn wir konnten, und logen, wenn wir mussten. In den darauffolgenden 24 Stunden wechselten meine Mom, Alan und ich uns ab. Als ich wieder an der Reihe war, hatte ich nichts mehr zu sagen, also saß ich einfach nur schweigend bei ihm. Er weinte, aber nur aus dem Auge, mit dem er noch fokussieren konnte. Ich streichelte einige Minuten lang seinen Kopf. Er lag ganz still da und atmete tief ein und aus. Ich tat etwas, was ich noch nie bei meinem Vater getan hatte. Ich beugte mich über ihn und küsste ihn auf die Stirn. Er machte leise sanfte Geräusche, wie ein Welpe.

»Ruh dich einfach aus. Niemand wird dich verlieren, Dad.«

Ich umarmte ihn und drückte meine Wange an seine Stirn. Wir weinten beide – große, nasse Kullertränen, die echte Männer nicht weinen. Aber in dem Moment war keiner von uns beiden ein echter Mann. Wir waren verlorene Jungs, jeder auf seine Art. Ich hielt ihn noch für ein paar Minuten so.

»Ich bin hier, Dad. Ich halte dich fest.«

Er ließ sich ganz in meine Arme sinken. Es war die Art schöner Moment, den ich mir immer mit ihm gewünscht hatte. Und dann war er verloren.

»Oh nein. Oh nein. Oh nein.«

Kapitel 13
Borderline!

»Du hast ihm also nie gesagt, wie wütend du auf ihn warst wegen seines Machogehabes dir gegenüber?«

»Nein.«

Greg versuchte erfolglos, mit mir über meinen Vater zu sprechen. Mein Herz raste.

»Ihr zwei wart wie eine Zeitbombe, die immer kurz davor war hochzugehen, Al. Kein Wunder, dass du auf sein Grab spucken wolltest. Das muss ja eine Wahnsinnsbeerdigung gewesen sein.«

»Oh ja, das war es.«

Ich hatte bei der Beerdigung nicht geweint, aber jetzt liefen mir die Tränen über das Gesicht. Ich fühlte mich am Boden zerstört, wieder einmal. Es schien mir, als hätte es in meinem Leben noch nie eine Zeit gegeben, in der das nicht so gewesen war.

»Al? Was ist los?«

»Ich ... habe Angst. Eine Scheißangst.«

»Wovor?«

Ich hatte keine Ahnung, wovor ich Angst hatte, aber ich hatte gelernt, wie man solchen Fragen ausweicht. Ich sagte Greg, dass er der einzige Mann in meinem Leben war, mit dem ich über die wirklich tiefen Wahrheiten meines Lebens reden konnte.

»Du kennst mich sogar besser als mein Betreuer bei den Anonymen Alkoholikern. «

Greg faltete die Hände vor seinem Gesicht. Ich fuhr fort.

»Du kennst mich besser als Janis. Du kennst mich besser als alle, die ich kenne.«

Er errötete. Ich hatte noch nie etwas von Übertragung zwischen Therapeut und Patient gehört, auch Greg hatte mir nichts davon erzählt.

Ich zitterte immer noch, während Greg noch einen Versuch startete, meine Angstattacke zu stoppen.

»Stimmst du Scientology zu, dass du eine unterdrückerische Person bist? Ein schlechter Mensch?«

»Ich bin schlecht. Ich tue böse Dinge. Ich verletze Menschen.«

»Das tut jeder.«

»Ich tue es sehr oft. Hast du eine Diagnose dafür?«

»Im schlimmsten Fall Soziopath, aber Al: Du bist kein schlechter Mensch. Wie oft muss ich dir das noch sagen?«

Er hatte es schon sehr oft gesagt, aber ich glaubte ihm nie. Ich interpretierte es als seinen toten Winkel und ich wusste, wie man sich in den toten Winkeln der Menschen versteckt. Greg hielt ein kleines, dickes Buch in der Hand und erklärte mir die Bedeutung des *Diagnostischen und Statistischen Handbuchs Psychischer Störungen III*. Verdammt ja, dachte ich mir, endlich ein Regelbuch!

»Menschen mit einer Borderline-Persönlickeitsstörung sind oft feindselig, unkooperativ, manipulativ und impulsiv«, erklärte er behutsam.

Greg warf mir einen Blick über seinen Brillenrand zu, bevor er fortfuhr.

»Borderliner wenden sich häufig gegen Menschen, die ihnen nahestehen.«

Endlich hatte das Kind einen Namen. Ich seufzte erleichtert auf. Er erklärte mir, dass die Diagnose der posttraumatischen Belastungsstörung trotzdem noch gelte, weil es sich hierbei um eine psychische Störung handele. Das Borderline-Syndrom hingegen sei eine Persönlichkeitsstörung und ein Mensch könne durchaus an beiden Störungen gleichzeitig leiden. Darüber bräuchten wir uns aber keine Sorgen zu machen, weil nur zwei Prozent aller Menschen tatsächlich als Borderliner diagnostiziert würden.

»Ach ja«, schoss ich zurück, »und auch nur zwei Prozent aller Menschen werden zu unterdrückerischen Personen erklärt.«
Wir wussten beide nicht, was wir jetzt sagen sollten. Ich sah zuerst weg.
Ich war bei den Anonymen Alkoholikern, weil es bei ihnen um absolute Ehrlichkeit ging und ich ganz ehrlich ein Mädchen war. Ich musste aufhören zu versuchen, der Mann zu sein, der ich nicht war. Ich musste die Möglichkeiten der Transsexualität für mich genauer untersuchen. Janis sagte, sie sei keine Lesbe, und besteht bis heute darauf, dass ich nicht transsexuell, sondern einfach nur ein Muttersöhnchen bin. Die Scheidung ging völlig unproblematisch über die Bühne. Ich überschrieb ihr fast alles: das Haus, die Möbel und das Geld auf unserem gemeinsamen Sparkonto. Das erschien uns beiden gerecht. Es war schließlich mein Fehler – mein Kreuz, das ich zu umarmen hatte, nicht ihres.
Ich bezog eine Einzimmerwohnung im ersten Stock, gleich gegenüber von Dirty Frank's, der berüchtigtsten Kneipe für abgehalfterte Säufer in ganz Philadelphia. Als Erstes rasierte ich mir in meinem ersten Mädchen-Zuhause den Schnurrbart ab. Janis hatte darauf bestanden, dass ich ihn während unserer Ehe stehen ließ. Staunend sah ich mich an. Mein Mund fühlte sich nackt an. Ein Großteil meines männlichen Aussehens war damit schon mal verschwunden. Die Wohnung war nicht besonders hell. Die Wände waren senfgelb wegen der vielen Nikotinschichten, die ein Mieter nach dem anderen hinterlassen hatte. Es dauerte einen ganzen Tag und den größten Teil einer Nacht, um den Geruch mit *Pine-Sol* zu entfernen, die Wände zu schrubben und dann zu streichen.
Eine meiner ersten Anschaffungen war ein Ganzkörperspiegel. Ich war dünn geblieben – Janis litt an Bulimie, ich an Magersucht, aber wir hatten nie über unsere Essstörungen gesprochen. Eine enge Jeans anzuziehen, war also kein Problem für mich. Ich trug schwarze

Mädchenjeans – meine eigenen schwarzen Mädchenjeans – dazu ein einfaches schwarzes Tanktop und schwarze Knöchelturnschuhe von Converse. Mein Vorbild war Nina Hagen, aber ich bekam die Augen irgendwie nicht richtig hin. Ich rauchte Kette wie der Alte – nein: Ich rauchte Kette wie Nina Hagen und sorgte so für eine neue Nikotinschicht an den Wänden. In der ersten Nacht schlief ich nicht besonders viel. Kurz vor Sonnenaufgang entfernte ich alle Mädchenspuren und zog mich für meinen Verkäuferjob wie ein Mann an. Ich war frei, allein und total aufgekratzt. In meinem Leben ging es von jetzt an nur noch in eine Richtung: Ich wollte ein Mädchen sein, auch wenn der Freakfaktor mir immer noch höllische Angst machte.

*

Lachend zeigte ich auf meine Oberlippe.
»Sich hier glatt anzufühlen, ist ein Riesending für mich.«
»Hübsch siehst du so aus.«
Ich errötete. Er lächelte. Er sah über seine Schulter aus dem Fenster. Es hatte noch nicht geschneit. Bis Weihnachten waren es nur noch wenige Tage und für den Abend war der erste Schneesturm vorhergesagt worden. Da ich nicht in einer akuten Krise steckte, nutzten wir die Zeit, um meine Therapiefortschritte zu besprechen. Ich war stolz auf das Maß an Selbstakzeptanz und Selbstbewusstsein, das ich erreicht hatte. Davon abgesehen, dass ich mich fast jeden Abend als Frau kleidete, besuchte ich einmal im Monat eine Selbsthilfegruppe für Crossdresser in New Jersey. Zeit für Freunde blieb da nicht, aber ich hatte sowieso keine. Zumindest waren es keine Freunde, denen ich anvertrauen konnte, dass ich auf dem Weg war, ein Mädchen zu werden. Ich hatte mich in eine Welt zurückgezogen, die klar in Arbeit und Mädchensein getrennt war.

Der Minutenzeiger über Gregs Kopf zeigte an, dass unsere Sitzung in drei Minuten vorbei sein würde. Greg lehnte sich zurück und verschränkte die Arme hinter seinem Kopf. Wie ich aus einjähriger Erfahrung wusste, kündigte diese Geste an, dass er gleich etwas sehr Wichtiges sagen würde.

»Frohe Weihnachten, Al.«

»Frohe Weihnachten, Greg«, erwiderte ich eher misstrauisch als warmherzig. Greg kam gleich zum Punkt.

»Al, ich frage mich, was sich an unserer therapeutischen Beziehung ändern würde ...« Er machte eine Pause und fuhr beinahe träge fort, »wenn ich meine Frau und meine Kinder verlassen und wir zusammenziehen würden.«

Draußen fing es an zu schneien. Der Himmel war ein taubengrauer, gepunkteter Organza. Greg redete weiter. Es war schwierig, ihn durch das Rauschen in meinen Ohren zu verstehen.

»Ich meine es ernst, Al. Denk drüber nach – du und ich. Mach dir ein frohes, kleines Weihnachten und dann sprechen wir darüber in der nächsten Sitzung.«

Ich stand auf und hielt ihm über den Tisch meinen Scheck hin. Er nahm meine Hand, nicht den Scheck, und drückte sie viel zu lange. Ich drehte mich um, um zu gehen. Er brachte mich zur Tür und klopfte mir freundschaftlich auf den Rücken. Dann stand ich inmitten eines Schneesturms.

In der folgenden Nacht wurden die Selbstverletzungen, mit denen ich mich tröstete, gefährlich. Ich hatte seit eineinhalb Tagen nichts gegessen und war extrem manisch. Ich saß auf der Bettkante. Abwechselnd streichelte ich meine Knochen und ritzte lange tiefe Schnitte in meine Arme. Ich rauchte Kette. Weil Janis bei der Scheidung auch den Fernseher und die Anlage bekommen hatte, hatte ich mir bei Radio Shack einen Radiowecker gekauft. Ich fand einen Sender, der keine Weihnachtsmusik spielte und so schallte *Can't Stop the World* von den Go-Go's durch das Zimmer. Nach fünf makellos geraden Linien auf der Rückseite meines Unterarms hörte ich auf. Die Schnitte waren tiefer als sonst, aber unter meinen langärmligen Hemden würde sie im Büro niemand sehen. Gegen fünf Uhr morgens schlief ich ein. Vier Stunden später telefonierte ich, tief über meinen Schreibtisch gebeugt, mit einer Freundin von den Anonymen Alkoholikern. Sie war wütend.

»Das ist sexuelle Belästigung!«

»Okay«, erwiderte ich, automatisch in mein Scientology-Sprachmuster wechselnd.

»Du rufst ihn sofort an.«

»Ja, alles klar.«

»Nein, Al, ich meine jetzt gleich! Du sagst die Sitzung nächste Woche ab und alle anderen auch.«

»Okay. Danke.«

»Und danach sprichst du nie wieder mit ihm.«

Mir wurde plötzlich bewusst, dass mir nichts, was sie da sagte, je in den Sinn gekommen war.

»Wirklich?«

»Natürlich wirklich. Und jetzt ruf ihn an und ruf mich zurück, wenn du fertig bist.«

Ich wollte nicht mit Greg reden, also rief ich ihn an, als er in einer Sitzung war. Ich hinterließ eine Nachricht auf seinem Anrufbeantworter und sagte ihm, dass ich nie wieder mit ihm sprechen wollte. Zwei Stunden später rief er mich im Büro zurück.

»Es tut mir sehr leid, Al. Das war unfassbar falsch von mir.«

»Okay.«

»Al, ich habe etwas Furchtbares getan. Bitte lass uns einen neuen Termin machen.«

Meine Dämonin betrat die Szene. Überraschenderweise war sie anfangs ruhig und vernünftig.

»Du hast mir nie geglaubt, wenn ich dir gesagt habe, dass ich ein Mädchen bin.«

»Ich glaube dir jetzt, Al.«

»Fick dich, Greg. Das glaube ich dir nicht.«

»Ich verspreche dir, dass so etwas nie wieder passieren wird.«

»Fröhliche Weihnachten, Greg. Tschüss.«

In diesem Moment lief mein Chef Bob an meinem Platz vorbei und sah mich fragend an.

»Ein dicker Fisch«, sagte ich ihm. »Nächste Woche wird abgeschlossen.« Ich sah ihn mit einem breiten Grinsen an, beide Daumen nach oben. Er grinste zurück, streckte mir seine eigenen Daumen entgegen und ging weiter. Mein Gott, bin ich ein guter Lügner. Ich boxte mir fest in die Rippen und lächelte über den Schmerz. Es ist Weihnachten, dachte ich, und Schmerz ist das allerbeste Geschenk.

Ich brauchte nicht lange, bis ich eine neue Therapeutin gefunden hatte. Mary war eine bekannte, beliebte und respektierte Butch der Sex- und Gender-Unterwelt Philadelphias. Sie war fast genauso alt wie ich und, was noch wichtiger war, in der ganzen Stadt für ihre Arbeit mit Transfrauen bekannt. In unserer ersten Sitzung ratterte ich die wichtigsten Eckpunkte herunter: zwölf Jahre Sektenmitglied, Schauspieler, Vertreter, Seemann, dreimal verheiratet. Ich zeigte ihr meine hervorstehenden Knochen, die Narben und spuckte die Abkürzungen PTBS, BPS und UP für posttraumatische Belastungsstörung, Borderline-Persönlichkeitsstörung und Unterdrückerische Person aus. Als ich von Greg erzählte, achtete ich darauf, keine Emotionen zu zeigen. Mary sagte mir, sie habe verstanden – alles – und am Ende unserer Sitzung hatte sie einen Plan für meinen Weg zur Genitaloperation entworfen. Es würde etwas über ein Jahr dauern. Ich solle einen Gang runterschalten, sagte sie, und jeden einzelnen Schritt in Richtung Mädchen ganz bewusst gehen. *Frau* – Mary sagte, ich solle mich Frau nennen, nicht Mädchen.

Unter Marys lesbisch-feministischer Führung lernte ich, wie tief ich als angehende Transfrau in der heterosexistischen Weltsicht meiner Zeit verwurzelt war: Ich strebte nach dem Aussehen und der Rolle einer Frau, die aus dem frauenfeindlichen American Dream stammte. Mary ließ mich feministische Theorien studieren. Ich hatte keine Ahnung, was das sein sollte. Ich kannte nur die Verachtung, die in den Stimmen von Männern mitschwang, wenn sie »Frauenbewegung« sagten. Ich wollte meiner lesbischen Therapeutin beweisen, dass ich aus mir eine höchst emanzipierte Frau machen konnte.

»Wie Holly Golightly«, sagte ich stolz.

»Das ist also deine Vorstellung von einer emanzipierten Frau?«

»Na ja ... ja, zu ihrer Zeit war sie das.«

Mary sah mich skeptisch an. Holly war nicht gerade das ideale Vorbild, jedenfalls nicht aus Marys Sicht, deren Einverständnis ich für die Operation benötigte. Sie hatte *Frühstück bei Tiffany* nur als Film gesehen. Mir fehlten die Worte, um zu beschreiben, wie Capote in seinem Roman die durch und durch moderne Holly als ein Mädchen entworfen hatte, das auf eigenen Füßen stand und dabei trotzdem märchenhaft und entzückend war. Ich erzählte Mary nicht, wie viel Angst ich davor hatte, mich in die andere Holly zu verwandeln – das wilde Ding, die Borderlinerin, wie ich mittlerweile herausgefunden hatte. Stattdessen erzählte ich Mary, dass ich hübsch sein wollte. Das brachte sie zum Lächeln. Ich war allerdings alles andere als hübsch, als man mir die Gesichtsverbände abnahm.

»Es war ein furchtbarer Unfall«, erzählte ich meinen Kollegen bei SBS Skyline. »Mit dem Gesicht voll durch die Windschutzscheibe.« Lügner, Lügner, Lügner. Ich hatte mir einen Termin für eine Schönheitsoperation geben lassen, um die hundsgesichtigen Tränensäcke unter den Augen loszuwerden und meine Nase zu verkleinern, damit mein Gesicht ein bisschen mehr nach Mädchen aussehen würde.

»Ich will nichts Stupsiges oder Niedliches«, hatte ich der Chirurgin gesagt. »Nur weniger ... breit. Wenn ich die Geschlechtsumwandlung machen sollte, will ich wie eine Frau aussehen können. Sollte ich mich in letzter Minute dagegen entscheiden, möchte ich wie ein Mann aussehen können.«

»Ja, das krieg' ich hin«, antwortete die Chirurgin.

»Außerdem will ich keine perfekte Nase. Ich will einen Höcker, wie Charlotte Rampling.« Ich zeigte meiner Ärztin ein Foto in einer Illustrierten.

Sie lächelte und sagte, dass sie alles in ihrer Praxis erledigen könne. Das tat sie dann auch. Ich ging fast eine Woche nicht ins Büro, während die Wunden verheilten. Mein Chef und meine Kollegen schickten mir Blumen, wie sie es auch an meinem ersten Arbeitstag getan hatten, als mein Vater gestorben war. Als ich wieder da war, das Gesicht bandagiert wie Claude Rains in *Der Unsichtbare Mann*, waren alle sehr nett zu mir.

Als zwei Wochen später die Verbände abgenommen wurden, fand ich selbst mein geschwollenes, rotes Gesicht zwar nicht hübsch, einige Kollegen sagten aber, dass sie gern selbst so einen Unfall hätten, wenn sie – so wie ich – danach besser aussehen würden als vorher.

»Ich hatte Glück«, log ich. »An dem Abend hatte zufällig ein Facharzt für plastische Chirurgie Dienst.«

»Du siehst hinreißend aus«, schwärmte einer meiner schwulen Kollegen.

»Er hat gesagt, ich sähe hinreißend aus«, schwärmte ich Mary am folgenden Abend vor.

»Tust du auch.«

Mary wollte meine Aufmerksamkeit immer noch von »hinreißend« losreißen und auf die Realitäten des Lebens als Frau in einer Welt von Frauenhassern lenken. Sie schickte mich ans andere Ende der Stadt zu Giovanni's Room – Philadelphias lesbischem, schwulem und feministischem Buchladen, der von den Besitzern Arleen Olshan und Ed Hermance geführt wurde. Bei den beiden fühlte ich mich wohl genug, um ihnen zu erzählen, dass ich auf dem Weg war, eine Frau zu werden, und mehr über Feminismus erfahren musste. Der schwule Ed sah belustigt aus und leitete mich an die lesbische Arleen weiter, die wiederum leicht verwirrt war. Nichtsdestotrotz führte sie mich von Regal zu Regal und zeigte mir Bücher zu dem Thema.

In den Achtzigern achteten Feministinnen darauf, alles zu vermeiden, was Frauen zurück in den Gleichschritt des Patriarchats hätte führen können. Es gab also bestimmt keine feministischen Bücher, die von dem Wunsch handelten, schlank, süß und sexy zu sein. Ich las jede Menge Bücher über Frauenrechte und darüber, wie Männer im Laufe der Geschichte Frauen unterdrückt und in eine Position folgsamer Schwäche gebracht hatten. In vielen Büchern stand, wie man diese Fallen umgehen konnte. Es gab aber tatsächlich keine Bücher darüber, wie man das Leben als sexy Frau genießen konnte. Also kaufte und verschlang ich auch weiterhin Modezeitschriften und Pornos.

Meine Therapiestunden bei Mary fanden ein- bis zweimal in der Woche statt, aber ich ging nicht mehr so häufig zu den Treffen der Anonymen Alkoholiker. Dadurch blieben mir vier bis fünf Tage in der Woche, um bei *The Wilma Project* Theater zu spielen. Das kleine Off-Theater in Philadelphia wurde von Blanka und Jiri Ziska geleitet, zwei Theatervisionären aus der Tschechoslowakei. Bevor ich die Möglichkeit gehabt hatte, osteuropäisches Theater zu entdecken, war ich bei Scientology eingetreten, wo sich das Theater auf Ron beschränkte.

Jiri und ich hatten uns zum Mittag in einem Restaurant im Stadtzentrum verabredet und saßen uns in einer abgeteilten Nische gegenüber. Es waren bereits einige Wochen vergangen, seitdem ich die Verbände von meinem Gesicht entfernt hatte. Die Schwellungen waren zurückgegangen und die Rotfärbung war verschwunden. Ich plauderte also als androgynes Wesen mit Jiri und benahm mich immer mehr wie eine Frau. Ein Teil meiner Therapie bestand darin, Frauen zu beobachten, aber nicht im gruseligen Sinne. Es ging einfach nur darum, genau darauf zu achten, wie sie sich in der Öffentlichkeit bewegten – ihre Haltungen, Gesten, Interaktionen, Sprachmuster und Ausdrucksformen unterschiedlicher Gefühle. Jim Barney hatte mir diese Technik an der Brown University beigebracht, um mich damit auf meine Theaterrollen vorzubereiten. Ich eignete mir dabei verschiedene Eigenarten unterschiedlicher Personen an und verwandelte mich so Stück für Stück in meine Figur. Ich war gut darin und es gehört zum Handwerk der Selbstverwandlung. Ich hatte also schon seit Monaten Frauen beobachtet und wurde allmählich selbst eine. Natürlich saß ich Jiri als Mann gegenüber, aber immer mehr Gesten und Eigenarten hatten sich bereits in Richtung Mädchen verschoben. Ich dachte übrigens weiterhin »Mädchen«, nicht »Frau«, wenn es um mich ging.

Als es in unserem Gespräch dann um seine aktuelle Produktion ging, das Musical *Happy End* von Brecht und Weill, fragte er mich, ob ich für eine Rolle vorsprechen wolle.

»Ich bin transsexuell«, platzte ich heraus. »Ich bin eine Frau ... also, ich werde eine sein.«

»Das sehe ich«, sagte Jiri, ohne zu zögern. »Also: Kannst du singen?«

Er erklärte mir, dass er dem Stück einen Ansager hinzugefügt hatte, der abwechselnd als Mann oder Frau auf der Bühne sein würde.

»Es könnte genau die richtige Rolle für dich sein«, sagte er.

Das Gefühl hatte ich auch. Beim Vorsprechen sang ich die Seeräuberjenny aus der *Dreigroschenoper* und bekam die Rolle. Die nächsten zehn Wochen wechselte ich bei Proben und Vorstellungen in einem Wahnsinnstempo zwischen Mann und Frau hin und her.

Tagsüber arbeitete ich als männlicher Büroangestellter und jeden Abend war ich nicht nur der Ansager mit zwei Geschlechtern, sondern spielte auch noch die Rolle der berüchtigten Dame, die in den Vierzigerjahren unter dem Namen »Die Fliege« eine fiese Verbrecherbande angeführt hatte. Ich fühlte mich wie eine Bösewichtin aus den *Batman*-Comics. In jeder Vorstellung musste ich 27 Mal das Kostüm wechseln. Die Lokalzeitungen in Philadelphia gaben mir ausgezeichnete Kritiken. Die *Philadelphia Gay News* widmete mir ein ganzseitiges Interview, in dem ich darauf hinwies, dass ich nicht schwul sei. Ich erwähnte jedoch nicht, dass ich transsexuell war.

»Süßer«, rief der junge Schwule, der mich interviewte. »Du warst absolut entzückend in deinem paillettenbesetzten Schmetterlingsoutfit. Kann sein, dass du nicht schwul bist, aber du bist auf gar keinen Fall hetero.«

»Entzückend!«, schwärmte ich Mary am nächsten Tag vor. »Er hat mich entzückend genannt.«

*

»Janis Raymond spricht nicht für alle Lesben«, sagte Mary mit Nachdruck. »Und nicht alle Feministinnen werden dich furchtbar finden.«

Nachdem sich der Vorrat an Büchern über Feminismus und Frauenkultur erschöpft hatte, fragte ich Arleen, ob sie irgendwelche Bücher kannte, in denen es um Transsexualität und Feminismus ging. Sie seufzte und empfahl mir, das dünne schwarze Heft nicht zu lesen, dass sie aus einem Regal mit dem Namen *Lesbischer Separatismus* holte: *The Transsexual Empire: The Making of a She-Male* von der radikalen Feministin und belesenen Professorin Janis Raymond, die transsexuelle Frauen nicht mochte – und zwar überhaupt nicht. Ihre Ansichten gehören nicht in dieses Buch. Sie waren jedenfalls so bösartig, dass ich mich umbringen wollte.

Ich brauchte weniger als einen Tag, um einen Plan zu machen: Colorado! Ich würde mich in einen Bus setzen und vom Fahrer am Fuß jenes Berges absetzen lassen, von dem ich vor mehr als zehn Jahren gefallen war, bevor Scientology meinen Weg gekreuzt hatte. Dieses Mal aber würde ich richtige Wanderschuhe tragen und zwei Flaschen Wodka mitnehmen. Ich würde so hoch wie möglich klettern, mir einen Felsvorsprung suchen und dort die beiden Flaschen austrinken. Die Unterkühlung würde mich ganz leise umbringen. Niemand würde irgendeine Sauerei beseitigen müssen und wenn mein Körper wieder auftauen würde, wäre ich ein Festmahl für alle möglichen Kreaturen Gottes. Mary war beunruhigt.

»Heißt das, du willst dich umbringen?«

»Mein Gott, nein«, log ich. »Das heißt nur, dass ich mir wünsche, tot zu sein. Nur weil ich einen Plan habe, heißt es doch noch lange nicht, dass ich es auch tue.«

Mary glaubte mir kein Wort. Ich blieb am Leben. Allerdings kostete es mich einige Monate intensiver Therapie, um Raymonds transphobische Analyse zu entschärfen und zu verstehen, dass eine Geschlechtsumwandlung kein Verrat am Feminismus war. Den Selbstmordplan heftete ich gedanklich für einen späteren Zeitpunkt ab.

Die letzte Hürde, die mir bei der Akzeptanz meiner Transsexualität im Weg stand, war eine Jahrzehnte alte Zwickmühle: Wie konnte ich eine Frau sein, wenn ich Frauen liebte? Mary hatte eine Antwort: Es gab einen Unterschied zwischen sexueller Orientierung und Geschlechteridentität. Bei der sexuellen Orientierung geht es um die Frage, wen und wie man liebt, bei der Geschlechteridentität darum, welches Geschlecht man hat und wie man es ausdrücken will. Die Theorie hatte ich so weit verstanden, aber ...

»Was bin ich denn dann? Ich bin eine Transsexuelle. Ich will eine Frau sein und Frauen lieben.«

»Hört sich für mich so an, als wärst du eine Lesbe.«

Das hatte ich noch nie in Betracht gezogen. In der Geschlechterhierarchie jener Tage waren Lesben echtere Frauen als Transsexuelle – vielleicht sogar im Sinne einer höheren Lebensform. Heterosexuelle Frauen wiederum waren echtere Frauen als Lesben. Ich wusste alles über die Geschlechtslosigkeit der Thetane, aber im wirklichen Leben wurde das Geschlecht einem unveränderlichen, kastenartigen System unterworfen. Mary schlug also vor, dass ich auf der weiblichen Evolutionsleiter einfach eine Stufe nach oben klettern und eine Lesbe werden solle. Außerdem, fügte Mary hinzu, sei es höchste Zeit für meinen Alltagstest. Der Alltagstest war damals fester Bestandteil der medizinischen Richtlinien. Sie legten fest, dass Transsexuelle vor den dauerhaften chirurgischen Eingriffen ein Jahr lang in ihrem zukünftigen Geschlecht leben mussten. Für mich würde das bedeuten, ein Jahr lang durchgehend ein Mädchen zu sein, 24 Stunden am Tag, sieben Tage die Woche. Ich würde mein Bestes geben, wie eine Frau auszusehen, wie eine Frau zu sprechen, wie eine Frau zu überleben. Doch bevor ich meinen Alltagstest beginnen konnte, musste ich ein paar Leute darüber informieren.

*

Es war ein heißer Augustnachmittag an der Küste von New Jersey. Meine Mutter und ich saßen uns im Wintergarten des großen Hauses, in dem ich aufgewachsen war, gegenüber. Wir tranken starken Eistee mit extra viel Zitrone, ohne Zucker. So mochten wir beide unseren Eistee am liebsten.

»Ich muss dir etwas sagen, Mom.«

»Du bist schwul«, sagte sie, ohne zu zögern. Es stellte sich heraus, dass sie das schon lange vermutet hatte und diese Gelegenheit jetzt nutzen wollte, um mir ihre Erkenntnis mitzuteilen.

»Nicht ganz«, antwortete ich vorsichtig. »Weißt du, was eine Transsexuelle ist?«

Eine sommerliche Brise raschelte durch das Laub über dem Wintergarten.

»Ein Transvestit?«, fragte sie. Sie kannte den Unterschied. Natürlich kannte sie den Unterschied. Ihr Mann, mein Vater, war Arzt gewesen. Sie wollte die Wahrheit einfach nicht wissen, aber ich ließ nicht locker.

»Transvestiten wollen Frauenkleider anziehen, Mom. Ich lasse mich operieren, damit ich als Frau leben kann. Das macht mich zu einer Transsexuellen.«

»Und warum erzählst du mir das?«, schoss sie zurück. »Warum hast du mich nicht in dem Glauben sterben lassen, dass ich zwei Söhne habe?« Dass sie zwei Söhne geboren hatte, hob ihren Status in dem konservativen jüdischen Wertesystem, mit dem sie aufgewachsen war. Und da war ich nun und drohte, ihr das zu entreißen. Ich, ich, ich. Immer nur ich.

Ich zeigte kein Erbarmen.

»Mom, ich werde wie eine Frau aussehen. Ich werde wie eine Frau sprechen. Und wenn ich es dir jetzt nicht gesagt hätte, hätten wir uns niemals wiedersehen und nie wieder miteinander sprechen können.«

Meine Mutter stand langsam auf und verschränkte ihre Hände vor ihrer Brust. Sie sprach ruhig und mit aller Überzeugung, die in ihr steckte.

»Du gehst jetzt, junger Mann, dort durch die Tür. Und wenn du diese Sache tatsächlich tust ... wenn du es tatsächlich tust ... brauchst du nie wieder in mein Haus zurückkehren. Du wirst hier dann nicht mehr willkommen sein.«

Ich nickte, kippte den Rest meines Eistees runter und stand auf.

»Warte«, sagte sie. »Wie wirst du dich nennen?«

»Katherine.«

»Du wurdest als Albert geboren, der Name meines Vaters.«

»Okay«, reagierte ich automatisch.

Die Augen meiner Mutter verengten sich zu Schlitzen. Jeder in meiner Familie kannte diesen Blick. Sie nannte es »kleine Augen machen«. Was jetzt kommen würde, war klar. Kleine Augen machte sie immer, kurz bevor sie angriff.

»Wenn ich dich Katherine nennen muss, nennst du mich Mrs. Bornstein.«

»Alles klar«, bestätigte ich auf scientologisch. »Hab' ich verstanden.«

Ich zwang mich dazu, das Haus ruhig zu verlassen, würdevoll. Sie sah nicht, wie ich weinte. Ich sah nicht, wie sie weinte. Später erzählte mir meine Mutter, wie sie dort gesessen hatte, ihren Eistee getrunken und mich dabei beobachte hatte, wie ich mit dem Wagen aus der Einfahrt auf die Straße fuhr und dann um die Ecke biegend aus ihrem Blickfeld verschwand.

*

»Ich bin transsexuell«, sagte ich Bob, meinem Chef. »Der nächste Schritt besteht darin, dass ich ein Jahr als Frau leben werde, und ich würde gern weiter hier arbeiten.« Ich wiederholte die Worte, die ich mit Mary einstudiert hatte.

»Und wann genau wolltest du damit beginnen?«

»Tja, na ja, Mr. Dundon ...«

»Bob.«

»Bob. Also, Bob, losgehen soll es mehr oder weniger ... sofort. Ich würde gern eine Woche freinehmen, um alles zu organisieren. Ich brauche eine komplett neue Garderobe. Wenn ich wiederkomme, werde ich Katherine sein.«

»Katherine.«

»Genau.«

Bob war größer als ich. Er hatte die blonden Haare eines Beachboys und blaue Augen, die Art von Blau, die einen stutzen lassen, wenn man sie zum ersten Mal sieht.

»Wirst du trotzdem weiterhin verkaufen können?«

»Äh ... ja.«

»Kann Katherine so viel verkaufen wie Al?«

»Äh, bestimmt. Ja!«

»Super. Nimm dir eine Woche frei, bereite alles vor und kauf dir ein paar schicke Klamotten. Wir sehen uns dann nächste Woche.«

Er reichte mir seine Hand, bevor er es sich anders überlegte, hinter seinem Tisch vorkam und mich umarmte. Bob war immer ein guter Mensch gewesen. In der Woche darauf sprengte ich fast meine Kreditkarten. Die Outfits waren ein kleines bisschen edler, als es der Dresscode für einen klassischen Bürojob erforderte, und – zack! – mein Leben als Vollzeitmädchen hatte begonnen.

Eine Woche nach dem Gespräch mit Bob machte ich mich zum ersten Mal als Frau auf den Weg zur Arbeit. Ich verließ meine Wohnung direkt nach Sonnenaufgang, kurz vor dem Berufsverkehr, weil ich nicht wollte, dass mich jemand sah. Doch als ich die Haustür öffnete, standen da zwei Bauarbeiter, die mich grinsend ansahen. Meine schlimmsten Ängste hatten sich also bestätigt: Ich lief als Clown durch die Welt – ein Mann in einem Kleid. Doch dann nahm der Ältere seine Mütze vom Kopf und sagte fröhlich:

»Guten Morgen, Miss. Keine Ahnung, was an diesem Morgen schöner ist, der Sonnenaufgang oder Sie.«

Er verarschte mich. Nein, er verarschte mich nicht! Ich hatte mittlerweile einiges über altertümliche matriarchalische Kulturen gelesen. Im Stillen dankte ich einigen Göttinnen, die mir im Gegenzug empfahlen, diesen Mann sofort anzulächeln. Ich lächelte also zurück. Ja!

»Einen schönen Tag noch, Miss.«

Die beiden Männer gingen an mir vorbei und ich sah ihnen hinterher, als sie im Keller verschwanden. Ich drehte mich um, dem wunderschönen Morgen entgegen, schloss die Haustür und betrat die Welt als Vollzeit-Katherine.

Katherines Verkaufsquote war sogar besser als die von Al. Meine Kollegen waren wunderbar, bis auf unseren fundamentalistischen Quotenchristen, der innerlich brodelte, sobald er mich sah. Die Frauen gaben mir Tipps, wie man als Frau am besten verkauft. Ich lernte völlig neue Regeln und Techniken. Die männlichen Kollegen zögerten nicht, mir zu sagen, dass ich gut aussah oder sogar sehr hübsch – aber nur, wenn sie wirklich dieser Meinung waren. An Tagen, an denen sie schwiegen, wollte ich mich am liebsten unter meinem Tisch verkriechen und sterben.

Probleme bereiteten mir ein paar stellvertretende Geschäftsführer von IBM. Drei Tage nachdem ich das erste Mal als Katherine zur Arbeit erschienen war, tauchte ein hohes Tier der Personalabteilung auf: Ich solle entweder wieder als Mann erscheinen oder man würde mich feuern. Selbstgefällig erklärte er mir, dass ich mit dem Tragen von Frauenkleidung gegen den Dresscode bei IBM verstieße. Dass ich trotzdem meinen Job behielt, verdanke ich Scientology. Ohne zu zögern, fragte ich ihn nach der gedruckten Fassung des Dresscodes. Bei Scientology hatten wir eine Redensart: Was nicht geschrieben steht, ist nicht wahr. Es war mehr als eine Redensart – man hatte es uns eingeimpft, wie den trockenen Alkoholikern das »Sag einfach Nein.« Er lächelte überheblich und reichte mir die IBM-Dienstvorschrift mit dem aufgeschlagenen Dresscode. Ich überflog ein paar Seiten.

»Wow, ich verstoße ja wirklich gegen fast alles hier drin. Leider bin ich aber nicht bei IBM unter Vertrag. Ich arbeite für SBS Skyline. Bob ...?«

»Schon erledigt, Kate.« Er reichte mir die Dienstvorschrift für Mitarbeiter von SBS Skyline. Ich blätterte bis zum Dresscode, den ich ein Jahr zuvor schon einmal gelesen hatte. Die Vorschrift war einfach und bestand aus einem Satz, den ich laut vorlas.

»Alle Mitarbeiter haben angemessene Business-Garderobe zu tragen.«

Ich lächelte und drehte eine kleine Pirouette in meinem zauberhaften Kostüm, womit das Thema erledigt war. Der Mann verließ wütend das Büro, wo dann aber in den folgenden sechs Wochen immer mal wieder der ein oder andere Offizielle auftauchte, um die Transe mit eigenen Augen zu sehen. Ich gewöhnte mich dran.

Die nächste Hürde im Büro war die Toilettenfrage. Zur Damentoilette bekam ich ein striktes Nein vom Management und ich weigerte mich, zu den Herren zu gehen. Sie wiesen mir eine Privattoilette sechs Etagen höher zu, wo wegen anstehender Bauarbeiten schon seit Monaten niemand mehr arbeitete. Es war unheimlich, sich dort durch den Bauschutt zu kämpfen. Die Toilette hatte keine Tür und ich musste mein eigenes Papier mitbringen. Es war erniedrigend. Ich hörte auf, am Schreibtisch Kaffee und Tee zu trinken, und hielt mein Pipi so lange wie möglich.

Meine Mutter und ich redeten sechs Monate nicht miteinander, bis zu dem Abend, an dem der Wirbelsturm Gloria auf die Küste New Jerseys treffen sollte. Ich rief sie von meiner Wohnung aus an, um sicherzugehen, dass sie Bescheid wusste. Die Unterhaltung war verkrampft und viel förmlicher als jemals zuvor.

»Wie geht's dir?«, fragte sie endlich. Ich war den Tränen nahe.

»Nicht so gut, Mom.« Ich erzählte ihr, dass es Probleme im Büro gab, weil ich jetzt eine Frau war.

»Ach Schatz«, erwiderte meine Mutter. »Du glaubst, es ist jetzt schon schwer? Warte nur, bis du eine Frau bist.«

»Ich *bin* eine Frau, Mom. Das weiß nur keiner außer mir.« Ich fing doch noch an zu weinen.

»Mom, ich kann jetzt nicht sprechen.« Ich legte auf und weinte in mein Kissen, vielleicht 15 oder zwanzig Minuten lang. Dann klingelte das Telefon. Ich wusste, dass sie es war. Nach dem dritten Klingeln ging ich ran.

»Hallo?«

»Hallo Katherine«, sagte meine Mutter zum allerersten Mal.

»Mom, ich liebe dich so ...«

»Hör auf zu weinen, Baby«, sagte sie mit tröstender Stimme. »Ich liebe dich auch, darum rufe ich dich doch an. Und ich rufe an, um dir Folgendes zu sagen ...« Sie atmete tief ein, bevor sie weiterredete.

»Egal wie sehr deine Welt in Scherben zerfällt – und genau so läuft es, Schatz: Wir bauen uns eine Welt auf, die dann in Scherben zerfällt – egal auf welche Art das also bei dir geschieht: Du wirst immer der gutherzige Mensch sein, der du schon als Kind warst. Das ist das Einzige, was wirklich zählt. Und ich werde immer für dich da sein, mein Schatz. Ich liebe dich, Katherine.«

Sie versicherte mir, dass sie alle Vorbereitungen für den Sturm getroffen hatte. Wir verabschiedeten uns mit den besten Wünschen und sagten einander, dass wir uns liebten. Als wir aufgelegt hatten, fühlte ich mich nicht mehr wie ein schlechter Mensch. Ich fühlte mich nicht mehr leer.

*

Irgendwann wurde SBS Skyline von einer größeren Firma namens MCI aufgekauft. Ich sollte direkt bei Ford Aerospace weitermachen, ein zum Scheitern verurteiltes Start-up-Unternehmen für den Ferngesprächsmarkt. Ich verließ die Firma ohne Wehmut. Ich kannte mich schon genug in der marxistischen Feminismustheorie aus, um zu wissen, dass ich immer tiefer in der klüngelnden, frauenfeindlichen Schlangengrube des amerikanischen Konzernkapitalismus zu versinken drohte. Es gab jedoch eine Alternative. Während meines autodidaktischen Studiums feministischer Theorien hatte ich Dutzende von Büchern gelesen und mich mit vielen Tarot-Decks beschäftigt. Darin ging es oft um alte matriarchalische Kulturen, in denen Göttinnen die Hauptrollen spielten. Ich beschloss, mir einen Job zu suchen, der von dieser Kultur durchdrungen war. Es war einfacher, als ich gedacht hatte. Als ich an diesem Abend die Annoncen im *Philadelphia Inquirer* durchsah, stieß ich auf eine Anzeige für Erotik-Hotlines. Ich erinnerte mich daran, dass die heiligen Frauen der Vergangenheit oft als Tempelprostituierte gedient hatten. Endlich eine Arbeit, bei der ich gleichzeitig heilig und sexy sein konnte!

Ich konnte so sprechen, dass ich wie eine Frau klang, zumindest für die meisten Leute. Am Telefon war es leichter, weil nichts Visuelles den Mann im Kleid verriet. Entscheidend war die Tonhöhe. Sobald meine Tonhöhe ein klein wenig höher war, als die meiner Gesprächspartner, glaubten sie, ich sei eine Frau. Ich hörte mir so lange Laurie-Anderson-Platten an, bis ich das Gefühl hatte, mit genau der richtigen Mischung aus Verspieltheit, keckem Singsang und gehauchter Femme-Stimme zu sprechen. Aufgeregt rief ich bei der Nummer an, während ich mir immer wieder sagte, dass sie meine Stimme wollten, nicht meinen Körper. Der Mann, der für die Einstellungen zuständig war, brachte es ohne Umschweife auf den Punkt.

»Okay, sprich versaut mit mir und sorg dafür, dass ich dich ficken will.«

Darauf war ich vorbereitet. Ich hatte geprobt und verwandelte mich in eine Kaugummi kauende Prostituierte mit einem Herzen aus Gold – Shirley MacLaine in *Verdammt sind sie alle*. Ich lag auf meinem Rücken und schloss die Augen.

»Na, erzähl doch mal, was du so für einer bist ...« Ich erzählte ihm, dass ich mir die Muschi streichelte, was ihn laut nach Luft schnappen ließ vor Vergnügen. Ich streichelte übrigens tatsächlich etwas, aber es war noch keine Muschi.

»Sag mir, was ich für dich machen soll, Daddy«, sagte ich herausfordernd. Ich hörte ihn schlucken – hab ich dich! »Willst du mich ficken, Daddy? Rufst du deshalb an?«

»Oh ja, Süße«, sagte er. »Genau deshalb ruf' ich an.«

Meine Hüften hoben sich von ganz allein und ich räkelte mich – ganz Mädchen – auf meinem Bett. Ich fühlte jeden einzelnen erotischen Nerv in meinem Schwanz, meinen Eiern und tief in mir drin. Es war wunderbar und so schien es sich auch für den Mann am anderen Ende der Leitung anzuhören.

»Mmmh – soll ich dich lutschen und vögeln, Daddy?«

»Oh ja, das ist es – na los, lutsch Daddys Schwanz.«

Eine halbe Stunde später hatte ich den Job. Et voilà – plötzlich war ich eine verführerische Frau. Sechs Nächte pro Woche übernahm ich die Nachtschicht. Es reichte für die Miete. Außerdem hatte ich von irgendeiner Bank nur aufgrund meiner einjährigen Anstellung bei SBS Skyline meine erste Kreditkarte mit 25.000 Dollar Kreditrahmen bekommen. Niemand hatte mir erklärt, wie Kreditkarten funktionierten. Ich fragte auch nie nach, sondern benutzte sie einfach nur. Von einem Moment auf den anderen hatte ich mich erfolgreich aus der Businesswelt zurückgezogen und wurde eine der ersten Telefonsexfrauen der USA.

Es ging nicht immer nur um Sex. Oft waren es kokette Wortgeplänkel, die spielerisch, sogar lustig sein konnten. Nur selten wurde es gemein. Ich spielte oft mit den verschiedenen Stimmen, die ich konnte. Wenn es auf der anderen Seite zu still wurde, imitierte ich die drei Zwerge, die »Folge der gelben Ziegelsteinstraße!« sagten. Dann wurde ich zu Dorothy aus *Der Zauberer von Oz* und die Männer blieben in der Leitung, um ein echtes Kansas-Girl in Oz zu erleben. Das waren also meine ersten Erfahrungen mit virtuellem Sex. Auf meine Stimme und meinen Witz reduziert, war ich völlig unabhängig von meinem als Jungen geborenen Körper. Ich war ein echtes Mädchen und wurde zur Sexfantasie von einem Mann nach dem anderen. Zweimal in der Woche arbeitete ich vor meinen Telefonsexschichten bei einer anderen Hotline. Im folgenden Fall nützte Oz nix. Kansas war in der Leitung.

»Ich habe ein Gewehr«, flüsterte die heisere Stimme aus dem Hörer an meinem Ohr, »und ich werde mich umbringen.«

Es war mein erster Abend an der Schwulen- und Lesben-Hotline der University of Pennsylvania. Ein junger Schwuler hatte den Anruf einer verzweifelten Transfrau in ihren Vierzigern entgegengenommen und den Anruf an mich, die einzige Transe unter den Mitarbeitern, weitergeleitet. Ich sprach schon seit einer halben Ewigkeit mit der Frau.

»Und wenn ich mich nicht umbringe«, knurrte sie, »werde ich auf die Straße zielen und willkürlich andere Leute umbringen. Was also soll ich machen?«

Meine Chefin hörte mit.

»Halt sie in der Leitung«, flüsterte sie. »Sorg dafür, dass sie über sich redet.«

»Äh, warum möchtest du denn eine Frau sein?«

»Ich bin eine Frau, gottverdammt!«

Liebe Göttin, bitte mach, dass ich mich nie so anhöre, dachte ich.

»Ich bin in einem Männerkörper gefangen«, sagte sie. »Und ich ertrage es nicht mehr, ausgelacht zu werden, nur weil ich genau das anhabe, was ich anhaben muss.«

»Ich bin auch eine Transsexuelle«, platzte es aus mir heraus. »Und ich verstehe dich. Ich verstehe dich so gut.«

Lange Pause.

»Kein Scheiß?«
»Kein Scheiß.«
Eine weitere lange Pause.
»Hattest du deine OP schon?«
»Nein, noch nicht.«
»Was hält dich davon ab, dich umzubringen?«
»Jetzt, in diesem Moment«, sagte ich, »bist du das. Du hältst mich am Leben, indem du am Leben bleibst und mit mir sprichst.« Meine Chefin hielt beide Daumen hoch.
»Wie hältst du das aus?«, wimmerte die Transe ins Telefon.
»Tag für Tag ...«, sagte ich gebetsmühlenartig in bester Anonymer-Alkoholiker-Manier.
Stille ... dann:
»Ich habe in Wirklichkeit gar kein Gewehr.«
»Ach ja? Ich kann dir kaum sagen, wie froh ich darüber bin.« Was ich ihr nicht sagen konnte, war, dass ich mich schämte. Ich schämte mich, weil ich dreißig Minuten gebraucht hatte, um ihr zu sagen, dass ich auch transsexuell war. Wir wünschten einander eine gute Nacht und legten auf. Ich knallte meine Faust mit solcher Wucht auf den Tisch, dass die anderen Mitarbeiter im Büro sich erschrocken nach mir umdrehten.

*

Am 24. Januar 1986 genehmigte eine Richterin meinen offiziellen Namenswechsel und aus Albert Herman Bornstein wurde Katherine Vandam Bornstein. Es war auch der Tag, an dem L. Ron Hubbard starb.

Der Commodore war 75 Jahre alt und lebte allein in einem XXL-Wohnwagen auf einer Scientology-Ranch in der südkalifornischen Wüste. Es war zwar ein Luxuswohnwagen, aber trotzdem nur ein

Wohnwagen, denn ein besseres Versteck hatte sich nicht gefunden. Staatsanwälte der US-Regierung hatten den Alten ohne Anklage als Mitverschwörer identifiziert, aber er war auf der Flucht. Die Regierung hatte einen ziemlich wasserdichten Fall gegen mehr als zwanzig Scientologen, die über Jahre die Steuerbehörde IRS unterwandert hatten, um sich dort Personalakten zu besorgen, die Scientology zum Erreichen des Status als nicht-kommerzielle Organisation verwenden wollte. Neben Rons Frau Mary Sue waren zehn weitere Scientologen angeklagt, schuldig gesprochen und zu Gefängnisstrafen verurteilt worden. Mary Sue Hubbard verehrte ihren Mann so sehr, wie meine Mutter meinen Vater verehrt hatte. Beide Frauen beteten ihre Männer an, kämpften für ihre Männer und stellten ihre Männer über sich. Mary Sue Hubbard und meine Mutter gehörten zur gleichen Generation und ich liebte sie beide. Mary Sue war hinter Gittern, als die Liebe ihres Lebens allein in der Wüste starb. Das ist einfach nicht richtig.

Natürlich war er nicht ganz allein. Es gab einige junge Sea-Org-Mitglieder, die sich um den Haushalt kümmerten. Es gab einen Koch, ein paar Stewards, aber es war lange nicht mehr so wie in den guten alten Zeiten, als ihm seine schönen jungen Mädchen in kurzen Röcken die Zigaretten anzündeten, seine Aschenbecher hinter ihm hertrugen oder seine Füße puderten, bevor sie ihm die Socken anzogen. Er erteilte auch keine direkten Befehle mehr innerhalb von Scientology und der Sea Org, hatte also niemanden mehr zum Herumkommandieren. Es hieß, dass David Miscavige die einzige Person war, mit der er noch über die Organisation redete. Zumindest behauptet das David Miscavige.

Er starb in einem Bett, das sich wahrscheinlich platzsparend hochklappen ließ. Es ist allerdings gut möglich, dass ich mit dem hier Geschriebenen falsch liege, weil ich mir diese letzten Informationen über den Alten aus verschiedenen Internetquellen zusammengereimt habe. Sie können ja mal selbst googeln, welche und wie viele Quellen bestätigen, was hier steht. L. Ron Hubbard war verrückt geworden. Auf dem Totenschein steht, dass sich in seinem Körper verschreibungspflichtige Medikamente gefunden hatten – welche Drogen auch immer Psychiater damals Verrückten verschrieben. Sie können das PDF seiner Sterbeurkunde innerhalb von zwei Minuten auf ihrem Bildschirm haben. Gehen sie ruhig, ich warte so lange.

Während der Alte im Sterben lag, war der Kampf um seine Nachfolge bereits voll entbrannt. Hochrangige Scientology-Mitarbeiter wurden dutzendweise in die RPF-Erziehungslager geschickt. Der Sieger dieses Machtkampfes war David Miscavige. Er behauptet, der Offizier gewesen zu sein, dem Ron Hubbard am meisten vertraute. Vielleicht stimmte das sogar.

Es existiert ein Foto von L. Ron Hubbard, das kurz vor seinem Tod aufgenommen wurde. Sie können es auch schnell im Netz finden – es ist ein verschwommenes, fleckiges Bild. Er ist ganz zerzaust, unrasiert und trägt etwas, das nach einem schmutzigen Nachthemd aussieht. Seine Augen sind leer, sein Mund ist halb geöffnet. Es ist herzzerreißend. Ja, ja, ja – er war ein gemeiner, alter Mann, aber viele von uns hatten trotzdem einen besonderen Platz für ihn in unseren Herzen – wie für Daddy. Er war ein bösartiger Daddy, keine Frage, aber ein Daddy. Bis jetzt hat sich im Netz noch niemand gemeldet, der dabei war, als der Alte ging; niemand, der seine Hand gehalten und mit ihm geweint hätte. Wäre ich dabei gewesen, ich hätte es getan.

Kapitel 14
Stufen des Lebens

Als ich ein Mädchen wurde, war ich ein 38-jähriger Mann, der die verlorene Zeit aufholen musste. Einfach war es nicht. Ich musste als Mädchen bei Null anfangen, genau wie ich mir schon das Leben als Junge hatte beibringen müssen. Schön war das auch nicht.

Als ich ein Mädchen wurde, war ich schon seit meinen Teenagerzeiten ein Spezialist für Magersucht.

Als ich ein Mädchen wurde, blutete ich nicht einfach so. Es kostete mich jahrzehntelange Übung, aber ich lernte, wie ich mich zum Bluten brachte. Ich benutzte Skalpelle und Rasierklingen, alles, was scharf war.

Als ich das erste Mal aus den Augen eines Mädchens in die Welt blickte, erreichte die Aids-Epidemie in den größeren Städten der USA gerade ihren Höhepunkt. Schwule Männer starben zu Tausenden und es war einfach nur Losglück, dass ich nicht auch einer von ihnen war. Ich war eine frisch gebackene Lesbe und Aids verbreitete sich nicht so schnell in den sapphischen Fluren der sexuellen Unterwelt.

Als ich ein Mädchen wurde, war ich hässlicher, als sich mit Worten beschreiben lässt – zumindest verglichen mit den Mädels in den Zeitschriften. Ich wusste damals noch nicht, dass *Playboy*, *Elle* und *Vogue* die Bilder ihrer Models retuschierten. Ich dachte, man könne wirklich so schön sein. Ich war zwar dünn, aber das Problem bei Magersucht ist, dass man sich immer noch für fett hält. Als ich ein Mädchen wurde, sah ich im Spiegel nichts weiter als einen fetten Mann mittleren Alters in einem Kleid, der an einem Scheideweg stand: Frau – hier entlang/Theater – dort entlang. Weil ich keine Möglichkeit sah, beides miteinander zu vereinen, mich aber gleichzeitig weder für das eine noch das andere entscheiden konnte, schien mir mein Leben kaum lebenswert zu sein. Immer öfter fantasierte ich von den Berggipfeln in der Nähe von Denver oder in Maine: Ich, zwei Flaschen Wodka und eine Unterkühlung. Die perfekte Methode. Es war das Theater, das mir das Leben rettete, nicht das Frausein. Als Frau hatte ich versagt.

Mit der Grafikerin, Malerin, Cartoonistin und Komikerin N. Leigh Dunlap gründete ich eine lesbische Theatergruppe. Wir nannten unser Ensemble *Order Before Midnight*, weil das irgendwie gut klang, und produzierten zwei Stücke. Während dieser Zeit entstanden enge Freundschaften, andere gingen für immer auseinander. So läuft es halt im Showbusiness ...

*

»Fährst du zurück nach Philly?«

»Jadida«, zwitscherte ich. »Ich schaffe den letzten Zug. Fährst du mich zum Bahnhof?«

Cindy hatte sich wieder in Chuck verwandelt. Chuck brachte mich immer nach unseren monatlichen Crossdresser-Treffen zum Bahnhof. Ich half gerade in der Küche unserer Gastgeberin Sabrina beim Spülen des Geschirrs. Sabrina, die einen Perückenladen führte, nahm für die monatlichen Treffen nur eine kleine Spende. Ihr Geld verdiente sie mit Perücken, Klamotten und Privat-Coachings für die Ladys. An diesen Treffen nahm ich einerseits wegen der Überlebenstipps teil: Wie kleidet man einen Männerkörper so, dass er wie der einer Frau aussieht? Wie schafft man es, dass ein Männergesicht aussieht wie das einer Frau? Andererseits ging ich aber auch weiterhin zu den Treffen, um sicherzugehen, dass ich nicht zu diesen Männern gehörte. Ich glaubte, eine echte Frau zu sein, während sie nur so taten als ob. Zumindest dachte ich das.

Monat für Monat sah ich ihnen dabei zu, wie sie sich Rüschenkleider, Abendroben und Damenunterwäsche anzogen, sich aber immer noch wie Männer benahmen. Sie rauchten Zigarren. Sie boxten sich gegenseitig auf die Arme. Sie redeten mit tiefen, rauen Stimmen über ihre Kapitalanlagen, Terrassen, Grillplätze und über ihre kleinen Frauen. Und sie nahmen viel zu viel Platz ein, was mich bei Männern grundsätzlich am meisten ärgert. Ich verbrachte den Großteil der Zeit mit Sabrina und Gesprächen über Schulterpolster, Plateauschuhe und dreifarbiges Augen-Make-up.

Chuck lehnte also an der Küchentür und sah uns zu, bis wir mit Spülen fertig waren. Er hatte mir vor einigen Monaten erklärt, dass er nicht in der Küche helfe, weil er ein zahlender Kunde sei. Aber als Mädchen war er wirklich niedlich. Jetzt trug er eine leichte Baumwollhose und einen weichen, pastellfarbenen Kaschmirpullover und sah eher aus wie ein Mädchen, das versuchte, ein Junge zu sein. Sein Anblick verschlug mir den Atem. Wir hatten uns vorher schon ein paar Mal geküsst. Wir wünschten unserer Gastgeberin eine gute Nacht und liefen die Straße entlang bis zu seinem unglaublich coolen, tiefergelegten Muscle-Car. Er hielt mir die Tür auf.

»Es ist schon spät«, sagte er. »Übernachte doch einfach bei mir. Ich bringe dich dann morgen in aller Frühe zum Bahnhof.«

Ich könne in seinem Bett schlafen, sagte Chuck. Er würde die Couch nehmen. Es kam anders. Kurz nachdem ich eingeschlafen war, wachte ich mit der schönen Cindy auf mir sitzend wieder auf. Sie hielt mit beiden Händen mein Gesicht fest, beugte sich vor und küsste mich brutal auf den Mund. Ihre Bartstoppeln werden rote Kratzspuren hinterlassen, dachte ich. Ich erwiderte den Kuss nicht. Das missfiel ihr, was sie mir auch sagte. Dann verpasste sie mir eine heftige Ohrfeige.

»Sei gefälligst nett«, sagte sie drohend. »Ich weiß, dass du auf SM stehst. Deine Augen leuchten immer, wenn bei den Treffen davon geredet wird.« Sie setzte sich mit gespreizten Beinen auf meine Brust, die Knie auf dem Bett links und rechts von meinem Oberkörper. Sie oder er griff nach meinem Schwanz und beugte sich vor, um mich zu küssen. Ich stöhnte in ihren Mund. Er knetete meine Brüste, die noch nicht einmal Körbchengröße A hatten. Ich riss meinen Kopf von ihrem Mund weg.

»Hör auf! Das tut weh!«

Als er mich wieder schlug, sah ich Sterne. Sie richtete sich auf, schob ihre Hüften näher an mein Gesicht, hob ihren Bademantel und drückte seinen Schwanz gegen meine Lippen.

»Lutsch mich, du Schlampe«, knurrte er. »Lutsch mich!« Und das tat ich ... viel zu lange. Er schlief in seinem Kleinmädchenbett mit pinkfarbener Bettwäsche, während ich bis zum Morgengrauen in der Küche saß. Kurz vor Sonnenaufgang fuhr er mich zum Bahnhof. Im Radio erzählte irgendjemand irgendwas über Jassir Arafat. Ich wollte mir die Lippen vom Gesicht schälen und presste meine Wange fest gegen das Autofenster. Der Schmerz und die Kälte fühlten sich wunderbar an.

*

Dr. Stanley Biber redete sehr gern über den Koreakrieg. Er war Chirurg der MASH-Einheit 8055 gewesen, die als Vorbild für die Einheit 4077 im Roman, Film und in der Fernsehserie *M*A*S*H* diente.

»Wir mussten bei den OPs improvisieren«, erzählte er mir. »Wir hatten keine vernünftige Ausstattung, also mussten wir uns immer irgendwas Verrücktes einfallen lassen.«

Als wir uns nach der Untersuchung an seinem Schreibtisch gegenübersaßen, konnte ich es kaum erwarten, zu erfahren, welche verrückte Improvisation er sich für meine OP überlegt hatte.

»Ihre Operation ist komplexer als üblich.«

Ach du Scheiße.

»Vor der Penisinversion werde ich zwei rechteckige Hautlappen Ihres Hinterteils oder Ihrer Oberschenkel entnehmen müssen und sie für das Einsetzen vorbereiten.«

»Wo denn einsetzen?«

»In Ihre neue Vagina.«

»Wofür?«

»Für Tiefe.«

»Häh?«

»Ihr Körper wird jetzt schon ziemlich lange mit Östrogenen vollgepumpt. Daher ist Ihr Penis ziemlich geschrumpft.«

»Und?« Das hörte sich auf jeden Fall nach einer verrückten Idee an, aber er erklärte es mir geduldig.

»Ihr Penis ist klein. Er wird sogar noch kleiner sein, wenn Sie in sechs Monaten operiert werden. Sie werden nicht genügend Tiefe haben.«

Ich fühlte mich wie bei einer Comedy-Nummer, bei der ich die Pointe nicht verstand.

»Tiefe wofür?«

»Für Geschlechtsverkehr! Verstehen Sie das denn nicht? Ihre Vagina wird nicht tief genug für einen durchschnittlich großen Penis sein. Die Extrahaut brauchen wir für zusätzliche Tiefe und Sensibilität.« Er lehnte sich mit charmanter Selbstzufriedenheit zurück. Die Spannung wich aus meinen Schultern und ich seufzte erleichtert auf.

»Diese Art von Tiefe brauche ich nicht.«

»Wie meinen?«

»Ich werde keinen Geschlechtsverkehr dieser Art haben.«

»Was?«

»Ich bin eine Lesbe.«

Doc Biber schlug sich mit der flachen Hand vor die Stirn und lachte schallend. Unser Gespräch endete wie eine klassische Folge von *M*A*S*H:*

»Sie sind eine Lesbe! Natürlich! Warum haben Sie das nicht gleich gesagt? Nein, wir brauchen keine Extrahaut. Sie werden völlig mit dem zufrieden sein, was Sie haben.«

Der Mann gefiel mir. Wir vereinbarten einen OP-Termin für den 1. Mai 1986. Ich war schon zwei Tage früher vor Ort, weil ich mir so sicher war, wie man nur sein konnte. In den vergangenen zwei Jahren hatte ich eine Liste mit mehr als neunzig Fragen aufgestellt, die die Entscheidung für eine geschlechtsangleichende Operation auf die Probe stellten. Es lief immer auf dasselbe hinaus: Ein Leben als Mann war es für mich nicht wert, gelebt zu werden.

Crossdressing hatte ich als Option ausgeschlossen. Die verbleibenden Möglichkeiten waren: Dragqueen, She-Male-Prostituierte oder echte Frau beziehungsweise dem so nah wie möglich zu kommen. Ich war weder hübsch, elegant oder feminin genug, um es als Dragqueen oder Prostituierte zu schaffen. Für Sexarbeit war ich zu alt, abgesehen von Telefonsex, aber der Markt war mittlerweile gesättigt. Der einzige Weg führte also direkt in das Mt. Saint Raphael Hospital in Trinidad, Colorado, wo der gute alte Doc Biber mit seinen verrückten Improvisations-OPs Jungs in Mädchen und Mädchen in Jungs verwandelte. Leitung und Personal des Krankenhauses waren von der kirchlichen Organisation *The Sisters of Charity*. Ich musste dort eine Woche lang dem Drang widerstehen, ihnen zu erzählen, dass ich schon immer eine Braut Christi hatte sein wollen, um mich dann von ihm scheiden lassen zu können – wie Audrey Hepburn in *Geschichte einer Nonne*.

Zwei Tage vor meinem OP-Termin parkte ich meinen Mietwagen also vor dem Trail's End Motel auf der East Main Street. Ich hätte keinen besseren Namen für ein Motel erfinden können, in das so viele Jungs wie ich kamen, um das Mädchen ihrer Träume zu werden.

Es gehört zur Routine jedes Reisenden, sein Gepäck in den seltsamen und unvorhersehbaren Hotelzimmermöbeln zu verstauen. Die Toilettenartikel im Bad und die Hängesachen im Schrank zu verteilen, war kein Problem. Das hatte ich schon Hunderte Male als reisender Krieger und Registrator von Scientology getan. Dies war aber meine erste Reise als Vollzeitfrau und beim Auspacken der restlichen Sachen war ich zögerlich und unsicher. Gehörten BHs und Slips in dasselbe Fach wie das rote Baumwollnachthemd? Ich dachte gerade darüber nach, als eine meiner Kostbarkeiten auf den einstmals leuchtend hellgrünen Wollteppich fiel. Ich bückte mich danach und warf einen Blick unter die Kommode. Der Boden war makellos sauber. Es berührte mich, dass sich jemand die Zeit genommen hatte, besonders sorgfältig zu putzen, weil er oder sie wusste, dass eine Transe in dem Zimmer schlafen würde. Trinidads Wirtschaft hing von den Transen ab, weshalb die Einwohner größtenteils wirklich nett zu uns waren.

Dann entdeckte ich unter der Kommode, ganz hinten an der Teppichleiste, einen Lippenstift und ein Fläschchen mit hellblauem, flüssigem Eyeliner – die Talismane anderer Transen. Wir alle ließen Geister zurück. Es waren die Geister jener Männer oder Frauen, die wir so lange vorgegeben hatten zu sein, bis es so sehr schmerzte, dass nur noch die Operation oder Selbstmord übrig blieben. Trail's End war voll von den Geistern der Männer, die eigentlich Frauen waren. Es waren Geister von Frauen, die mit einem Geburtsfehler auf die Welt gekommen waren und diesen Fehler nun beheben ließen, damit sie endlich die Frauen sein konnten, als die sie sich immer gesehen hatten. Dazu gehörten blauer Eyeliner und rubinrote Lippen. Ich wollte nicht berühren, was diese Geister hinterlassen hatten, ebenso wenig wie die Person, die den Boden so makellos geputzt hatte, ohne diese Talismane der Trail's-End-Geister wegzuräumen.

Am Morgen der OP lag ich, benebelt von Antihistaminika, entspannt auf einer Krankentrage. Dr. Biber war in einer leutseligen Stimmung. Ich erinnere mich nicht mehr daran, was er erzählte, aber seine typisch verschrobene Doktorart wirkte beruhigend. Meine Hand umklammerte das kleine Ledersäckchen mit kraftvollem Rosenquarz und Apachentränen. Marsha Botzer hatte mir versprochen, sie später für mich in den Operationssaal mitzunehmen. Als Transfrau und Therapeutin beriet sie Transmenschen aus Seattle und begleitete sie regelmäßig zu den Operationen nach Trinidad. Ich hatte Marsha, meine magische Geburtshelferin, am Tag vor der OP kennengelernt und wir sind bis heute eng befreundet. Sie wusste genau, wie aufgeregt ich war, und sah mich mit einem breiten Lächeln an. Als die Krankenschwester den Tropf mit den Gute-Nacht-Medikamenten anstellte, nahm Marsha mir das Säckchen mit den Kristallen aus der Hand. Die krassen Anästhetika wirkten schnell und alles wurde schwarz. Als ich wieder aufwachte, lag ich in einem Krankenhausbett, in dem ich in der kommenden Woche heilen würde.

Oh. Meine. Göttin. Es tat so weh, die ganze Woche. Am ersten Tag war es so schlimm, dass ich nur weinen konnte. Meine Freunde von den Anonymen Alkoholikern hatten mir geraten, auf starke Schmerzmittel zu verzichten, weil sie möglicherweise den starken Drang zu trinken auslösen könnten. Abgesehen von Tylenol nahm ich nach der Operation also keine Schmerzmittel. Sobald ich den Körper einer Frau hatte, lernte ich, wie man mit stechendem Schmerz umgeht: Man muss es genießen. In meinem ersten klaren, tränenfreien Moment zog ich eine Tarotkarte: Es war das As der Kelche, was Glück bedeutet. Geht doch!

Acht Tage danach war ich wieder in Philadelphia, wo meine Freundin Kim mich täglich besuchte. Sie war die sanftmütigste Butch, die ich kannte, und hatte die weichsten Lippen. Als sie beschlossen hatte, dass ich gesund genug dafür war, blieb sie über Nacht und schenkte mir meinen ersten vaginal stimulierten Ganzkörperorgasmus – die Art von Orgasmus, die Lesben mit Worten wie »Wellen der Lust« beschreiben. Genau das schenkte mir Kim in jener Nacht: Wellen der Lust.

Im Laufe des folgenden Jahres schlug ich Brücken zur lesbischen Szene und riss sie wieder ein. Schon allein mit meiner offenkundigen Neugier auf Sadomasochismus brachte ich viele Lesben gegen mich auf. Ich gründete mit anderen eine transsexuelle Selbsthilfegruppe, aus der man mich dann ausschloss, weil ich als Lesbe keine echte Transsexuelle mehr sein konnte. Ein Jahr lang arbeitete ich in Philadelphias Ausschuss für sexuelle Minderheiten, einer Kommission des Bürgermeisters. Durch mein kleines Zwischenspiel am Theater war mein alter Freund und Theatermentor John Emigh auf mich aufmerksam geworden. Er bat mich, bei der ersten Tagung der Organisation *Women In Theater* aufzutreten, die im Vorfeld des zweiten Treffens der *Association of Theater in Higher Education* abgehalten werden sollte. Ich hatte nicht einmal gewusst, dass es so etwas überhaupt gab.

Es war der Morgen vor meiner Performance. Das Publikum lauschte nickend einem Vortrag, in dem die Rednerin komplexe Verbindungen zwischen Dramaturgie, Feminismus und postmoderner Theorie knüpfte. Ich hatte keine Ahnung, wovon sie redete. Die Sprecherin sagte etwas über »den männlichen Blick«, ich verstand so was wie »der männliche Fick«. Plötzlich flüsterte jemand gut hörbar im Publikum:

»Ich glaube, da ist ein Mann in Frauenkleidung.«
Es sollte ein Flüstern sein.
»Ein Mann? Wo? In Frauenklamotten? Was?«
»Dort drüben.« Zwei Frauen eine Reihe vor mir drehten sich um und starrten mich an.

Es waren fast nur Frauen in dem Raum. Drei von ihnen hatten sich als Lesben geoutet. Der einzige Mann war mein Freund und Mentor John Emigh. Und dann gab es noch mich, die Transsexuelle.

»Ein Mann? Hier gibt es keinen Mann.«

Dr. Vicki war eine der Organisatorinnen der Tagung. Sie sah mich an, stufte mich als Frau ein und ließ ihren Blick zu der Frau neben mir schweifen. War sie womöglich der Mann in Frauenkleidern? Die andere Frau starrte mich immer noch an. Sie wusste es und sie wusste, dass ich wusste, dass sie es wusste. (Verzeihen Sie mir – ich wollte schon immer mal so einen Satz schreiben.)

»Doch, es gibt einen«, sagte die wissende Frau. »Da ist ein Mann in Frauenkleidern.« Es war Dr. Sue, eine der drei Lesben und auch eine Organisatorin der Tagung. Dr. Sue bezeichnete sich gleichzeitig als Lesbe, marxistische Arbeiterklassen-Butch, Theaterkünstlerin, Kritikerin und Theoretikerin. Diese Verschmelzung von Identitäten ließ mich erschauern vor Lust. Sie wurde fast immer als Genie bezeichnet, auch wenn ein oder zwei Frauen sie hinter vorgehaltener Hand kratzbürstig nannten.

»Wo? Ich sehe keinen«, murmelte Dr. Vicki.

Ich trug schon das Outfit für meine Performance am Nachmittag: Jeans, schwarzer Rollkragenpullover, hohe Turnschuhe. Als mädchenhaftes Accessoire hatte ich mir einen ziemlich abgenutzten, olivgrünen Baumwollschal umgebunden. Dr. Sue sagte wieder in ihrem extralauten Bühnenflüstern:

»Na der da.«

Sie zeigte mit anklagendem Finger auf mich. »Sieh doch mal richtig hin. Das ist ein Mann in Frauenklamotten.«

»Sei nicht albern«, kicherte Dr. Vicki leise, »du weißt bloß nicht, wie große Mädchen aus dem Mittleren Westen aussehen.«

Ich lachte und weinte, aber nur innerlich. Wer mich anblickte, sah jemanden, der der Vortragenden ganz besonders aufmerksam zuhörte – wer auch immer sie war oder was auch immer sie in ihrem wahnsinnig postmodernen Akademesisch erzählt haben mag. Ich war eine Transsexuelle inmitten echter Frauen – wirklich kluger Frauen. Was zur Hölle machte ich hier eigentlich? Angst schnürte mir die Kehle zu.

Ich verabschiedete mich geistig und versteckte mich in mir, während die Vortragende weiterredete.

»Blabla Hegemonie. Bla bla bla patriarchalisches Bla. Bla bla bla bla, vierte Wand.«

Ich tauchte tief in meinen Verstand ein und dachte mich an den Ort, wohin ich auch immer verschwand, wenn ich mich ritzte. Dadurch fühlte ich mich stark. Ich würde alles aushalten können, was sie mir antun wollten. Ja! Ich war Hexe genug, um einen magischen Schutzkreis um mich herum zu zaubern. Niemand, der mich verletzen wollte, würde in mein magisches, von der Göttin geschütztes Kraftfeld eindringen können. Ich hatte meine Präsentation gut geprobt. Sie basierte auf Rollen, die ich alle schon gespielt hatte, weshalb ich mir immer noch eine gute Show zutraute, egal wie weit ich mich in mein Inneres verkroch. Ich hatte das auch schon bei anderer Gelegenheit geschafft. Solche Vorstellungen sind allerdings nie die besten, weil man spielt, als lenke man einen Avatar in einem Computerspiel. Aber ich würde in der Lage sein, das Geprobte abzuliefern.

Zuerst würde ich Tolen spielen, den Ultramacho und Sexprotz aus Ann Jellicoes Stück *The Knack ... and how to get it*. Tolen ist die Art von Typ, der weiß, wie man es den Weibern so richtig zeigt. Dann würde ich dem Publikum den Rücken zudrehen, tief einatmen und mich beim Umdrehen in die Fliege verwandeln, jene Bandenanführerin und fabelhafte Dragqueen-Showmasterin aus Brecht und Weills *Happy End*. »Dragqueen« ist ein ganz besonderes Geschlecht, das ich mir mit viel Übung antrainiert hatte. Danach würde ich mich ein zweites Mal umdrehen, wieder tief einatmen und zu Sue werden, der älteren, lesbischen Sugar-Mommy aus Jane Chambers Stück *Last Summer At Bluefish Cove*. Zum Schluss würde ich mich verbeugen, von der Bühne gehen und nach einem kurzen Moment für das Publikumsgespräch zurückkehren. Ich hatte Angst, aber ich war bereit, mir für sie die Seele aus dem Leib zu spielen.

Als John Emigh mir vorgeschlagen hatte, an der Tagung teilzunehmen, sagte ich ihm, dass ich mir gar nicht wirklich sicher sei, ob ich eine Frau sei. Er erzählte mir, dass im Laufe des vergangenen Jahres in akademischen Theaterkreisen hitzig über Biologie und Natur auf der einen Seite sowie Kultur und Erziehung auf der anderen diskutiert worden war. Im Kern ging es dabei um Geschlechteridentität und sexuelle Orientierung. Er behauptete – naiv, aber letztendlich mit Recht –, dass es eine tolle Sache für mich wäre, wenn diese Leute und ich einander kennenlernten. John trieb schon immer gern Schabernack.

Und so lief die Performance: Ich stellte meine drei Geschlechter dar und verbeugte mich vor einem schweigenden Publikum, das keine Reaktion zeigte. Später erklärten mir einige Frauen, dass es patriarchalisch gewesen wäre, die Darbietung zu beklatschen. Ich drehte mich gerade um, um von der Bühne zu gehen, da hatte Dr. Elin bereits zu reden begonnen.

»Deine Arbeit zeigt nichts weiter als inszenierte Repräsentationen von Geschlechterrollen. Du benutzt lediglich Schauspielertricks, um uns glauben zu machen, dass dein Dargestelltes nie ein Konstrukt war.«

Was?

»Und was sollte eigentlich dieses Umdrehen? Hattest du Angst, uns anzusehen?«

Was?

Eine Frau nach der anderen gab ihren Senf dazu. Sie analysierten mich in einer Sprache, die ich nicht verstand. Sie verwendeten Worte wie »hegemonisch« und »der männliche Blick«. Dr. Sue verlinkte meine Darbietung irgendwie mit Marxismus und bezeichnete mich dabei ausdrücklich als Mann. Ich reagierte genauso stumm auf die Fragen der Frauen, wie sie auf meine Darbietung reagiert hatten. Als jede Frau in dem Raum etwas gesagt hatte, meldete sich John Emigh zu Wort.

Er erklärte, dass ich in der Universität Schauspiel bei ihm studiert habe und dass meine Darbietung zu den großartigsten gehöre, die er je von mir gesehen habe. Natürlich handele es sich um inszenierte Repräsentationen – es sei schließlich Theater, Schauspielerei. Allerdings repräsentiere es gleichzeitig mein Leben. Er fügte hinzu, dass ich mich dabei aus der Schauspieltrickkiste bedient hätte, weil ich schließlich ein Schauspieler sei und zwar ein verdammt guter. Es ginge hier, wiederholte er, um Theater und Schauspielerei. Er schloss mit der Bemerkung, dass ich mich natürlich zwischen der Darstellung der einzelnen Figuren habe umdrehen müssen, nicht zuletzt, weil ich es mit einem nicht besonders wohlwollenden Publikum zu tun hatte. Ich selbst konnte nicht sprechen. Aber John sprach für mich: wie ein weiser, alter Professor, der passend dazu ein zerschlissenes Tweed-Jackett mit Ellbogenaufsätzen trug. Vor allem wegen dieser Geschichte habe ich John Emigh mein erstes Buch *Gender Outlaw* gewidmet.

Zu der wichtigen Dr. Sue sei noch erwähnt, dass sie mir ein Jahr später dann zugestand, mich eine transsexuelle Lesbe zu nennen, wenn sie sich als Arbeiterklassenlesbe bezeichnete. Uns verbindet bis heute eine wunderbare und vergnügliche Freundschaft.

*

Ich war insgesamt sechs Jahre in Philadelphia. Ich konzentrierte mich manisch auf mein Innenleben und war wie besessen von meiner Geschlechtsumwandlung, die all meine Energie in Anspruch nahm. Ich ließ vielen jener unangenehmen Charaktereigenschaften freien Lauf, die in einer unterdrückerischen Person mit Borderline-Persönlichkeitsstörung schlummern. Das ist nicht ironisch gemeint. Zu einigen Menschen, die mir nahestanden, war ich wirklich gemein. Der Fairness halber sei gesagt (und fair zu mir selbst zu sein, lerne ich gerade erst), dass ich trotzdem in Philadelphias Lesbenszene einige

Freundschaften fürs Leben geschlossen habe. Ich brauchte fast ein Jahr, um genug Geld für einen Umzug anzusparen. Als ich die Stadt verließ, hatte ich mich fast vollständig aus der Theaterwelt und Lesbenszene zurückgezogen. Ganz allein packte ich mein Hab und Gut in zwölf Pappkisten und schickte sie mit einem Möbeltransport in Richtung Westen.

Niemand hatte mich aus der Stadt gejagt, ich schlich einfach nur unendlich einsam mit eingezogenem Schwanz davon. In dieser ganzen beschissenen Stadt gab es niemanden wie mich. Meine rotbraune Katze Gideon und ich stiegen in den olivgrünen Volvo Kombi von einer Autoüberführungsagentur und machten uns auf den Weg nach San Francisco, einer Stadt, die mit Sicherheit voll von Freaks wie mir sein würde.

Kapitel 15
Jetzt wird's kompliziert

Als ich im Juni 1988 nach San Francisco zog, kam ich genau rechtzeitig zur *Pride Parade*. Tausende Lesben und Schwule und Hunderte Dragqueens liefen in dem Zug mit oder jubelten Regenbogenfahnen schwenkend an beiden Seiten der Market Street der Demo zu. Eine Transgender-Fraktion gab es nicht, dieses Wort benutzte man damals noch nicht. Einige Transfrauen liefen in anderen Gruppen mit. Es gab auch Transmänner in der Parade, die aber so echt aussahen, dass man sie kaum erkannte. *Pride Parade* – eine Parade des Stolzes? Für Transen gab es offensichtlich keinen Grund, stolz zu sein. Die Historikerin und Akademikerin Susan Stryker brachte es auf den Punkt. Sie saß bei einer Tagung neben mir, als das Gespräch auf die Schwulenbefreiung kam. Sie lehnte sich zu mir hinüber und flüsterte: »Schwule und Lesben wurden befreit, während wir immer noch eine Identitätsstörung sind.« Vielleicht hatte sie recht, aber viel wichtiger war, dass ich jetzt in San Francisco lebte.

*

»Kate, komm schnell her«, rief Cindy. »Ich muss dir was Tolles erzählen!«

Es war die zweite Woche meines ersten Jobs als Aushilfssekretärin in einem kleinen Versicherungsbüro in Berkeley auf der anderen Seite der Bucht. Cindy war meine Chefin. Ich tippte ihre Briefe und kochte Kaffee. Sie war ein üppiges Mädchen aus Alaska, so groß wie ich. Sie konnte ihre Aufregung kaum im Zaum halten.

»Mein Bruder ist zu Besuch. Nicht dass Sie das jetzt falsch verstehen, Miss Kate, aber als er Sie gesehen hat, hat er gesagt, dass er

Sie sofort heiraten würde.« Vergnügt klatschte sie in die Hände.
Was erwidert man, wenn man so etwas gesagt bekommt?
»Nehmen Sie es ihm nicht übel, Kate. Er kommt aus einem kleinen Nest in den Wäldern.«
»Ach so.« Ich nickte und tat so, als würde ich verstehen, was sie damit meinte.
»Aber das Beste kommt erst noch: Er sagte, er habe auf den ersten Blick gesehen, dass Sie ihm starke Söhne schenken würden. Eine gute Brutstätte, hat er gesagt.« Sie sah mich einmal von oben bis unten an. »Tja, wo er recht hat, hat er recht!«

Kurz darauf bewarb ich mich erfolgreich bei *On Our Backs*, einer international erscheinenden, lesbisch-feministischen Pornozeitschrift mit einem Büro in der Castro Street. Produziert wurde das Magazin von Debi Sundahl und Nan Kinney. Nan fotografierte auch viel. Die Chefredakteurin war Susie Bright, auch bekannt als Susie Sexpert. Alle Texte wurden von Lesben für Lesben verfasst und auf den Bildern waren Lesben zu sehen, die echt lesbisches Zeug miteinander veranstalteten. Ich war noch nicht mal einen Monat in San Francisco und schon bestanden meine Arbeitstage aus Pornogesprächen mit Frauen, die genau wussten, wie man sexy wirkte. Zu Beginn schüchterte es mich ein, wie wohl sich die Frauen offensichtlich in ihren Körpern fühlten und mit welcher lässigen Leichtigkeit sie immer sexy waren. Statt androgyner Hosenanzüge trug ich jetzt Omakleidchen und dazu Doc Martens. In meiner Zeit bei *On Our Backs* lernte ich, mehr Dekolleté zu zeigen, zumal ich nach einigen Monaten auch deutlich mehr Oberweite vorzuweisen hatte: Die Fresssucht hatte das Hungern ersetzt und ich war so füllig wie eine Frau auf einem Rubensgemälde. Umgeben von tollen Frauen, die Pornos machten, lernte ich, meinen sinnlichen Transenkörper zu genießen.

Durch das Rhinoceros, dem ältesten Schwulen- und Lesbentheater der USA, gelangte ich in San Franciscos Theaterszene. Als ich dort

1988 eine Rolle in Jean Genets *Der Balkon* in der Regie von Leland Moss bekam, teilte ich mir eine Garderobe mit den drei führenden Dragqueens der Stadt: Doris Fish, Miss X und ›Tippi‹. Ich fragte ›Tippi‹, was die Anführungszeichen bei ihrem Namen zu bedeuten hätten. Sie erklärte mir geduldig, dass es nur eine wahre Tippi gebe – Tippi Hedren – und sie, ›Tippi‹, sei eher ein Zitat. Also fragte ich sie, warum sie nicht doppelte Anführungszeichen benutze, worauf sie antwortete: »Weil ich ein einfaches Mädchen bin.«

*

»Um eure Figuren besser zu verkörpern – und bei Genets Figuren geht es vor allem um die Körper –, müsst ihr euch zuerst von euren eigenen Körpern befreien«, erklärte Leland Moss dem Ensemble bei der ersten Leseprobe von *Der Balkon*.

»Einige Schauspieler tragen ihre Rollen wie Kleidung«, sagte er. »Man weiß bei ihnen immer, wer sich hinter dem Kostüm verbirgt, egal welche Rolle sie spielen.«

»Genauso spielen Dragqueens Frauen, Schätzchen«, merkte die elegante Miss X an.

Keanu Reeves ist so ein Schauspieler, dachte ich bei mir.

»Keanu Reeves ist so ein Schauspieler«, sagte Leland. »Egal, welche Rolle er spielt: Man weiß immer, dass es Keanu Reeves ist.« Leland hatte einige Kaposi-Sarkome im Gesicht und an den Händen. Es fiel schwer, nicht die ganze Zeit auf die Flecken zu starren.

»Wirklich große Schauspieler sorgen dafür, dass ihre Persönlichkeit verschwindet. Ihr Selbst wird zu einem unbeschriebenen Blatt und man weiß nie, wie sie in ihrem nächsten Film aussehen oder spielen werden, weil sie sich vollkommen verwandeln.«

»Genau so werden Transsexuelle zu Frauen, Schätzchen«, meinte Doris Fish und blickte mit gehobener Augenbraue in meine Richtung.

Ich musste an Gary Oldman denken. Er war gerade als Joe Orton zu sehen, nachdem er ein Jahr zuvor Sid Vicious gespielt hatte. Seine Figuren sind immer sehr verschieden und bis ins letzte Detail ausgearbeitet.

»Gary Oldman ist so ein Schauspieler«, erklärte Leland. »Man kann einen ganzen Film sehen und erst beim Abspann merken, dass er mitgespielt hat.«

Doris Fish saß mir genau gegenüber. Sie war als Junge zur Probe erschienen, weil ihr Freund sie nicht so gern als Dragqueen sah. Sie lächelte mich an. Es war unmöglich, nicht zurückzulächeln.

»Lektion eins, Babygirl«, sagte sie zu mir bei einem Kaffee nach der ersten Probe. »Dragqueens ziehen sich schick an, um Frauen zu werden, Transsexuelle werden Frauen, um sich schick anzuziehen.«

Doris Fish wurde meine erste Dragmutter. Ich hatte nach verrückten Leuten gesucht, die so waren wie ich, und fand sie in der queeren Theaterszene, die sich am Rhinoceros tummelte. Doug Holsclaw, damals Intendant des Rhino, gab mir meine erste große Chance. Er bat mich, ein Stück für die folgende Spielzeit zu verfassen, und ich schrieb *Hidden: A Gender*. Das Rhino produzierte es und eröffnete mir auf einmal eine völlig neue Welt.

*

Das Loma-Prieta-Erdbeben erschütterte die Stadt im Oktober 1989. Zwei Monate später standen Justin Bond und ich dicht aneinandergedrängt hinterm Bühnenvorhang und beobachteten, wie die Zuschauer ihre Plätze für den zweiten Akt von *Hidden: A Gender* einnahmen.

»Da!«, flüsterte ich aufgeregt, »dritte Reihe, rechts, am Gang. Siehst du sie? Die hat mit mir geflirtet.«

Ich trat zur Seite, damit Justin einen Blick durch den Schlitz im Vorhang werfen konnte.

»Heiß!«

Wir quietschten im Chor. In Justin war ich vom ersten Moment an verknallt gewesen. Er personifizierte für mich genau die besondere Mischung aus Junge und Mädchen, als die ich mich mittlerweile selbst sah. Darin bestand übrigens auch der Kern meines Stücks: Nicht Mann, nicht Frau, sondern Sowohl-Als-Auch und gleichzeitig Weder-Noch. All dies verkörperte der schöne Justin. Was aus der Lesbe am Gang wurde, die mit mir geflirtet hatte? Sie kam nach der Vorstellung hinter die Bühne, um uns zu gratulieren. Sie hieß Catherine. Wir hatten dreieinhalb Jahre als lesbisches Paar vor uns, bevor sie David, mein Freund, wurde. Aber ich greife voraus. Weder ihr noch mir war damals bewusst, dass unser Zusammensein wegen seiner Geschlechtsumwandlung Sinn ergab.

Das erste Mal trafen wir uns am Nachmittag nach der Premiere in einem kleinen Esoterikladen ganz in der Nähe von Catherines Wohnung im Stadtteil Lower Haight. Wir standen eng beieinander im hinteren Teil des Ladens und spielten mit Traumfängern herum. Sie brach das Schweigen.

»Ich habe früher als Domina in einem Schuppen auf der oberen Market Street gearbeitet.«

»Ach, echt?«

In der folgenden Nacht hatten wir Sex, um genau zu sein, in der folgenden Nacht und dann noch einmal ein paar Stunden nach Sonnenaufgang. Es zeigte sich, dass wir beide an erstaunlich ähnlichen Wendepunkten unserer geschlechtlichen Identität standen. Wir hatten Sex als Mädchen. Wir hatten Sex als Jungs. Wir wechselten wahllos zwischen den Geschlechtern hin und her. Er hatte genauso viel Spaß, wenn er oben war, wie ich, wenn ich auf ihr lag. Wir genossen es beide, unten zu sein. Sie fügte mir Schmerzen zu, die mich mehr beglückten als alles andere jemals zuvor. Sie brachte mir bei, wie ich das Gleiche für sie tun konnte. Wir waren jung und raubten uns gegenseitig mit unserer Schönheit den Atem. Wir waren Getriebene, die unsere Leben in Kunst und Sex verwandelten, weil wir nicht wussten, wie wir sonst damit umgehen sollten.

Ich zog in ihre abgefahrene Einzimmerwohnung in einem alten viktorianischen Haus. Catherine nahm Schauspielstunden und um die Rechnungen bezahlen zu können, arbeitete sie selbstständig als Buchhalterin. Abends schrieb sie an ihrem Stück. Wir fickten viel. Ich kochte meistens. Dank Catherine fühlte ich mich sexy. Wenn ich meinen immer noch molligen Körper durch ihre Augen sah, erblickte ich ein schönes Mädchen. Das war neu für mich – nicht dünn zu sein und trotzdem zu mögen, was ich im Spiegel sah.

Ich verließ *On Our Backs* nur ungern, aber durch meine Tätigkeit dort blieb mir einfach nicht genug Zeit zum Proben. Stattdessen saß ich nun an einem Telefon und verkaufte Abonnements für die *San Francisco Symphony*, das wichtigste Orchester der Stadt. Nebenbei schrieb ich Artikel für *The Bay Area Reporter*, eine wöchentlich erscheinende Schwulen- und Lesbenzeitschrift mit einer großen Leserschaft in Nordkalifornien. Ein Großteil der Zeitung widmete sich der Berichterstattung über Aids. Jede Woche starben Hunderte schwuler Männer in San Francisco. Es war zwar kein Genozid, auch wenn es einem fast so vorkam, aber irgendetwas brachte all unsere süßen, heißen Jungs um. In jeder Ausgabe veröffentlichte der *Bay Area Reporter* zehn oder mehr Artikel über mögliche Heilmethoden, die Gleichgültigkeit der Regierung, Selbsthilfegruppen und darüber, wo die Szene neuerdings von der Seuche heimgesucht wurde. Ganz hinten in der Zeitung war ich, Little Mary Sunshine. Gemeinsam mit sechs anderen Reportern berichtete ich über Theaterstücke, Filme, Bücher, kulturelle Besonderheiten und alles, was einen Lacher wert war. Unsere Artikel und Rezensionen kamen nach den Todesanzeigen, die pro Woche oft bis zu zwölf Seiten einnahmen.

San Francisco war magisch für mich. Ich lebte offen als Transsexueller in einer richtigen Stadt. Ich schrieb Artikel aus der Sicht einer Transe. Die Leute erkannten mich auf der Straße als Transsexuelle. Es war eine riesige Erleichterung für mich, nicht mehr so tun zu müssen, als sei ich ein Mann. Und es war ähnlich erleichternd, nicht so tun zu müssen, als sei ich eine Frau.

*

Im Dezember 1992 gastierte unser Ensemble mit *Hidden: A Gender* in einem Off-Off-Broadway-Theater, dem Performance Space 122 in New York City. Einen Monat später kehrten wir nach San Francisco zurück, um eine weitere Produktion für die große Bühne des Rhino einzustudieren. Zur gleichen Zeit hatte Catherine ihr erstes Stück geschrieben und auch selbst aufgeführt. *Permission* basierte auf ihren Erfahrungen als Domina. Eines Abends, spät in der Nacht, nach wildem Wir-rocken-die-Welt-mit-unserer-Kunst-Sex, lagen wir im Bett und sahen uns an.

»Also, was steckt wirklich hinter der Frau-zu-Mann-Transfigur in deinem Stück?«, fragte ich sie.

Ein Stück zu schreiben, ist wie Zaubern. Man stellt sich Figuren vor, man schreibt sie auf und dann sieht man dabei zu, wie sie lebendig werden. In jeder erfundenen Figur steckt ein kleines Stück von einem selbst. Die transsexuelle Figur in ihrem Stück musste also Catherine sein. Aber:

»Du weißt doch, dass ich schon immer ein Beatle sein wollte, Katie. Aber ich werde keine Umwandlung machen.«

»Oh doch, das wirst du.«

David entfernte sich allmählich von mir, ich konnte es spüren. Vor nicht allzu langer Zeit hatte ich mich selbst in einen Kokon eingesponnen. Ich wusste, wie das war. Gleichzeitig entfernte ich mich auch von David. Während er sein Geschlecht genauer erforschte, erforschte ich Sex, genauer gesagt: Ich erforschte Sadomasochismus.

Man hatte mich gebeten, einen Vortrag auf der zweiten *Gay & Lesbian Writers Conference* in San Francisco zu halten. Ich schrieb schnell einen Text, den Amy Scholder und ihre Mitherausgeberin Ira Silverberg später unter dem Titel *Transsexual Lesbian Playwright Tells All* in dem Sammelband *High Risk* veröffentlichten.

Nach der Veranstaltung sprach mich eine schlanke Butch mit stechendem Blick, rotem Haar und einem entwaffnenden Lächeln in ihrem breiten, irisch-amerikanischen Gesicht an. Sie war vielleicht zehn Jahre jünger als ich. Sie trug Jeans, viel benutzte und gut gepflegte Stiefel, ein kariertes Hemd und eine offensichtlich heiß geliebte Lederjacke. Ich trug ein weißes Tanktop und meine alte Jeansjacke aus den Siebzigern mit aufgenähten US-Flaggen auf Rücken und Ärmeln. Ich hatte meine leuchtend roten Cowboystiefel an, in denen meine enge, verblichene und zerrissene Lieblingsjeans steckte. Aus ihrer linken hinteren Hosentasche lugte die Spitze eines schwarzen Taschentuchs – passend zu dem in meiner rechten. Sie outete sich damit als harte Sadistin, ich mich als extreme Masochistin.

»Ich bin Caitlin, Caitlin Sullivan. Echt krass, dein Vortrag. Ich habe noch nie eine Transsexuelle so übers Transsexuell-Sein reden hören.«

»Das Leben ist besser ohne Geheimnisse.«

»Ich habe dich vorher schon gesehen und mich gefragt, wer wohl diese fantastisch aussehende, rothaarige Hippie-Lesbe sein mag, und dann ...«

»... hast du genauer hingesehen.«

»Ja. Tolle Jacke. Hast du die in den Siebzigern gekauft? Ich hatte damals auch so eine. Meine Eltern waren Hippies – so etwas in der Art jedenfalls: College-Professoren. Was hast du schon geschrieben? Woran arbeitest du gerade?«

Sie führte mich zu einem Tisch in einer Ecke, wo wir über Theater als Revolution redeten. Caitlin war mit drei Freundinnen in der Stadt, Sailor, Lula und deren Sklavin Gabrielle. Catherine probte an dem Abend, weshalb sie nicht dabei war, als wir alle gemeinsam essen gingen. Die vier Besucher aus Seattle hatten sich echte Burritos im Mission District gewünscht, also nahm ich sie ins El Toro mit, gleich um die Ecke der besten Latina-Drag-Bar der Stadt. Im El Toro bekam man für vier Dollar fünfzig einen riesigen Burrito und dazu Nachos und Salsa, so viel man wollte. Wer im El Toro aß oder arbeitete, war eigentlich den Anblick unterschiedlichster Menschen gewohnt, die in diesem Teil der Stadt unterwegs waren. Trotzdem glaube ich nicht, dass sie jemals etwas wie Sailor, Lula und Gabrielle gesehen hatten. Ich jedenfalls hatte noch nichts dergleichen gesehen.

Als Kind wäre mir nie in den Sinn gekommen, dass ein Mensch einem anderen gehören will und dass es Menschen gibt, die andere besitzen wollen. Ich war ein Jude. Wir waren als verfolgtes Volk jederzeit für einen Freiheitskampf bereit, weil man nie wissen konnte, wann einem das nächste Mal irgendein antisemitischer, komplexbeladener Vollidiot über den Weg lief. Ich hätte nie gedacht, dass ich womöglich ein Sklave sein wollte, bis ich in meinem ersten College-Jahr *Die Geschichte der O* las, den SM-Klassiker von Anne Desclos, den sie 1954 unter dem Pseudonym Pauline Réage veröffentlichte. Die englische Übersetzung wurde 1965 von Olympia Press herausgegeben, ich bekam 1966 ein Exemplar in die Hände. Das Buch ist in der ersten Person geschrieben und erzählt von einer Frau, die freiwillig zur Sexsklavin wird – 24 Stunden am Tag, sieben Tage die Woche.

Sailor, Lula, Caitlin und ich setzten uns an einen Tisch im hinteren Teil des Restaurants.

»Das Essen geht auf uns, Schmuckstück«, säuselte Lula, die Femme des Pärchens. »Sag dem Mädchen, was du willst. Sie holt es dir.«

Schmuckstück! Sie hatte mich Schmuckstück genannt. Lula gab Gabriella (»das Mädchen«) ein bisschen Geld. In traditionellen Taquerias wie dem El Toro gibt es keine Kellner. Man stellt sich an der Theke an und lässt sich den Burrito seiner Träume zusammenstellen: Ein wenig hiervon, genau so viel davon, Paprika – ja, aber nicht so viel. Es ist ein Tanz zwischen dir und dem Menschen, der den Burrito zusammenstellt. Es ist schwierig, einen Burrito für jemanden zu bestellen, den man nicht gut kennt. Das Mädchen stand neben mir, die Hände auf dem Rücken verschränkt. Ich sagte ihr, was ich wollte. Sie hörte zu und wiederholte meine Burrito-Vorlieben. Ohne ein weiteres Wort zu sagen, stellte sich das Mädchen in die Schlange, um unsere Burritos zu bestellen und zu bezahlen.

»Ich weiß nichts über eure Welt «, sagte ich. »Aber ich würde gern mehr erfahren.«

Lula lachte fröhlich. Sailor, die Butch, sagte, dass sie mir eine Leseliste per E-Mail schicken werde. Caitlin grinste nur und beobachtete uns beim Flirten. Das Mädchen kehrte mit den Burritos zurück und kniete sich auf den Boden zwischen Sailor und Lula. Es wurde still und alle genossen ihr Essen. Mein Burrito war genau so, wie ich ihn mochte. Lula fütterte das Mädchen ab und zu mit kleinen Stückchen ihres Burritos. Das Mädchen achtete darauf, Lulas Finger sauber abzulecken.

*

Mein Vater und L. Ron Hubbard hatten mich gelehrt, dass der Schlüssel zu einem lebenswerten Leben darin besteht, nützlich zu sein. Das war alles: Mach dich nützlich. Mein ganzes Leben hatte ich schon darüber fantasiert, sexuell nützlich zu sein. Jetzt sah ich die Gelegenheit gekommen, allerdings glaubte ich nicht, dass es mit Catherine funktionieren würde. Ich vermutete, dass sie ein Transsexueller war, schließlich hatte sie mir schon genügend Hinweise gegeben. Doch eindeutig verkündete Catherine/David es mir – und gleichzeitig dem ganzen Land – erst in der *Phil Donahue Show*. Damals war Phil noch bekannter als Oprah. Das Thema der Sendung lautete »Transsexuelle Lesben und ihre Partner«. Am Ende fragte Phil Catherine, wie sie es schaffte, so verständnisvoll mit mir und meinen Erfahrungen als Transsexuelle umzugehen. Catherine sah direkt in die Kamera und sagte: »Tja, Phil – ich habe da selbst ein paar Probleme, was mein Geschlecht angeht, und oute mich hiermit als transsexueller Mann.« Die Kamera schwenkte zu mir. Ich saß mit offenem Mund da. Schnitt zur Werbung, Ende der Sendung.

Einige Wochen darauf war ich im Modern Times Bookstore, wo die Professorin Marjorie Garber ihr neues Buch *Vested Interests* vorstellte. Ich hatte eine positive Kritik für den *Bay Area Reporter* geschrieben und dabei ihre These erläutert, dass schon die Existenz einer einzigen Person mit einem anderen Geschlecht als männlich oder weiblich beweist, dass es mehr als zwei Geschlechter gibt. Der Herausgeber des Verlages Routledge Press Bill Germano hatte meine Rezension gemocht und mich gebeten, Professor Garber bei der Lesung im Buchladen vorzustellen. Am Abend fragte er mich, ob ich je daran gedacht hätte, ein eigenes Buch über Genderfragen zu schreiben. Ich antwortete wahrheitsgemäß, dass es mir noch nie in den Sinn gekommen sei. Ich wisse gar nicht, wo ich anfangen solle, erklärte ich ihm, und dass ich, selbst wenn ich damit anfinge, mir nicht sicher sei, wohin es überhaupt führen würde.

Bill bat mich, ihm alles zu schicken, was ich je über Gender geschrieben hatte. Ich schickte ihm alle Artikel aus dem *Bay Area Reporter*, mein Theaterstück *Hidden: A Gender* und das Manuskript für mein neues Solostück *The Opposite Sex is Neither*, mit dem ich gerade auf Tournee ging. Alles zusammen ergab einen ziemlich großen Stapel Papier. Das Internet steckte damals noch in den Kinderschuhen, also schickte ich Bill eine große Kiste mit den fertigen Sachen und jeder Menge Notizen, die sich in den vergangenen vier Jahren angesammelt hatten. Als er alles gelesen hatte, verkündete er, dass in dem Material ein Buch stecke. Zweieinhalb Jahre später wurde das Buch unter dem Titel *Gender Outlaw*: *On Men, Women, and The Rest of Us* veröffentlicht. Das »The Rest of Us« hatte ich aus einer Apple-Werbung geklaut. *Ms. Magazine* bezeichnete das Buch als »eine Ode an das Paradoxe«. Aber wie gesagt, das war erst zweieinhalb Jahre später. Bis zur Fertigstellung des Buches hatte ich noch einige Paradoxien zu erkunden.

Das Paradoxe war mit aller Macht in mein Leben zurückgekehrt. Zu sagen, ich sei weder ein Mann noch eine Frau, war da nur der Anfang. Da gab es das alte, nie gelöste Paradox, dass ich ein Thetan ohne Geschlecht war, während die Scientologen mich auslachten, weil ich ein Mädchen sein wollte. Außerdem jonglierte ich auch mit ein paar körperlichen Paradoxien: Ich war ein vierzig Jahre alter Mann mit einer operativ hergestellten Vagina, der durch die Welt lief und sich als Mädchen bezeichnete, während er zu den Frauen gehören wollte. Paradoxien? Ich lache über Paradoxien! Ha! Ich lebe schon ewig mit Fragen wie: Was zur Hölle bin ich? Wohin zur Hölle gehöre ich? Wer soll mich je als Familienmitglied akzeptieren, wenn er weiß, wer und was ich wirklich bin? Paradoxien? Immer her damit!

Das erste Paradox, das es zu untersuchen galt, war Catherines endgültige Entscheidung, David zu werden. Zwei Tage nach dieser Entscheidung wurde Brustkrebs bei ihm festgestellt. Er kämpfte gegen ihren Krebs wie der Krieger, der sie immer gewesen war. Er nutzte sogar die partielle Brustamputation gleich für eine Brustangleichung durch einen renommierten Schönheitschirurgen. Jedenfalls standen damit Tür und Tor sperrangelweit offen für das nächste Paradox: Ich war nun eine Lesbe mit einem Lebensgefährten, aber ich war ja ohnehin keine echte Lesbe und er kein echter Junge. Waren wir jetzt ein heterosexuelles Paar? Mit Paradoxien braucht mir keiner zu kommen.

Das Paradox, das für den meisten Ärger sorgte, betraf meine Einstellung zu Orten, an denen nur Frauen, aber keine Transfrauen zugelassen waren. Ich war zwar der Meinung, dass für jeden privaten Raum entschieden werden darf, wer darin zugelassen ist. Aber ich wies die Frauen auch darauf hin, dass sie die Verantwortung für die Definition des Wortes »Frau« trugen. Und den transsexuellen Frauen sagte ich, sie sollten aufhören, Forderungen zu stellen wie Männer. Alle waren also sauer auf mich. Ich schrieb ein Thanksgiving-Stück über den Krieg zwischen lesbischen Separatisten und transsexuellen Aktivistinnen. Es hieß *A Plague On Both Your Houses*. Dieses Stück machte den Vorzeigekämpfer für Transgenderfragen Leslie Feinberg auf mich aufmerksam.

Leslie war für einen Vortrag in das San Francisco Women's Center eingeladen worden. Das Center war als Bastion der Weiblichkeit bekannt und es waren fast immer nur Frauen zugelassen. Transfrauen wurden toleriert, aber nicht zur Teilnahme ermutigt. Die Frauen des SFWC waren allerdings offen für weitere Dialoge zur Klärung dieses Konflikts und hatten deshalb Leslie Feinberg für einen Vortrag eingeladen. Es sollte darum gehen, inwiefern der Kampf für Frauenrechte und der Kampf für Transgenderrechte eigentlich gleiche Ziele verfolgten. Die Transaktivisten begrüßten damals die Initiative des Centers als Schritt in die richtige Richtung.

Leslie Feinberg war bekannt dafür, die Transszene wie kein anderer im Kampf für Gleichberechtigung zu vereinen. Als führende Sozialistin kämpfte sie für die Rechte aller Queeren im Sozialismus. Innerhalb der Lesben- und Schwulenszene kämpfte sie für Transrechte. Leslie nahm das Wort »Kämpferin« sehr ernst, solange damit nicht physische Gewalt gemeint war. Sie bat mich, sie auf die Bühne zu begleiten, damit wir eine Art von Mädchen und eine Art von Jungen repräsentieren konnten. Leslie rief zum Kampf auf. Ich hingegen schrieb ein kurzes Einpersonenstück mit dem Titel *Wie meine Freundin zum Mann meiner Träume wurde*, das mehr zum Lachen als zum Kämpfen anregen sollte.

Eine Woche vor dem Auftritt mit Leslie Feinberg spielte ich 1992 in Portland, Oregon an einem Wochenende vor Weihnachten zwei Vorstellungen meines Solostücks *The Opposite Sex Is Neither*. Es wurde von einem Mann produziert und vermarktet, der sich Howie Baggadonutz nannte. Niemand aus der queeren Theaterszene kannte seinen wirklichen Namen. Ich genoss die beiden Vorstellungen. Meine öffentlich vertretene Meinung zu Orten, wo nur Frauen zugelassen waren, sowie meine Weigerung, mich dem männlichen oder weiblichen Geschlecht zuzuordnen, führten allerdings dazu, dass die Transfrauen aus Portland gegen mich demonstrierten. Auf ihren Schildern stand: »Kate Bornstein ist keine Transsexuelle«, »Bornstein spricht nicht für mich« und »Kate Bornstein ist transphobisch«. Das Wort »transphobisch« begegnete mir hier zum ersten Mal.

Ein bisschen Angst hatte ich schon, als ich mir an den beiden Abenden meinen Weg durch die Kampfformation aus etwa zwölf großen, wütenden Frauen mit ihren Schildern und drohenden Fäusten bahnte. Aber ich hatte gelernt, mein Kreuz zu umarmen und den schlechten Ruf zu genießen. Es war ein Abenteuer und ich wollte daraus ein schönes Abenteuer machen, also dankte ich allen Transfrauen ausdrücklich und gab denen recht, die darauf bestanden, dass Bornstein nicht für sie sprach.

»Natürlich spreche ich nicht für dich«, sagte ich zu jeder von ihnen. »Und ich verspreche, dass ich das nie behaupten werde.«

Das Publikum in Portland war freundlich und dankbar. Sie lachten an den richtigen Stellen und die Taschentücher wurden herausgeholt, wo ich es mir erhofft hatte. Ich war zum ersten Mal in Portland und denke manchmal heute noch darüber nach, dorthin zu ziehen.

Ich kehrte mit einem frühen Nachmittagsflug nach Hause zurück, eine Woche vor der Wintersonnenwende. Am Abend sollte der Auftritt im Women's Center mit Leslie Feinberg stattfinden (deren bevorzugte Pronomen damals »sie« und »ihre« waren). David hatte sich fast vollständig von seiner Operation und der Chemotherapie erholt. Der Zauber der Weihnachtszeit überdeckte unsere Spannungen, die daraus resultierten, dass wir jetzt Freund und Freundin waren. David war charmant, mir fiel die Rolle der Anmutigen zu und so konnten wir einander lieben. Jedenfalls umarmten wir uns lange, als ich vom Flughafen nach Hause kam. Dann zog ich meine Lederjacke aus und setzte mich mit Stift und Notizblock neben den Anrufbeantworter, der wie verrückt blinkte. Bei den meisten Nachrichten ging es um Buchungsanfragen und Erinnerungen an Abgabefristen. Dann kam die Nachricht von Sailor.

»Du hast eine E-Mail, Mädchen. Beantworte sie.«

Ich zitterte, vielleicht winselte ich sogar laut auf. David verdrehte die Augen, aber er war es schon gewohnt, dass ich plötzlich aufsprang, um irgendwelche Befehle von Sailor und ihrer Partnerin Lula auszuführen. Ich lief schnell zum Computer, machte ihn an und las die E-Mail am Computer. Dann tat ich, wie mir befohlen wurde, was nicht lange dauerte. Als ich fertig war, machte ich mich frisch und schrieb eine leidenschaftliche Antwort. Dann hörte ich die nächste Nachricht auf dem Anrufbeantworter ab:

»Hey Kate, hier ist Susan Stryker. Das ist jetzt nicht leicht für mich. Ich bewundere deine Arbeiten und denke, dass du ein Recht darauf hast, deine Meinung zu sagen. Aber ich glaube, dass du die Konsequenzen nicht überblickst, die diese Meinungen für andere Leute haben. Ich rufe dich an, um dir zu sagen, dass *Transgender Nation* deinen Auftritt heute Abend boykottieren wird. Wenn du auf die Bühne gehst, werden sie aufstehen und sich umdrehen.«

Was?!

Susan hat mir schon lange verziehen, dass ich sie damals sofort zurückrief und komplett ausflippte. Nach vielen Therapiestunden weiß ich heute, dass sich bei solchen Gelegenheiten L. Ron Hubbards leichte Reizbarkeit und die cholerischen Wutanfälle meines Vaters miteinander vermischten, mit denen er auf Gegenwind reagierte. Nachdem ich den Hörer auf die Gabel geknallt hatte, mischte sich David ein.

»Du rufst sofort Leslie Feinberg an«, befahl er sanft. »Sag ihr, was sie vorhaben und dass ich sie bitte, ihr Schwert an meiner Stelle zu ziehen. Ich würde es auch selbst tun, das weißt du, aber im Women's Center würde wohl keiner auf einen ›privilegierten‹ Mann wie mich hören. Leslie kann dir helfen. Ruf sie an.«

Leslie war entsetzt. Ich sollte den Abend für sie eröffnen. Bevor ich offiziell vorgestellt wurde, betrat sie die Bühne und bat die Frauen von *Transgender Nation*, mich sprechen zu lassen. Sie vertraue darauf, erklärte sie, dass ich nur gute Absichten habe.

»Es ist keine gute Politik«, fügte sie hinzu, »sich gegen die eigenen Leute zu wenden. Familie ist Familie und es gibt schon so viel zu wenige von uns.«

Alle klatschten, auch viele Transfrauen. Ich betrat die Bühne und blickte auf ein Publikum voller aufmerksamer Frauen. Ich sprach und niemand drehte mir den Rücken zu. Es gab junge Frauen, alte Weiber, Lesben, Heterofrauen, weiße Frauen, farbige Frauen und etwa 25 Transfrauen. Ganz der Clown, brachte ich sie immer wieder zum Lachen. Sie lachten auch noch, als sie mir nach meinem Vortrag Standing Ovations gaben. Leslie kam auf die Bühne, umarmte mich und hielt ihre Rede. Ganz die Kämpferin, brachte sie das Publikum während der Rede sechsmal zum Aufstehen. Sie klatschten, pfiffen und trampelten. Sogar einige der Transfrauen machten mit.

David und ich verließen als erste den Saal. Der Heimweg war ein zwanzigminütiger Spaziergang durch die kalte, neblige Dezembernacht.

»Ich bin keine Aktivistin, David.«
»Natürlich nicht, meine Süße. Warst du noch nie.«
»Immer die billigen Lacher ... Warum mache ich das?«
»Du bist eine total durchgeknallte Künstlerin, meine Liebe, und du bist furchtbar süß.«
»Und du bist mein Ritter in glänzender Rüstung.«
»Ich werde immer mein Schwert für dich ziehen, Katie Bornstein. Oder ich finde jemanden, der es für mich tut.«
Er hat bis heute Wort gehalten.

*

Die nächsten zwei Jahre verbrachte ich abwechselnd in San Francisco oder auf Reisen. Entweder verkaufte ich Abos für *San Francisco Symphony* oder tourte mit einem meiner Stücke durchs Land. Jede freie Minute nutzte ich für die Arbeit an *Gender Outlaw*, auch wenn ich unterwegs war. In den frühen Neunzigern gab es noch keine Laptops. Mein MacClassic brachte sechs Kilo auf die Waage. Der gut gepolsterte Rucksack aus Segeltuch, den Apple für den Transport entworfen hatte, wog ein Kilo. Dazu kamen Tastatur, Maus, Netzstecker, ein schnelles Hayes-Modem mit einer Übertragungsrate von 600 Baud und vier oder fünf Fachbücher. Insgesamt zog ich also mit bis zu 14 Kilo Bürokram auf dem Rücken durch das Land. Damit durch Flughäfen und Bahnhöfe zu laufen, war ein gutes Kreislauftraining. Und immer wenn ich unterwegs einen freien Moment hatte, schrieb ich Stück für Stück an meinem Buch.

Ich hatte angenommen, dass die Leserschaft für mein Buch aus Lesben und Schwulen, Bisexuellen und Transleuten bestehen würde. Bill Germano fügte der Liste noch College-Studenten hinzu, weil Routledge ein akademischer Verlag war. Durch meine Erfahrungen bei der Tagung *Women In Theater* wusste ich, dass Akademesisch nicht zu meinen Stärken gehörte. Bill war davon überzeugt, dass ich mein Anliegen in meiner eigenen Sprache würde rüberbringen können, womit er zum Glück recht behalten sollte.

Seit meinem Umzug nach San Francisco war ich dick oder zumindest mollig gewesen. Durch den Stress beim Schreiben des Buches aß ich viel weniger. Als ich Bill zum ersten Mal begegnete, wog ich mehr als hundert Kilogramm. Zwei Jahre später, als das Buch veröffentlicht wurde, war ich bei fünfundsiebzig. Ja, ja – ich war wieder magersüchtig, aber es gab einen entscheidenden Unterschied. Dieses Mal hungerte ich zum ersten Mal als Mädchen und konnte Klamotten für dünne Mädchen tragen – wie in den Zeitschriften. Es war berauschend.

Gender Outlaw wurde im Mai 1994 veröffentlicht. Es wurde ein echter Knaller, weil niemand bis dahin so leicht verständlich über das Gefühl geschrieben hatte, weder ein Mann noch eine Frau zu sein. Ich stand mehr in der Öffentlichkeit als je zuvor. Am liebsten wollte ich mich zu Hause verkriechen, aber mit David fühlte es sich nicht mehr wie ein Zuhause an. Er war mittlerweile so lange auf Testosteron, dass ihm Gesichtshaare wuchsen und er mit einer Baritonstimme sprach. Ich brachte ihm bei, wie man sich rasiert, aber ich wollte mit ihm als Mann genauso wenig zu tun haben, wie er mit mir als Sadomasochist.

David hatte mit FTM: *A Transsexual Journey from Female to Male* ein neues Einpersonenstück geschrieben, mit dem er häufig auf kleinen Festivals in Nordamerika auftrat. *Virtually Yours,* mein zweites Einpersonenstück, war Teil der Vereinbarung mit dem Routledge Verlag, der die Promotour zu *Gender Outlaw* mit dem Spielplan des Stücks verbinden konnte. In San Francisco hatte ich *Virtually Yours* bereits gespielt. Weitere Vorstellungen waren für Juni 1994 im New Yorker PS 122 und in Santa Monica geplant. Die Leute kamen in Scharen und verließen das Theater ausnahmslos mit Tränen in den Augen. Das große Problem bei dem Stück: Es gab viel zu wenig Lacher.

*

»Woher willst du wissen, dass du diese Art von Schmerz wirklich möchtest?«, hatte Sailor mich ohne Umschweife schon Monate vor unserem ersten echten physischen Kontakt gefragt.

»Woher willst du wissen, dass ich es nicht möchte?«

Sailor, Lula und ich hatten schon eine Weile darüber nachgedacht, wie es mit uns dreien funktionieren könnte. Ich war immer noch mit David zusammen, aber Sailor und Lula sagten mir immer wieder, wie gern sie mir »ein bisschen richtig guten Schmerz« schenken wollten. Ich wusste nicht, was das bedeutete, aber ich wollte ihnen von ganzem Herzen beweisen, dass ich es aushalten konnte. Leider verhinderte die grausame Geografie unserer Leben jeglichen physischen Kontakt. Doch die beiden Ladys waren klug. Das war einer der Gründe, warum ich mich in sie verliebt hatte. Sie wollten mir wehtun, ich wollte es aushalten. Sailor und Lula schmiedeten einen Plan, um mein Verlangen auf die Probe zu stellen. Später gab Sailor gern damit an, dass der Plan nicht nur raffiniert, sondern buchstäblich theatralisch gewesen war.

»Wann bist du das nächste Mal auf der Bühne?«

Ich sagte ihr, dass ich am kommenden Freitag eine Vorstellung hatte, also in drei Tagen. Sailor lachte.

»Okay, du wirst Folgendes tun: Wenn du auf der Bühne stehst, wirst du deine Fingernägel so hart gegen deine Handfläche pressen, bis du blutest. Ruf uns an, sobald du danach wieder zu Hause bist.«

Ich hatte damals lange, rote Fingernägel. Es war also einfach. Das Stück endet mit einem Blackout. Dann gingen die Lichter wieder an und ich verbeugte und bedankte mich. Genau in diesem Moment tat ich es. Langsam trieb ich einen langen, roten Fingernagel in das Fleisch meiner rechten Handfläche. Die Zuschauer applaudierten. Meine Tränen hielten sie für Freudentränen, womit sie mehr recht hatten, als sie wissen konnten.

Sailor und Lula waren begeistert, als ich es ihnen erzählte. Sailor sagte, dass dieses Erlebnis – mir über diese große Distanz Schmerzen zufügen zu können – für sie der Beginn des Besitzens war.

*

David und ich hatten keinen Sex mehr. Dafür wurden meine Fernsklaven-Sessions mit Sailor und Lula immer einfallsreicher. Sie sorgten dafür, dass ich weiterhin von dem sehr realen Vergnügen verzaubert wurde, das mir Gehorsamkeit und Dienen verschafften. Die Lust in einer einvernehmlichen SM-Beziehung ist ein verwirrendes Paradox. Ich beschloss, San Francisco nach sechs Jahren zu verlassen, als mir klar wurde, dass es in dieser Stadt ebenso wenig einen Platz für mich gab wie in Philadelphia.

Der Großteil der Lesben wollte nichts mit mir zu tun haben, weil ich a) transsexuell war, b) einen Freund hatte und c) eine Sadomasochistin war. Selbst die sadomasochistischen Lesben der Stadt gingen mir aus dem Weg, weil ich gern mit spitzen Gegenständen spielte und mir wünschte, dass man mich bluten ließ. Sailor und Lula hingegen standen total auf Blut, wie auch ziemlich viele SM-Lesben in Seattle. Ich glaubte, Seattle konnte ein neues Zuhause für mich werden. Ich rief also Sailor und Lula an und fragte, ob sie sich vorstellen könnten, mich auch im wirklichen Leben zu besitzen. Beide waren genauso begeistert von der Idee wie ich. Zwei Wochen vor Beginn meiner Proben in New York kam Lula nach San Francisco, um mich abzuholen.

*

Am Morgen meiner Abreise nach Seattle stand David auf dem Bürgersteig vor unserem Haus und verkaufte seinen gesamten Mädchenkram an junge Lesben mit Kinderwagen. Vorsichtig bahnten Lula und ich uns einen Weg durch seinen Straßenstand, als wir jene letzten Kisten in ihr Auto luden, die ich nicht dem Greyhound-Umzugsservice hatte anvertrauen wollen.

    David und ich waren wie zwei Kometen aus Lichtjahre entfernten Galaxien aufeinander zugerast. Als wir uns endlich begegneten, sorgten die Anziehungskräfte dafür, dass wir beieinander blieben. Fast fünf Jahre lang umkreisten wir einander als ein binäres Sternensystem, in dem beide versuchten, so hell wie möglich zu strahlen. Wir beide erkannten diesen Drang des anderen, ein Star zu werden. Kunst, Politik, Lust und Identität wirbelten in einem perfekten kosmischen Sturm durcheinander, bis sich letzten Endes die Pole unserer Geschlechter verschoben. Wir stießen uns gegenseitig ab und stoben in gegensätzliche Richtungen davon, bis wir wieder Lichtjahre voneinander entfernt waren.

Kapitel 16

Mädchen

Ich schrubbte die Eichendielen in ihrem Wohnzimmer mit der gleichen Liebe und Sorgfalt, wie ich die Teakholzplanken auf dem Flaggschiff Apollo geschrubbt hatte. Wie Lula es mir aufgetragen hatte, verwendete ich Murphy's Ölseife und spülte mit klarem Wasser nach.

»Nur mit Murphy's kriegst du Blut aus Bettwäsche und Handtüchern, Mädchen«, hatte Lula erklärt. »Merk dir das, es wird dir sehr bald nützen.« Dann ging sie aus dem Haus.

Ich wischte gerade den Boden, als sie einige Stunden später wieder zurückkehrte.

»Mädchen, ist das Wasser im Eimer heiß?«

»Nein, Herrin.«

Die meisten Menschen, die sich auf eine Beziehung zwischen Meister und Sklave einigen, nehmen sich die Zeit, Pflichten und Erwartungen für die Zeit des Dienstes im Detail festzulegen. Es gibt viele gute Bücher voller schwer erarbeiteter Ratschläge, die alle darauf abzielen, eine Beziehung so sicher und genussvoll wie möglich zu gestalten.

»Du gehst sofort in die Küche und lässt heißes Wasser in den Eimer.«

Sofort lief ich los, um zu tun, was mir gesagt worden war. Durch die Küchentür konnte ich sie lachen hören. Ich hatte sie zum Lachen gebracht – das war doch schon mal was. Es gibt viele Arten von Sklaven und Meistern und zahllose Möglichkeiten, die Liebe zwischen Meister und Sklave zu leben. Suchen Sie sich ein Adjektiv aus, irgendeines. Jetzt setzen Sie es vor das Wort »Sadomasochist«. So viele unterschiedliche SM-Menschen gibt es auf der Welt. Wer also sein Herz, Verstand, Seele und Körper einem Sadistenpaar anbietet, sollte vorher wissen, welcher Art von Sadisten er oder sie gehören wird. Freundlich? Gemein? Witzig? Stehen sie auf die dunklen Künste?

Wenn man zu jemandem »Ja, ich will dein Sklave sein« sagt, sollte man wissen, worauf man sich einlässt, bevor man ein Halsband angelegt bekommt. Denn genau das tun sie: Man bekommt ein Halsband angelegt, das einen als persönliches Eigentum kennzeichnet. Man wird auch etwas über sein zukünftiges Sexleben wissen wollen, oder? Zum Beispiel, ob man eins haben wird oder nicht. Wird es Sex mit den neuen Eigentümern geben oder wird der Dienst nur daraus bestehen, ihr Haus zu putzen und ihnen Brot zu backen? Wer zukünftig June Cleaver in Ketten sein soll, wüsste doch sicher gern, ob er oder sie einen erotischen Kick dadurch bekommt, oder? Bevor die erste Peitschenspitze einem die Schulter küsst und zum Schreien bringt, einigt man sich auf die genaue Bedeutung von Wörtern wie »Spaß«, »vielleicht« und »Nein«. Man hat geklärt, wer welche Spielräume für was, womit und mit wem hat.

Tja, Sailor und Lula und ich wussten nichts davon übereinander. Wir sprangen einfach voller Vertrauen ins kalte Wasser. Es war reines Glück, dass es so wunderbar funktionierte. Dass wir am Ende so weit auseinanderflogen, ändert nichts daran, wie magisch dieses Jahr für uns alle war, das mit der dreizehnstündigen Fahrt von San Francisco nach Seattle entlang der nordwestlichen Pazifikküste begonnen hatte. Lula und ich überquerten die Golden Gate Bridge am Nachmittag. San Francisco, diese babylonische Küstenstadt, sieht am besten aus, wenn die späte Nachmittagssonne den Nebel vertreibt. Bei Sonnenaufgang sollten wir die Smaragdstadt erreichen. Na ja, »bei Regenaufgang« müsste es eigentlich heißen. Die Sonne zeigt sich nur selten in Oz.

Lula fuhr die erste Strecke. Ich hatte den Befehl bekommen, genau aufzupassen, wie sie fuhr, damit es, sobald ich an der Reihe war, sich anfühlen würde, als führe sie selbst. Ich wusste, wie das ging. In der Sea Org hatte der Commodore allen Fahrern beigebracht, dass eine perfekte Fahrt, egal ob auf dem Land oder dem Wasser, geschmeidig zu sein hatte. Es durfte keine abrupten Bewegungen oder Stopps geben. Ich sah also genau hin, wie Lula zwischen zehn und zwanzig Kilometern pro Stunde über der Geschwindigkeitsbegrenzung fuhr. Alle zwei Stunden hielten wir an, um Öl nachzufüllen. Wir hielten an, bevor der Motor anfing zu qualmen. Als ich das Steuer übernahm, beobachtete mich Lula, ohne den Blick abzuwenden. Die nächsten zwei Stunden fuhr ich, wie sie gefahren war. Es war wirklich einfach. Genau das hatte ich als Schauspieler gelernt – so zu agieren, als sei man ein anderer. Dann hielt ich, um einen Spritzer Öl in den noch nicht rauchenden Motor zu füllen.

»Braves Mädchen.«

»Dieses Mädchen ist glücklich, wenn es Sie glücklich macht, Herrin.« Lula hatte mir gesagt, dass ich sie immer als Herrin oder Miss Lula anzusprechen hätte. Sklaven sprechen nie von sich in der ersten Person und werden auch meist nicht bei ihren Namen genannt. Man wird von den Besitzern so genannt, wie es ihnen gefällt. Sailor und Lula nannten mich »Mädchen«. Während ich in ihren Diensten war, nannte ich mich »dieses Mädchen« oder einfach nur »dieses«.

»Wach auf, Mädchen! Ich schlaf gleich ein und brauche Unterhaltung.«

»Ja, Herrin.«

»Schnell: Wie würdest du den Namen dieser Stadt aussprechen?« Auf dem Ausfahrtschild stand »Puyallup«. Ich hatte keine Ahnung, wie man es aussprach. Bei jeder falschen Antwort kniff sie mir in den Oberschenkel und zwar kräftig. Ungefähr zehn Minuten später erbarmte sie sich und gab mir die Antwort: Pjuu-ah-lep. Wie zur Hölle sollte man darauf kommen?

»Wie geht's deinem Oberschenkel?«

»Er brennt, Herrin.«

»Verwandle das Brennen in Liebe, Schätzchen. Dann leite diese heiße Liebe in dein Herz.«

Wenn ich einen großen, bösen, gemeinen Sadisten brauchte, war ich bei Lula falsch. Das war Sailors Aufgabe. Wir waren etwa eine halbe Stunde von Seattle entfernt, als für einen Moment die Sonne durch die Wolken kam. Zum ersten Mal sah ich Mount Rainier, den höchsten Berg an Seattles Horizont.

»Oh, die Sonne kommt extra für dich raus. Das ist ein gutes Zeichen, Mädchen.«

Wir parkten genau vor dem Haus. Lula nahm mein Kinn in ihre Hand und drehte mein Gesicht in ihre Richtung.

»Hält man so deinen Kopf richtig, wenn du dieses Wie-heißt-es-noch hast?«

»Spastischen Schiefhals.«

»Kannst du mir bequem in die Augen sehen, wenn ich ihn so halte?«

»Ja.«

Jedes Mal, wenn sie meinen Kopf so halten würde, erklärte sie mir, hätte ich die Wahrheit zu sagen, egal welche Konsequenzen es haben könnte.

»Du hast also Bulimie«, fragte sie mich.

»Dieses Mädchen ist magersüchtig, Herrin. Manchmal, nicht immer.«

»Hungerst du zur Zeit?«

»Nein, Herrin, aber dieses Mädchen fühlt sich dick.«

»Du bist nicht dick. Und du wirst mir auf jeden Fall Bescheid sagen, wenn dir nach Hungern ist. Ich will kein Mädchen in meinem Haus, das nur aus Haut und Knochen besteht.«

»Ja, Herrin. Danke, Herrin.«

Noch nie hatte ich so ungezwungen über meine Essstörung und mein Körpergefühl gesprochen.

»Vor einer Sache muss ich dich warnen, Mädchen.«
»Ja, Herrin?«
»Ich furze oft, richtige Stinkefürze.«
»Tatsächlich? Und ich dachte die ganze Zeit, wir fahren durch Rosengärten.«

Immer noch lächelnd und mein Kinn so fest haltend, dass ich es nicht bewegen konnte, verpasste Lula mir eine heftige Ohrfeige. Alles, was sie tat, war heftig. Dann küssten wir uns. Ja: heftig.

*

Ich bin jetzt an einem Punkt dieser Geschichte angelangt, an dem ich anschaulicher über Sadomasochismus schreiben muss. Ich weiß, dass es nicht jedem leicht fällt, so etwas zu lesen, und das respektiere ich. Erlauben Sie mir die Anmerkung, dass ich weiß, dass meine Enkel dieses Buch lesen könnten. Sie, lieber Leser, liebe Leserin, könnten auch meine Tochter sein. Das habe ich im Hinterkopf, seitdem ich vor sechs Jahren mit diesem Buch begann. Es war schon schwierig genug, über Sex zu schreiben, und ich habe versucht, spielerisch damit umzugehen. Aber wie erzählt man seiner Tochter von eigenen SM-Erfahrungen? Ich glaube, ich habe einen Weg gefunden. Trotzdem werden Sie die Möglichkeit bekommen, die harten Stellen zu überspringen. Vorerst können jedoch alle getrost weiterlesen. Ich verspreche, Sie rechtzeitig zu warnen.

Mein erster Kontakt mit Sadomasochismus fand über Pornos statt. In der Pornografie sieht SM meistens gewalttätig aus – all das schwarze Leder, die Peitschen und Menschen, die zu Dingen gezwungen werden, die weit über Tagträumereien und durchschnittliche Sexfantasien hinausgehen. Aber das ist Pornogewalt, also erfundene Gewalt. Auch einige echte SM-Praktiken sehen nach Gewalt aus – ich finde das ja geil –, aber es ist keine Gewalt, weil sich dabei zwei oder mehr rationale Individuen darauf einigen. Es mag nicht jedem gefallen, aber es ist keine Gewalt.

Sehen Sie, selbst über die Sprache des Sadomasochismus kann man sich köstlich amüsieren. Wenn wir Sadomasochisten sadomasochistische Dinge tun, nennen wir es »spielen«. Ist das nicht großartig? Und unsere Instrumente? Die Peitschen, Ketten, Seile, Folterbänke und so weiter? Die nennen wir »toys« – Spielzeug! Auch die Sklaven heißen »toys«. Wir sind auch Spielzeuge. Die Verwendung von solchen Worten erinnert uns daran, warum wir uns Schmerzen antun lassen, warum wir die Striemen, Wunden und Narben lieben: Weil es ein Spiel ist, das wir aus Spaß spielen, das uns ekstatisches Vergnügen bereitet.

Meinem Presseagenten und lieben Freund Gail Leondar-Wright wird immer übel bei meinen anschaulicheren Beschreibungen von Sadomasochismus. Also kündige ich Gail und Ihnen, lieber Leser, hiermit an, dass die entsprechende Stelle dieses Buches schon bald kommt. Es reicht aus, wenn Sie wissen, dass das Spiel unserer ersten Nacht fast zehn Stunden dauerte. Es wurde nicht gefickt, nicht im herkömmlichen hetero- oder homosexuellen Sinne des Wortes. Sailor und Lula probierten jede Menge Spielzeug an mir aus. Wir waren ein Trio glücklicher Kinder, Erwachsener und jeden Alters dazwischen. Ich erfreute sie mit meinen Nehmerqualitäten. Sie hinterließen wundervolle Spuren auf mir, die ich wie die Kronjuwelen von England trug. Am Ende legten sie mir das Halsband an, das allen anderen Sadomasochisten wortlos zu verstehen gab: »Hände weg. Dieser Mensch ist persönliches Eigentum.« Die Session endete erst kurz nach Sonnenaufgang. Danach luden sie mich in ein Restaurant ein, wo ich ein leicht getoastetes Roggenbrot-Sandwich mit Bacon, Salat und Tomate aß. Das ist noch heute mein Lieblingsessen nach einer Session. In der Nacht schlief ich auf einem Lager am Fußende ihres Bettes. Schönes Bild, Happy End. Wenn Ihnen diese Schilderung ausreicht und Sie nicht mehr darüber wissen wollen, lesen Sie bitte ab dem zweiten Absatz auf Seite 288 weiter, beginnend mit dem Satz: »Das WildRose Café war lesbisches Kaffeehaus, Restaurant, Bar, Billardsalon und Auftrittsort in einem.«

Ansonsten sind Sie herzlich dazu eingeladen, hier weiterzulesen und uns drei noch viel genauer kennenzulernen.

*

Noch da? Danke für Ihr Vertrauen.

Folgendes ist mir aus jener ersten Nacht in Seattle in Erinnerung geblieben, als wir drei zum ersten Mal miteinander spielten. Wir hatten *Top-Bottom-Sex*. Zu Beginn *toppten* die beiden mich als Team. Ich war ihr *Bottom* und sie taten mir sehr weh. Sie schnitten mich und sahen zu, wie ich blutete. Sie fügten mir lebenslange Narben zu und ich genoss jede Minute. Wir alle genossen es.

Die meisten Sadisten entwickeln Vorlieben, was ihre Spielzeuge betrifft. Lula mochte es, mich auf jede erdenkliche Art zu verletzen. Ihr gefiel es, wenn ich schrie, und Schreien fällt leicht, wenn dir jemand wirklich, wirklich heftige Schmerzen zufügt. Das Schreien war ein wichtiger Teil unserer Sessions. Es machte Lula Spaß, die verschiedensten Küchengerätschaften auf verrückte und einfallsreiche Art einzusetzen, was auch ihrem Hang zur Sparsamkeit entgegenkam. Professionell hergestellte Spielzeuge können viel Geld kosten. Lula gab ihr gesamtes Spielzeuggeld für Rohrstöcke aus. Sie ließen sie vor Vergnügen so laut quietschen, wie ich vor Schmerzen schrie, während Sailor lachte und lachte. Rohrstöcke verletzen einen zweifach: Wenn sie auf den Körper treffen, dringen sie tief in die Haut ein. Dann wickelt sich an der Stelle des Aufpralls die Haut um den Stock. Weil Rohrstöcke sehr biegsam sind, schnellen sie vom Körper zurück, bevor die Haut sich wieder gelöst hat. Darin besteht der zweite Schmerz:

Der Stock reißt die Haut auf, nachdem er dich getroffen hat. Ich hasste Rohrstöcke. Lula, die Gute, liebte sie.

Sailor war eine Ritzerin, wie ich. Sie benutzte ein altmodisches, gerades Rasiermesser. Später bekam ich mit, dass sie es täglich an einem Lederriemen schärfte, der beim Waschbecken hing. Sie hätte mir befehlen können, die Pflege ihres Rasiermessers zu übernehmen. Ich hätte immer dafür gesorgt, dass es scharf, sauber und einsatzbereit war. In unserer Welt war es ein Gesetz, dass man zu fragen hatte, bevor man die Spielzeuge eines anderen berührte, uns Sklaven eingeschlossen. Das Rasiermesser war Sailors Talisman. Es verlieh ihr Macht und machte sie gleichzeitig verletzlich.

In dieser ersten Nacht ritzte mir Sailor mit ihrem Rasiermesser zwei lange und tiefe Schnitte in den Rücken – von meinen Schultern bis kurz über meinem Hintern. Am nächsten Tag würde ich im Spiegel ein Cellomuster auf meinem Rücken sehen. In dem Moment, als Sailor den zweiten Schnitt am unteren Ende meiner Wirbelsäule beendet hatte und das Messer absetzte, begann ich lange und mit tiefer Befriedigung zu lachen. Als ich wieder zu Atem gekommen war, stieß ich ein einziges Wort hervor:

»Flügel.«

»Was hast du gesagt, Mädchen?«

»Flügel. Meine Flügel wachsen aus mir heraus. Seht ihr nicht das Blut und die Federn?« Wir lachten alle, aber ich mag in der Hölle schmoren, wenn ich sie damals nicht tatsächlich gefühlt habe. Lula flüsterte mir ins Ohr:

»Das hier wird dir helfen, dich immer an deine brandneuen Flügel zu erinnern, Mädchen.« Sie rieb zwei Handvoll grobes Meersalz in die langen blutigen Kerben in meinem Rücken und ich schrie.

»Ach komm, sei still, du großes Baby«, sagte Lula lachend. »Das Salz tut dir gut.«

Ich kann meine Flügel bis heute spüren – lange, starke, wunderschöne Flügel. Sailor hatte sie damals für mich freigeschnitten und Lula sorgte dafür, dass ich mich an sie erinnerte. Engelsflügel aus der Unterwelt. Oh ja! Ich fühlte mich stark und frei und ja, ich kann dieses Gefühl bis zum heutigen Tag abrufen.

Wir spielten noch viele Stunden weiter. Ich erinnere mich noch daran, dass sie mich auf einen Tisch legten, auf den Rücken. Meine Blutflügel protestierten schreiend – nein: Ich war es, die schrie. Immer noch. Eine Stunde vor Sonnenaufgang, der Stunde des Wolfes, wie sie es nannte, schnitt Sailor einen Wolfskopf in meine Brust. Der Wolf war ihr spirituelles Krafttier. Sailor und Lula hatten meine Flügel befreit, sagten sie mir, damit ich so hoch fliegen könne, wie ich mich traute. Der Wolf, sagten sie, würde mich immer beschützen. Noch nie hatte ich mich so sicher, so beschützt und so gut behandelt gefühlt.

Die Sonne war schon aufgegangen. Sailor stand über mir, ihr Gesicht nur wenige Zentimeter entfernt von meinem, und blockierte das Sonnenlicht, das durch das Fenster schien. Sailor sprach leise aus dem Schatten, umgeben von einem Heiligenschein aus gleißendem Licht.

»Was würdest du für mich tun, Mädchen?«

»Alles, Herrin. Für Sie alles.«

Folgende Empfehlung: Sagen Sie niemals nie einem Sadisten, dass sie alles tun würden, was er oder sie will. Im Ernst! Und tun Sie es vor allem nicht, wenn sich seine Blutlust schon über zehn Stunden hochgeschaukelt hat. Lula stand neben uns und sah uns still zu. Sie wusste, was jetzt kommen würde. Sailor verengte ihren Griff an meinem Hals, nur gerade so viel, dass ich es merkte.

»Genau das will ich, Mädchen.«

»Tun Sie es«, war alles, was ich sagen konnte. »Bitte, Herrin. Tun Sie es.«

Langsam drückte sie immer fester zu, bis ich nicht mehr atmete ... nicht mehr atmen konnte. Blutrote Wolken tauchten am Rand meines

Sichtfeldes auf. Ich sah, wie Sailors Augen zu staunen begannen. Die Welt um mich herum und in mir schien aufzuhören und alles, was ich denken konnte, war: Endlich, nach so langer Zeit. Endlich.

Lula stoppte uns. Sanft lockerte sie Sailors Finger an meinem Hals. Ich sah Sailor fragend an. Sie nickte. Erst dann atmete ich langsam ein, lange und tief. Blitzlichter und Feuerwerke in rot, gelb und weiß explodierten am Rand meines Sichtfeldes. Sailor setzte sich und lehnte sich lächelnd zurück.

Als sie sah, dass ich wieder atmete, nahm Lula mein Kinn in ihre Hand und verpasste mir eine heftige Ohrfeige.

»Du bist mein Spielzeug, Mädchen, und ich will noch nicht, dass du kaputtgehst.«

Lula küsste mich sanft auf den Mund.

Noch nicht?

Sailor legte mir ein einfaches Lederband um den Hals. Es saß locker, aber fest genug, damit ich immer spürte, dass ich ihr Halsband trug.

»Du gehörst jetzt uns, Mädchen.«

*

Das WildRose Café war lesbisches Kaffeehaus, Restaurant, Bar, Billardsalon und Auftrittsort in einem. Bryher, die Besitzerin und Geschäftsführerin, war eine entspannte Butch der alten Schule. Früher war sie eine gute und gerechte Richterin gewesen, aber irgendwann wurde ihr die tägliche Kriminalität zu viel. Sie kündigte und schuf mit dem WildRose einen Treffpunkt und Zufluchtsort für Seattles noch junge Lesbenszene. Sie sagte uns, dass sie es als ihre Lebensaufgabe sah, auf ihre Mädchen aufzupassen. Sie hatte es sich zur Gewohnheit gemacht, über unsere Leben Bescheid zu wissen. Schon nach einer Woche wusste sie alles über mich. Jede von uns war in Bryher verknallt und ich glaube, Bryher war auch in uns alle verknallt.

Es war früh am Morgen, einige Tage nach meiner Ankunft in Seattle. Ich saß zurückgezogen in einer abgeteilten Nische und machte mir Notizen für eine Buchidee, zu der Caitlin Sullivan und ich uns Vorschläge hin- und herschickten. Ursprünglich hatten wir uns nur im Internet mit virtuellen Identitäten und Cybersex amüsiert und Witze darüber gemacht, dass wir damit eigentlich Recherche für ein Buch betrieben. Aber Sailor und Lula hatten mir befohlen, das Buch mit Caitlin zu schreiben. Ich war ganz in meinen Notizen versunken, als ich plötzlich eine Stimme hörte:

»Hi, ich bin PJ. Darf ich mich setzen?«

Als ich aufblickte, sah ich eine schwarz gekleidete Butch, die etwa zehn Jahre jünger war als ich. Sie war kein Gothic-Mädchen. Das Schwarz war weniger eine modische Aussage, als dass es gefährliche Spiele im dunklen Kämmerchen versprach. Ich erschauerte unfreiwillig vor Entzücken. Später erzählte mir PJ, dass sie gedacht hatte, ich hätte Angst gehabt.

»Nur ganz kurz, wirklich.«

»Oh, natürlich, sicher. Bitte setz dich. Ich heiße Kate.«

PJ setzte sich auf die gegenüberliegende Bank. Verglichen mit ihrem unauffälligen, heißen Schwarz sah ich aus wie Pipi Langstrumpf. Nur die Zöpfe fehlten. Ich hatte rotblonde Haare und einen schulterlangen Pagenschnitt. Ich trug ein olivfarbenes, ausgestelltes Kleid über einer cremefarbenen Bluse und dazu braune, kniehohe Stiefel. Meine Augen waren perfekt geschminkt. Durch meine Hetero-Beziehung mit David hatte sich mein Modegeschmack in Richtung konservativer Eleganz verschoben. Meine Mutter war begeistert.

»Kate«, sagte PJ. »Ist dir klar, was das hier für eine Bar ist?«

»Wie meinen?«

Bryher war zu unserem Tisch herübergekommen und stand hinter ihr, ohne dass PJ sie sehen konnte. Unsere Blicke trafen sich. PJ senkte ihre Stimme und offenbarte mir:

»Das hier ist eine Lesbenkneipe.«

Oh Mann. Ich rüstete mich für den Angriff. Du bist keine richtige Frau, würde sie sagen. Du bist keine Lesbe. Du bist ein Mann, würde sie sagen, und das hier ist eine Bar für Frauen. Ich hörte mir das schon seit so vielen Jahren an. Wie sollte ich diesmal darauf reagieren? Ich, die neue Transe im Revier. PJ redete weiter, aber ihr Tonfall war freundlicher, als ich befürchtet hatte.

»Wir bekommen hier nicht allzu viele Heterofrauen zu sehen, und, na ja ...« PJ errötete. »Kate, du bist eine attraktive Frau und ich wollte nur, dass du weißt, dass du hier vielleicht von anderen Frauen angemacht wirst.«

»PJ, das ist wirklich lieb von dir! Aber ich bin eine Lesbe. Wirklich.«

PJs Körper entspannte sich. Sie fläzte sich gemütlich auf die Bank und erzählte mir, dass sie ihr Geld mit Lederbekleidung und Spielzeugen für die SM-Lesbenszene verdiente. Dann entschuldigte sie sich und fragte mich, ob ich wisse, was Sadomasochismus sei.

»Oh ja, PJ, das weiß ich. Danke der Nachfrage. Ich bin ein *Bottom*. Und außerdem solltest du wissen, dass ich eine Transsexuelle bin.«

Die Momente, bis der Groschen fällt, gehören zu den besten Szenen in Komödien.

»Und sie ist eine Schriftstellerin«, sagte Bryher und setzte sich neben PJ. »Und hat sogar schon ein Buch veröffentlicht. Was sagst du dazu? Ich habe ihr das WildRose als guten Ort zum Entspannen und Schreiben empfohlen und das tut sie jetzt.«

Während Bryhers Ausführungen war PJs verwirrter Gesichtsausdruck allmählichem Verstehen gewichen – wie die Sonne, die hinter den Wolken hervorkommt –, bevor die Verwirrung dann doch wieder überhandnahm.

»Liegt wohl an meiner Kleidung, was Bryher?«

»Ja, du siehst aus wie ein Heteromädchen.«

»Ich hatte zu lange einen Freund«, jammerte ich. »Und seit ich hier bin, hatte ich noch keine Minute Zeit zum Shoppen.«

»Sailor und Lula nehmen dich ziemlich hart ran, was?«

PJ unterbrach uns. »Sailor und Lula und ... du?«

Meine Besitzerinnen genossen in der SM-Lesbenszene Seattles einen guten Ruf, der jetzt offensichtlich auf mich abfärbte. Ich sah auf die Tischplatte, öffnete langsam meine Bluse zwei Knöpfe weiter als notwendig und streichelte mit meinen Fingern das schwarze Lederhalsband.

Bryher grinste. »Ihr drei Mädels müsst echt glücklich sein.«

»Mehr als glücklich«, ergänzte Sailor, die plötzlich wie ein übernatürliches Wesen aus dem Nichts erschienen war. »Wir hüpfen die ganze Zeit vor Freude oder etwa nicht, Zuckerstück?« Lula stellte sich neben Sailor, küsste sie auf den Mund und schmiegte sich dann unter ihren Arm, als wäre sie für diesen Platz geboren worden. Alle, die sie kannten, waren hingerissen von Sailors und Lulas großer Liebe.

»Schluss mit dem Geschreibe für heute«, sagte Lula. »Wir sind hier, um mit unserem Mädchen shoppen zu gehen. Hoch!« Sie schnipste mit den Fingern und ich stand so schnell auf, wie ich konnte. Bryher und PJ erhoben sich wie echte Kavaliere. Ich warf ihnen eine Kusshand zu und huschte an Lulas Seite. Zu dritt liefen wir in gewohnter Formation aus dem WildRose. In unserem gemeinsamen Jahr lief Lula immer zwischen mir und Sailor.

»Du brauchst ein Paar schwarze Schuhe und eine schwarze Lederjacke. Braun bringt's nicht.«

»Wow, meine ganz persönliche SM-Modeberaterin.«

Lula boxte mich ziemlich fest auf den Arm.

»Au!«

»Uhh, sie hat ›Aua‹ gesagt, Sailor. Darf ich noch mal?«

»Ja, du darfst, Zuckerstück.«

Lula lachte und schlug noch einmal zu, diesmal aber so hart, dass ihre Fingerknöchel den Knochen meines dünnen Oberarms trafen. Ich schnappte nach Luft, erinnerte mich dann aber daran, den Schmerz geistig direkt in mein Herz umzulenken. Der kleine Schmerzblitz von Knöchel auf Knochen schlug in meine Seele ein. Ich erzitterte und glitt dankbar an einen verstandesmäßigen, spirituellen Ort des Glücks, den ich *Bottom-Space* nannte.

»Danke, Herrin.«

»Das ist mein Mädchen!«

»Ihr Mädchen, Herrin«, erwiderte ich zu Boden blickend.

Sklaven sehen nie jemandem in die Augen, es sei denn, sie werden darum gebeten oder es wird ihnen befohlen. Einerseits war das für mich einfach wegen meiner Beta-Tier-Kindheit. Andererseits hatte ich zwölf Jahre lang dem Scientology-Gesetz gehorcht, dass man einen Blickkontakt nie unterbrechen durfte, wenn man mit jemandem sprach. Immer wegsehen zu müssen, war eine Erleichterung, selbst wenn ich auf den Boden sah. Außerdem bekamen die Momente, in denen man jemandem in die Augen blickte, eine größere Bedeutung. Zwischen zwei Menschen, die sich in die Augen sehen, kann sich jedes Gefühl – von Anbetung bis Hass – übertragen. SM-Spieler, die sich in die Augen sehen, öffnen ihre Herzen. Nur selten hat das etwas mit Aggression zu tun. Lange Blickkontakte sind fast immer ein Zeichen des Vertrauens. Als Sklavin war mir diese Intimität nicht ohne Erlaubnis gestattet. Ich hielt die Augen auf den Boden gerichtet, Lula war neben mir in der Mitte und so verließen wir zu dritt das Café, um mich mit der Kleidung einer vorzeigbaren Seattle-Sklavenlesbe auszustatten.

Am gleichen Abend sollte das alljährliche Sommerpicknick der SM-Lesben in Gabriellas Garten stattfinden. Ich hatte mich mit Sailor und Lula dort verabredet. Vorerst war ich aber noch zu Hause und probierte jedes Stück meiner neuen Lesbenkluft an. Gideon beobachte jede meiner Bewegungen vom Fensterbrett aus. Mein großer rotbrauner Kater war schon mit mir von Philadelphia nach San Francisco umgezogen und war jetzt auch mein Gefährte in Seattle. Oh Mann, wie ich diesen Kater geliebt habe. Die Geschichte unserer zwölf gemeinsamen Jahre und 22 Wohnungen sollte ich irgendwann einmal in einem anderen Buch erzählen. Wir teilten uns eine kleine, zweistöckige Zweiraumwohnung in einem Reihenhaus im Bezirk Capitol Hill. Abgesehen vom nie fertig gebauten Keller gab es eine mickrige Holzterrasse – na ja, eigentlich war es eher eine Art Gehsteig über dem Unkraut hinterm Haus. Sailors und Lulas Haus befand sich nur wenige Meter entfernt auf der anderen Straßenseite. Selbst aus dem Tiefschlaf gerissen, konnte ich in weniger als fünf Minuten angezogen dort sein, um ihnen jeden Wunsch zu erfüllen – egal ob teuflisch, köstlich oder banal. Sie stoppten immer die Zeit. Das kleine Reihenhaus in Capitol Hill war jedenfalls ein wunderschönes Zuhause.

Ich hatte auch einen fahrbaren Untersatz. Eine Freundin hatte meinen Toyota Kombi nach Seattle gebracht, vollgeladen mit dem Rest meiner Sachen. Die Fahrt zum Grillfest bei Gabriella dauerte ungefähr zwanzig Minuten. Ich kam früher an, als mir befohlen worden war, also wartete ich noch zwei Minuten auf der Veranda, um pünktlich auf die Minute zu erscheinen. Gabriella hatte mir gesagt, dass ich nicht zu klingeln bräuchte und einfach durch das Haus in den Garten gehen sollte. Keine SM-Lesbe schloss ihre Tür ab, es sei denn, man fuhr zur Arbeit oder hatte länger dauernde Besorgungen zu erledigen. Als Insider betrat man ein Haus einfach, rief seinen Namen und wurde standardmäßig mit »Willkommen« begrüßt. Ich war allerdings die Neue, noch dazu eine bekennende Transsexuelle.

Jetzt sollte ich zum ersten Mal die Frauen treffen, zu denen ich in Zukunft gehören würde.

Ich stand auf Gabriellas Veranda, ganz in Schwarz gekleidet mit einer engen Jeans und einem tief ausgeschnittenen Tanktop, bei dem sowohl mein Halsband als auch mein Dekolleté zu sehen waren. Mit einem kurzen Griff überzeugte ich mich, dass ein Zipfel des schwarzen Tuchs in meiner rechten Gesäßtasche zu sehen war. Meine Schlüssel hatte ich mit einem Karabiner an der Gürtelschlaufe befestigt, ebenfalls an der rechten Seite, der Seite für *Bottoms*. Als die neue *Bottomfrau* wollte ich alles richtig machen. Ich atmete tief ein, ging in das Haus und weiter bis zur Hintertür. Ich trat hinaus in blendendes Sonnenlicht. Im Garten verstummten alle und sahen mich belustigt oder erstaunt an.

Alle Gäste trugen bequeme Sommerkleidung in allen möglichen hellen Partyfarben. Es gab Butches in Bermudashorts und Hawaiihemden. Es gab Femmes in hellfarbigen, leichten Sommerkleidern. Und dann gab es noch mich, die neue Transe ganz in Schwarz. Lula kam zu mir herüber und verpasste mir eine Ohrfeige.

»Du dumme Nuss! Das hier ist ein Sommerpicknick.« Dann wendete sie sich den lächelnden, aber immer noch schweigenden Gästen zu.

»Liebe Leute, das ist Kate. Sie ist das neue Mädchen von Sailor und mir und ich entschuldige mich für ihren grauenhaften Modegeschmack.«

Femmes kicherten. Butches lachten laut. Ich errötete.

»Wir helfen euch mit ihr«, rief eine Frau.

»Ja, schickt sie ruhig für eine Nacht oder ein Wochenende bei mir vorbei«, rief eine andere.

Ich grinste blöd vor mich hin, bis Lula mein Gesicht zu ihrem runterzog, mich küsste und sich dann wieder zu den Gästen umdrehte.

»Und übrigens, sie ist eine Transsexuelle. Wir finden es auch komisch, aber ist sie nicht süß?«
Ein Moment der Stille und dann:
»Schickt sie trotzdem bei mir vorbei!«
Applaus, Gelächter, einige Wolfsheuler. Lula schlug mir mit einem Tischtennisschläger hart auf den Hintern. Ich atmete tief ein. Dann nahm Sailor den Schläger. Ich hielt die andere Backe hin und Sailor schlug noch härter zu.
»Und jetzt mach, dass du wegkommst, Mädchen. Geh nach Hause, mach dich hübsch und komm sofort wieder her.«
Als ich wieder auf der Veranda vor dem Haus stand, brannten meine Pobacken immer noch von den Schlägen. Ich lenkte den Schmerz tief einatmend als Liebe in mein Herz. Mehr brauchte ich nicht, um in meinen *Bottom-Space* zu kommen.

*

Zwei Wochen später hatte mein Stück *Virtually Yours* in New York Premiere. Meine Mutter saß im Publikum. Ich hatte sie vor der Szene mit den Wäscheklammern gewarnt, für die ich in die Rolle einer jungen Lesbe schlüpfte, die namenlos ist, seit sie ihrer Liebhaberin gehört. Von da an wurde sie nur noch »Mädchen« genannt. Als hätte ich es geahnt, hatte ich diesen Teil des Stücks geschrieben, bevor ich David verließ. Während die junge *Bottom*-Lesbe ihre Liebesgeschichte erzählt, befestigt sie Wäscheklammern an ihren Armen und an ihrer Brust. Währenddessen erklärt sie, dass es nicht wehtut, wenn die Klammern angeklemmt werden, sondern erst, wenn man sie zehn oder 15 Minuten später wieder abnimmt. »Es ist die Abwesenheit, die schmerzt«, sagt sie. Dann bat ich die Zuschauer, mir »bittebitte« die Klammern abzunehmen. Ich bin dem jungen, charmanten Ben Brantley von der *New York Times* dankbar, der diesen Moment einst so elegant beschrieb: »Miss Bornstein gelingt ein raffinierter, verstörender Theaterstreich, indem sie als eine erwartungsvolle Masochistin die ahnungslosen Zuschauer in die Rolle von Sadisten zwingt.«

Vor der Vorstellung hatte ich meiner Mutter gesagt, dass die Klammern nicht echt seien, sondern Spezialanfertigungen waren, die nicht wehtaten. Sie sah mich misstrauisch an, akzeptierte aber meine Lüge als Wahrheit. Sie saß in der ersten Reihe und als ich begann, die Wäscheklammern an meinem Körper zu befestigen, drehte sie sich zum restlichen Publikum um und flüsterte hörbar:

»Das sind keine echten Klammern! Er tut sich nicht wirklich weh.«

Für die Zuschauer war deutlich zu erkennen, dass die frischen, schmalen, hellroten Narben auf meiner Brust die Form eines Wolfskopfes darstellten. Ich hatte versucht, sie mit Körperschminke zu überdecken, aber das Bühnenlicht in dem kleinen Theater war so heiß, dass durch den Schweiß das Make-up zerfloss. Es sah aus, als bluteten die Male immer noch, die Sailor und Lula nur eine Woche zuvor in mich hineingeritzt hatten.

*

Der 9. Mai ist ein wichtiger scientologischer Feiertag. Es ist der Jahrestag des 1950 erschienenen Buches *Dianetik: Die moderne Wissenschaft der geistigen Gesundheit* von L. Ron Hubbard. Scientologen nennen es »Buch 1« oder »DMWGG«. Dieses Werk ist der Ursprung von allem: Auditing, Sea Org, Management-Statistiken, E-Meter, Ethiktechnologie. Es entging mir nicht, dass *Gender Outlaw* 1994 nur drei Tage später, am 12. Mai veröffentlicht wurde.

Mein Buch stand schon seit einigen Monaten in den Regalen und ziemlich viele Leute mochten es. So viel Aufmerksamkeit hatte ich gar nicht erwartet. Ich hatte gehofft, dass vielleicht ein paar Transsexuelle und Studenten Freude daran haben würden, die meine Meinung teilten oder dass ein paar Studenten, die sich ein wenig mit Postmodernismus auskannten, mein Buch für eine wirklich kluge Idee nutzen könnten. Ich glaubte, dass ein paar Lesben und Schwule es witzig finden würden.

Ich schrieb sogar meine E-Mail-Adresse in das Buch. E-Mails waren noch neu und ich dachte, dass die wenigen Leser freundliche Nerds sein würden. So war es auch: Sie waren sehr freundlich. Allerdings kauften nicht nur ein paar Dutzend, sondern Tausende die gebundene Version. Es waren sogar so viele, dass das Buch ein Jahr später tatsächlich als Taschenbuch veröffentlicht wurde und seither immer wieder neue Auflagen gedruckt werden. In den ersten sechs Monaten nach der Veröffentlichung bekam ich zwölf Heiratsanträge und so viele Einladungen zu Festivals, Tagungen und SM-Sessions in der ganzen Welt, dass ich nicht überall zusagen konnte. Als Sklave der Sea Org war ich viel unterwegs gewesen, aber ich reiste damals nie so, wie ich reiste, als ich die Sklavin von zwei SM-Lesben war.

*

Sommersonnenwende in Wien 1994: Ich nahm am ersten Queer Film Festival der Stadt teil. Ich war als Ehrengast zu einem Forum mit Essen eingeladen. Stellen Sie sich ein akademisches Theaterdinner vor. Die Frau neben mir sah aus wie ein französisches Laufstegmodel, was sie, wie sich später herausstellte, tatsächlich war. Sie hieß Petra. Während ich in meinem Strudel stocherte, hatte sie zwei Finger in mir. Dann sagte sie:

»Steh auf. Wir gehen nach draußen.«

Ich weiß nicht mehr, ob sich die Leute am Ende der Gasse umdrehten, um zu beobachten, wie sie mich gegen die Ziegelsteinmauer presste. Auf jeden Fall vögelte sie mich so verdammt gut, dass wir anschließend gleich die ganze Nacht miteinander verbrachten.

Bei der Vorführung des nächsten Festivalbeitrags am folgenden Tag trieben wir es dann hinter der letzten Sitzreihe des Kinos. Damals lernte ich, Sex in der Öffentlichkeit zu schätzen und zu lieben. Oh – ich lernte unheimlich viel!

*

Dass so viele Leute *Gender Outlaw* mochten, war in doppelter Hinsicht ein Segen für mich: Ich versteckte mich nicht mehr und ich entdeckte, dass es sehr vielen Menschen wie mir ging. Frauen – nicht nur Transfrauen – aus der ganzen Welt bedankten sich per E-Mail dafür, dass ich ihre Probleme mit den Geschlechterrollen in Worte gefasst hatte. Heterosexuelle Männer waren dankbar für eine Theorie, die die neu entstehende, feminin geprägte Metrosexualität rechtfertigte. Einige Transsexuelle beschimpften mich. Sie beschwerten sich hauptsächlich darüber, dass meine Theorie der Geschlechtslosigkeit ihre eigene Wandlung zu echten Frauen abwertete. Mehr Transfrauen und Transmänner beschrieben jedoch, wie einsam sie sich vor der Lektüre von *Gender Outlaw* als Nicht-ganz-Frau und Nicht-sehr-viel-Mann gefühlt hatten. Jede Woche berichteten Menschen von Abstufungen und Kombinationen von Geschlecht, die ich mir nie hatte vorstellen können. Anfangs beantwortete ich noch jede E-Mail, aber irgendwann wurde es einfach zu viel und ich kündigte das E-Mail-Konto, das ich in dem Buch angegeben hatte. Einige Jahre später übernahm eine sehr nette Frau diese Adresse. Sie bekommt noch heute Mails von Lesern und leitet sie ab und zu an mich weiter.

Zu der Zeit war ich häufig bei lokalen und landesweit ausgestrahlten Radiosendern zu Gast und gab regelmäßig Fernsehinterviews in den Morgensendungen der jeweiligen Städte. Ich verdiente zwar nichts bei diesen Auftritten, aber ich genoss sie sehr und sie sorgten für Begeisterung bei meinem Verleger. Dass ich auch ein

Sklavenmädchen war, erwähnte ich damals noch nicht in der Öffentlichkeit.

»Nein, du darfst das Halsband nicht im Fernsehen tragen.«

»Och bitte! In Europa hab ich's doch auch getragen.«

»Und du hattest eine Affäre mit einem Flittchen. Mädchen, du bist jetzt eine berühmte Schriftstellerin. Du trägst dein Halsband nicht im Fernsehen.«

»Sie ist kein Flittchen. Sie ist klug und eine Aktivistin.«

»Du wirst es nicht im Fernsehen tragen. Was sollen die Leute denn denken?«

»... dass es total Madonna ist. Bitte, Herrin.«

Ich widersetzte mich Lula nur sehr selten. Sie kniete sich neben mich und drehte meinen Kopf so, dass wir uns in die Augen sahen.

»Worum geht es hier wirklich, Mädchen? Sag es!«

Ich sagte ihr, dass ich Angst davor hatte, es abzunehmen. Ich sagte ihr, dass ich nicht mehr wissen würde, wer ich sei, wenn ich nicht ihnen gehörte. Sie küsste sanft mein Ohr. »Okay, du albernes kleines Ding«, flüsterte sie, »du darfst es tragen.« Bevor ich »Danke Herrin« sagen konnte, biss sie mir ins Ohr.

»Au!«

»Du sollst nicht Aua sagen!« Sie biss noch kräftiger zu.

Ich quiekte und wir lachten beide prustend los.

*

Ich trat immer noch an Theatern und Universitäten mit meinen beiden Stücken *Op Sex* und *Virtually Yours* auf und verdiente damit genug Geld, um meine Rechnungen bezahlen zu können. Wenn ich nicht unterwegs war, war ich eine Vollzeit-Haushaltssklavin. Sessions gab es nur ein paar Mal im Monat. Sailor und Lula hatten ihr eigenes Leben, mit dem ich nichts zu tun hatte. In Seattle lernte ich, wie man sehr gut kocht, peinlich genau putzt und Dinge erledigt, ohne darum gebeten worden zu sein.

Ich erforschte weiter die unterschiedlichen Geschlechterrollen. Lula wurde mein Vorbild als Femme, während Sailor den Jungen in mir hervorbrachte (»Junge«, nicht »Mann« – das sind zwei unterschiedliche Geschlechter!). Sailor und ich rasierten uns gemeinsam. Ich konnte mir die vollständige Gesichtselektrolyse nicht leisten und an Sailors Kinn wuchsen Haare, die sie gern von Zeit zu Zeit rasierte. Und so standen die Butch und ihr Transensklavenmädchen gemeinsam vor dem Spiegel: Sailor benutzte das Rasiermesser, mit dem sie meine Flügel freigeschnitten hatte, ich einen Gillette-Wegwerfrasierer. Das Rasieren war ein Kumpelding, bei dem wir zusammen Jungs sein konnten. Ich entdeckte immer mehr Variationen und Nuancen in der Matrix von Geschlecht und Geschlechterrollen. Ich fühlte mich immer wohler in meiner Haut und schämte mich immer weniger, ein Mädchen zu sein, das zum Teil ein Junge war.

Zur gleichen Zeit untersuchten Caitlin und ich, was es für einen Menschen bedeuten könnte, wenn Identität und Verlangen keine unveränderlichen Ausdrucksformen des Lebens sind. Was geschieht mit diesen Menschen, wenn sie eine Beziehung führen? Über ein Jahr lang erforschten Caitlin und ich mit Hilfe von Cybersex-Chatrooms unsere Identitäten. Ich spielte nie mich selbst, sondern abwechselnd einen jungen Skateboarder, eine lesbische *Star-Trek*-Offizierin oder auch die Nahrung für irgendeinen Vampir. In einer Online-Jazzbar tauchte ich auch regelmäßig als Frau in einem engen roten Kleid auf. Wohin ich auch ging oder in was ich mich auch verwandelte – irgendjemand wollte immer Cybersex mit mir haben. Caitlin hatte mit ihren Avataren die gleichen Erfahrungen gemacht. Wir kamen dem Buch immer näher, das wir darüber schreiben wollten. Sie wurde immer ganz aufgeregt, wenn wir darüber redeten.

»Es geht immer um Anziehung! Wir verändern, wer wir sind, aber wir verwandeln uns immer in jemanden, der erkennbar ist. Es ist immer eine Art von erkennbarer Identität, die jemand anderen anzieht.«

»Genau! Ohne Identität bleibt Verlangen immer irgendwie schwammig. Unsere Rollenspiele im Netz zeigen, dass Identität die Anziehung darstellt, die Verlangen erst möglich macht.«

»Genau, Kate. Und ich glaube, dass deine Experimente mit Geschlechterrollen ein Teil des fehlenden Schlüssels zu Identität sind, aber ›irgendwie schwammig‹? Das kann auf keinen Fall in einem Buch stehen.«

»Stimmt, Caitlin. ›Irgendwie schwammig‹ kommt niemals in ein Buch.«

*

Weil die Taschenbuchausgabe von *Gender Outlaw* sich weiterhin gut verkaufte, bat mich Bill Germano vom Routledge Verlag um ein Nachfolgebuch. Ich lehnte dankend ab und sagte ihm, ich hätte alles aufgeschrieben, was ich über Geschlechterrollen wisse. Übrig blieben nur noch Fragen.

»Dann schreib doch ein Buch, das genau diese Fragen stellt«, schlug er vor. »Aber komm nicht auf die Idee, *Das Zen des Geschlechts* oder *Kate und das Tao* zu schreiben.« Dieser Teufel! Genau so etwas wollte ich schreiben. Woher wusste er das nur?

Ich erzählte meiner neuen Literaturagentin Malaga Baldi von seiner Idee. Ist »Malaga Baldi« nicht der beste Name der Welt? Nachdem wir einige Wochen gemeinsam überlegt hatten, kam mir eine Idee, wie es funktionieren könnte: Es musste ein Übungsbuch sein, wie in der Schule. Alle Puzzleteile fanden ihren Platz und schon bald erhielt ich den Vertrag und einen fairen Vorschuss für *My Gender Workbook*. Mein Leben war wundervoll. Und dann, wie bei einer widerwärtigen Wendung in einem David-Lynch-Film, kehrte sich alles zum Schlechten.

Für diesen Teil des Buches habe ich Sailor und Lula gefragt, wann und in welcher Reihenfolge die Ereignisse stattfanden. Keiner von uns erinnert sich an alles, aber wir sind uns einig, dass es eine furchtbare Zeit war und dass unsere Trennungsgeschichte perfekt in die letzte Stunde einer Serienmörderromanze von Tarantino passen würde.

Es begann damit, dass Sailor sich in Martha verliebte. Sie brauchen nicht zu wissen, wer Martha ist oder warum sie sich verliebten. Sailor sagte es Lula, die mir erzählte, dass Sailor sich seit sechs Wochen heimlich mit Martha traf.

Oh nein!

Dann beichtete ich, dass ich mich in Sailor verliebt hatte. Ich hatte es schon ein halbes Jahr lang kommen sehen, ohne etwas zu sagen. In meinen Träumen war Sailor der perfekte »Daddy« und alles, was Daddy jemals für mich bedeutet hatte. Das ging sogar zurück bis zu den Lieblingsfernsehserien meiner Kindheit wie *Father Knows Best* und *Erwachsen müsste man sein*. Doch Sailor liebte mich nicht zurück, zumindest nicht auf diese Art. Eigentlich war Lula »Daddys« Mädchen. Sie hatte darauf vertraut, dass ich bei unserem Spiel diese emotionale Grenze nie überschreiten und in meiner Beziehung mit Sailor in der Position von *Bottom* und Sklavin bleiben würde. Ich war zu weit gegangen.

Lula drehte völlig durch. Sie ging freiwillig in eine psychiatrische Klinik, wo man sie als manisch-depressiv diagnostizierte. Sie blieb dort für einige Wochen und weigerte sich, mit mir oder Sailor zu sprechen.

Oh nein!

Dann starb meine Mutter.

Oh Scheiße, nein!

*

10. Dezember 1994. Alan wohnte wieder bei meiner Mutter an der Küste von New Jersey. Sie nahm starke Schmerzmittel. Er hatte sich nicht von seiner zweiten Scheidung erholt. Die beiden streiften wie Geister durch das große, alte Haus und kümmerten sich umeinander.

Ich besuchte sie, weil die Ärzte meiner Mutter drei Tage zuvor mitgeteilt hatten, dass sie endgültig im Sterben liege und die Zeit für ein Hospiz gekommen sei. Ich wusste nicht, was das bedeutete, und es war mir zu peinlich zu fragen. Vom Flughafen in Newark, New Jersey nahm ich einen Bus zum Bahnhof, von wo aus es nur noch eine einstündige Zugfahrt nach Asbury Park war. Mein Bruder holte mich in seinem weißen Jeep Wrangler ab. Schweigend fuhren wir nach Hause.

Ich küsste meine Mutter zur Begrüßung und brachte meine Taschen in mein altes Zimmer im ersten Stock. Ich packte gerade aus, als sie nach mir rief.

»Albert, komm bitte nach unten. Ich möchte mit dir und deinem Bruder sprechen.«

Sie nahm viel Morphium, aber sie wusste, wer ich war. Mittlerweile waren wir uns allerdings so nah, dass Namen und Pronomen keine Rolle mehr spielten. Alan und ich saßen ihr gegenüber.

»Ich möchte euch meinen letzten Willen mitteilen.«

»Mom, sag so etwas nicht.«

»Alan, lass sie ausreden.«

»Fick dich, Albert. Du bist nie hier, was weißt du denn schon?«

»Kate! Ich heiße Kate. Mein Gott, du kannst so ein Arschloch sein.« Er war nicht auf Morphium und hatte somit keine Entschuldigung dafür, auf meinen Namen zu scheißen.

»Jungs ... Kinder! Schluss jetzt. Hört mir zu. Die Ärzte geben mir noch ein Jahr. Ich will es nicht damit verbringen, euch dabei zuzusehen, wie ihr einander an die Gurgel geht. Ihr streitet euch jetzt seit sieben Jahren, das sollte reichen. Ich wünsche mir, dass ihr mir etwas versprecht. Wenn ich weg bin, werdet ihr aufeinander aufpassen, genauso wie ich es tun würde.«

Unsere Mutter hatte weder mich noch Alan jemals aufgegeben. Sie hatte uns immer bis aufs Äußerste verteidigt.

»Und jetzt versprecht es mir!«

Wir versprachen es. Zum ersten Mal seit fünf Jahren umarmten mein Bruder und ich uns. Es war die erste Umarmung von Bruder und Schwester und wir wussten nicht genau, wohin mit unseren Körpern. Immerhin versuchten wir es. Alan verließ einige Stunden später das Haus, um die Nacht bei seiner Freundin Deb zu verbringen. Es war seit Wochen die erste Nacht, die sie nur zu zweit, außerhalb des Hauses meiner Mutter verbrachten.

»Du hast Debs Nummer. Ruf mich an, wenn was ist.«

»Wir schaffen das schon«, antworteten Mom und ich fröhlich.

Caitlin und ich standen in der Zeit auf Filme über Serienmörder, zum Beispiel von Quentin Tarantino, David Lynch und Oliver Stone. Sie hatte mir *Kalifornia* empfohlen, mit der Scientologin Juliette Lewis in der Hauptrolle. Ich weiß nicht, was mich geritten hatte, ausgerechnet diesen extrem gewalttätigen Film für mich und meine sterbende Mutter auszuleihen, die von all dem Morphium und Weißwein vollkommen benebelt war. Innerhalb einer halben Stunde fiel ihr dreimal eine angezündete Zigarette aus dem Mund. Jedes Mal sprang ich auf und holte die brennende Zigarette aus ihrem Schoß, jedes Mal jagte ich ihr einen Riesenschrecken ein. Weder sie noch ich bekamen letztlich viel vom Film mit, weil wir uns die ganze Zeit ansehen mussten. Ich sagte ihr, dass ich sie liebte. Sie lächelte. Ich schaltete den Film vor dem Ende aus. Nachdem wir uns noch die Nachrichten und die Wettervorhersage angesehen hatten, brachte ich sie in ihr Zimmer und half ihr beim Ausziehen, Waschen und Zubettgehen. Ich blieb noch einige Stunden wach und zappte zwischen schlechten Fernsehsendungen hin und her, bevor ich mich hinlegte. Ich wachte ungefähr gegen zehn Uhr morgens auf. Meine Mutter war noch nicht aufgestanden und ich freute mich, dass sie sich ein wenig länger ausruhte. Als ich um elf zu Ende gefrühstückt hatte, war sie immer noch nicht wach. Ich ging nach oben und klopfte. Keine Antwort. Ich öffnete die Tür und sah ins Zimmer. Sie lag mit weit geöffnetem Mund auf dem Rücken. Ihre Augen waren geschlossen.

»Mom?«

Ich ging zum Bett und beugte mich über sie, um ihr einen Kuss zu geben. Sie fühlte sich kalt an. Etwas zersplitterte in mir. Ich ging neben ihrem Bett auf die Knie, legte meinen Kopf auf ihren Oberkörper und begann zu weinen. »Es tut mir leid«, sagte ich immer wieder schluchzend. »Ich liebe dich. Ich liebe dich. Ich liebe dich, Mommy.« Ich hatte sie nie »Mommy« genannt, aber seither tue ich es immer, wenn ich mit ihr rede.

Einige Monate zuvor hatte ich sie zu ihrem Geburtstag besucht. Als sie mich zum Bahnhof zurückfuhr, fragte sie mich nach den Wolfskopfnarben auf meiner Brust, die sie während des Theaterstücks gesehen hatte.

»Die Mädchen, mit denen du jetzt zusammen bist ...«, fragte sie ruhig, den Blick auf die Straße gerichtet, »haben die das getan?«

»Willst du das wirklich wissen?« Schweigend fuhren wir eine Weile weiter, bevor sie Ja sagte. Ja, sie wolle es wissen. Also sagte ich es ihr.

»Ja, Mom, das waren die beiden Frauen.«

»Hat es dich ... glücklich gemacht?«

»Ja.«

Wir schwiegen wieder, bis wir fünf Minuten darauf den Bahnhof erreichten.

»Dein Vater und ich, wir mochten stürmischen Sex.«

Jetzt, drei Monate später, kniete ich neben dem Bett, in dem meine Eltern stürmischen Sex gehabt hatten. Vom Telefon auf dem

Nachttisch rief ich meinen Bruder in Debs Haus an.

»Alan, sie ist gegangen. Mom ist gegangen.«

»Was? Was meinst du mit ›sie ist gegangen‹? Wo ist sie hin?«

»Alan, Mom ist gestorben. Ich bin in ihrem Schlafzimmer. Sie ist gegangen.«

Er hat es sich nie verziehen, dass er nicht bei ihr war, als sie starb. Ich habe mir nie verziehen, dass ich ihr *Kalifornia* zeigte, bevor sie starb. Was hatte ich mir bloß dabei gedacht? Am Abend kam meine Freundin und Mentorin Holly Hughes mit dem Zug aus New York. Sie, mein nicht besonders geselliger Bruder und ich saßen auf der Wohnzimmercouch in dem Haus, in dem ich aufgewachsen war. Holly hielt meine Hand.

Tags darauf rief Lula aus Seattle an. Wir sprachen eigentlich nicht mehr miteinander, seit ich ihr einige Wochen zuvor meine Liebe für Sailor gebeichtet hatte.

»Ich habe gehört, deine Mom ist gestorben ...«

»Ja, Herrin ... letzte Nacht im Schlaf.«

»Im Schlaf? Ein Segen. Katie, die ›Herrin‹ gibt es nicht mehr.«

»Ach so? Naja, ›Mom‹ gibt es ja auch nicht mehr.«

»Pfui Teufel, immer für einen Witz zu haben. Wie kommst du klar?«

»Du willst wirklich mit mir reden, trotz allem?«

»Liebe ist stärker als Wut, Kleines. Du hast deine Mutter verloren. So etwas bringt Familien wieder zusammen. Ich liebe dich, das weißt du.«

»Ich liebe dich auch.«

»Du liebst doch alle.«

Ich hörte Münzen im Telefon klimpern.

»Wo steckst du?«

»In der Klinik, hier gibt's ein Münztelefon auf dem Gang.«

»Wie geht's dir?«

»Ach Katie, hier ist es genau wie bei *Durchgeknallt*.« Das war eines unserer Lieblingsbücher, aus dem wir uns oft vorgelesen hatten.

»Geht's dir gut?«

»Ja. Ihre Medikamente halten mein armes kleines Gehirn tatsächlich im Gleichgewicht.«

»Gut zu wissen. Scheiße, ich sollte auf jeden Fall irgendwann mal mein eigenes kleines Gehirn ins Gleichgewicht bringen. Und wie geht's dem Herz, Miss Lula?«

»Gebrochen, Miss Katie.«

Wir seufzten beide.

»Ich bin so froh, dass du angerufen hast, Her... Lula.«

Sie lachte. »Du wirst immer mein Mädchen sein, Katie. Das bleibt für immer ein Teil von uns und von dem, was wir für den anderen sind. Aber jetzt wird es Zeit, herauszufinden, wer wir sonst noch sind. Das wird ein Kick ...«

»Ich liebe dich, Miss Lula.«

»Ich dich auch, Miss Katie. Halt durch. Deine Mom hatte viele gute Gründe, dich zu lieben.«

*

Meine Mutter hinterließ Alan und mir einen ansehnlichen Batzen Geld. Ich hatte nie zuvor so eine große Summe besessen, aber ich hatte das Gefühl, es nicht verdient zu haben, zumindest weniger als andere. Die einzige Freude an diesem Erbe war, es für andere auszugeben. Geschenke waren bei uns eine Art Familientradition und so ging ich auf große Einkaufstour. Den Leuten sagte ich immer, dass die Geschenke von meiner Mutter kamen. Meine Mom finanzierte zum Beispiel auch Davids Brustoperation. Er hatte mir vor Jahren meinen ersten Computer geschenkt. Außerdem war er jahrelang mein wahr gewordener Traumpartner gewesen. Wie lässt sich so etwas jemals aufwiegen?

Ich kaufte Computer für junge, queere Autorinnen und Autoren und sensationelle Schuhe für viele meiner Freundinnen.

Mom bezahlte Caitlin einen Schreibmonat in ihrem geliebten Santa Barbara. Wir hatten mittlerweile einen Vertrag für unsere Buchidee abgeschlossen. Amy Scholder, die unter dem Titel *High Risk* ihre eigene Buchreihe veröffentlichte, hatte sofort zugesagt, als wir ihr unsere Idee für einen Liebes-, Action-, Mystery-, Cybersex-, Abenteuerroman vorgestellt hatten. Während Caitlin also einen ganzen Monat in Ruhe an *Nearly Roadkill* hatte schreiben können, arbeitete ich in Seattle daran. Außerdem schrieb ich weiter an *Gender Workbook*. Die Arbeit lenkte mich von der großen Trennung ab und hinderte mich zumindest zeitweilig am Shoppen.

Dann rief mich eines Tages die Transaktivistin und Autorin Riki Wilchins an.

»Kate, du musst für eine Demonstration und Mahnwache nach Falls City in Nebraska kommen.«

»Eine was? Wo?«

»Brandon Teenas Mörder steht vor Gericht. Das Fernsehen ist da und es wird ein Dokumentarfilm gedreht. Wir wollen unsere Geschlossenheit als Transfrauen und Transmänner zeigen.«

»Wovon redest du?«

»Alles klar bei dir, Kate? Pass auf, du hast Erfahrung mit Fernsehauftritten. Du weißt, wie man mit Kameras und Reportern umgeht. Schaffst du das?«

»Wer ist Brandon Teena?«

»Was?«

»Brandon Teena? Mordprozess? Wovon redest du?«

»Kate, wo warst du eigentlich die letzten zwei Jahre?«

»Das versuche ich gerade selbst herauszufinden.«

»Bist du dabei?«

»Ja, klar.«

*

Autos und Geländewagen umkreisten den kleinen Park vor dem Gerichtsgebäude. Junge Männer schrien aus den Autofenstern:

»Verpisst euch, ihr Scheißtransen!«

Vermutlich kennen Sie den Film *Boys Don't Cry*, für den Hilary Swank einen Oskar als beste Hauptdarstellerin bekam und Chloë Sevigny als beste Nebendarstellerin nominiert wurde. Der Film erzählt die wahre Geschichte von Brandon Teena, einem sexy Frau-zu-Mann-Transjungen, der sich mit ein paar harten Burschen aus dem Mittleren Westen anfreundete. Als sie entdeckten, dass er kein »echter Mann« war, vergewaltigten und ermordeten sie ihn. Ich habe den Film nie gesehen. Er soll wirklich gut sein, aber es fällt mir schon schwer, darüber zu sprechen, ohne loszuheulen.

Das Drehbuch stammte von Kimberly Peirce, die auch Regie führte. Wir lernten uns beim Prozess in Falls City kennen. Sie war damals eine ernsthafte junge Butch, die sich Kim nannte. Sie trug schwarze Klamotten nach neuester New Yorker Mode, die ein wenig mehr Klasse hatte als die in Seattle. Meine eigene Mode war mit der Trauer stehen geblieben – irgendwo zwischen Grunge-Sklavin aus Seattle und sehr weiblicher Gothic-Femme der alten Schule. Kim und ich spazierten durch den kleinen Park vor dem Gerichtsgebäude und unterhielten uns. Plötzlich stand Riki mit einem Kameramann im Schlepptau vor mir.

»Das ist Kate Bornstein«, erklärte Riki. »Sie ist eine bekannte Autorin und Aktivistin für die Rechte von Transfrauen und Transmännern.«

Ach, war ich das? Die Typen in den Autos brüllten immer noch.

»Noch einen Schritt weiter, ihr Transformer, und wir bringen euch um!«

»Kate, komm her.«

Riki brachte den Kameramann zu einer kleinen Erhebung, ließ ihn auf mich zielen und machte sich auf die Suche nach dem Reporter. Ich fragte den Kameramann nach den Jungs in den Autos.

»Geht zurück nach San Francisco, ihr Arschficker!«

Der Kameramann verstand mich komplett falsch. Er steigerte sich in einen techniklastigen Monolog über Richtmikrofone rein und versicherte mir, dass die Männer kein Problem für das Interview darstellen würden.

»Verreckt, ihr Schwuchteln!«

Riki kehrte Arm in Arm mit dem schick gemachten Reporter von *Falls City TV* zurück, der einen Anzug und einen nichtssagenden Schlips trug. Sein verschwitzter Hals quoll nur ein ganz klein wenig über seinen Kragen. Er war bei meinem Anblick ähnlich verblüfft, wie ich mich bei seinem erschrak. Das Interview war grauenhaft. Der Reporter hielt mich für einen kompletten Freak. Ich fand ihn gruselig. Die Jungs auf den Straßen brüllten immer noch.

»Ich schneid' dir die Eier ab, wenn ich dich kriege!«

Ich dachte an meine Mom, die mich diesmal nicht würde trösten können.

Ich fasste mir an den Hals, wo kein Halsband mehr war, und brach in Tränen aus.

Riki rettete das Interview, aber sie hat mich nie wieder darum gebeten, irgendwo als Wortführerin aufzutreten. Sie war stinksauer. Ich versuchte ihr zu erklären, dass ich nichts über Transgender-Rechte wusste und dass knackige Parolen noch nie mein Ding gewesen waren.

»Ach komm schon, Kate. Was war denn bei der Geraldo-Show: ›Die Rohrverlegung funktioniert, die Elektrik auch.‹«

Ich war genauso wütend wie sie. »Da ging es um Sex! Wenn's um Sex geht, habe ich großartige Sprüche, aber bei Politik verkacke ich immer. Tut mir leid, okay? Ich bin hier, Riki. Ich halte ein Schild hoch. Aber ich kann nicht über diesen Prozess sprechen oder dieses …«

Meine Stimme verendete einfach im Nichts. Ich winkte ab, drehte mich um und ging zu Kim, die das Geschrei beobachtet hatte. Wir hakten einander unter und liefen die Wege vor dem Gerichtsgebäude entlang.

»Verreckt, ihr scheiß Schwuchteln! Verrecken sollt ihr!«

Kim schmeichelte es, für eine Schwuchtel gehalten zu werden, und sie winkte den Männern in den Autos fröhlich zu. Sie fingen an, Bierbüchsen nach uns zu schmeißen. Erst dann vertrieb die Polizei sie von der Straße. Da der Weg zum Hotel jetzt mehr oder weniger sicher war, liefen Kim und ich die paar Blocks und schmiedeten dabei einen Plan, um am nächsten Tag den Tatort des Mordes zu besichtigen. Na gut, es war Kims Plan, nicht meiner. Sie verfolgte die ganze Geschichte schon seit Jahren und hatte alles in ihr Drehbuch einfließen lassen. Sie wollte die kleine Waldhütte, in denen die Morde geschehen waren, mit eigenen Augen sehen. Ja, Morde – Mehrzahl. Die Männer töteten auch einen Mann, der gerade zufällig bei Brandon zu Besuch war. Kim wollte ein Gefühl für den Ort bekommen. Eigentlich hatte sie allein gehen wollen, aber ich überredete sie, mich mitzunehmen. Ich hatte zwar nicht den dringenden Wunsch, die Hütte zu sehen, aber ich wollte nicht, dass sie allein ging. Ich erinnerte Kim daran, dass sich statistisch gesehen die Sicherheit mit steigender Anzahl anwesender Personen erhöhte. Sie stimmte mir zu.

Bevor wir uns auf den Weg machen konnten, mussten wir dafür sorgen, dass wir nicht auffielen. Ich borgte mir ein khakifarbenes Hemd und einen cremefarbenen Sweater von einer der Transfrauen. Dazu kaufte ich mir ein passendes Paar Slipper im Payless Shoes, einem Schuhladen gleich gegenüber von Woolworths. Dort kauften wir Kim in der Jungsabteilung eine Jeans und ein kariertes Hemd.

Es war schon Nachmittag, als wir uns als Mutter und Sohn ein Auto mieteten und nach Humboldt fuhren. Wir parkten in der einzigen Hauptstraße des kleinen Dorfes mit ungefähr drei- bis fünfhundert

Einwohnern und gingen in das einzige Restaurant, das gleichzeitig die einzige Kneipe war. Betrunkene Männer diskutierten wütend an der Bar. Einige sahen mich an und schielten nach meinem Ausschnitt. Ich versteckte mich hinter der Speisekarte. Wir bestellten beide den Hackbraten. Die Typen an der Bar redeten sehr laut.

»Gottverdammte Transaphroditen. Wenn mir so etwas jemals über den Weg läuft, schieß' ich dem Ding den Schwanz weg.«

»Hast du gesehen, wie die um das Gerichtsgebäude marschieren?«

»Na klar. Freaks!«

»Man sollte sie einfach nur sauber abknallen – so wie sie es mit dieser Er-Sie-Es-Teena gemacht haben.«

Mutter und Sohn aßen auf, beglichen die Rechnung bei der freundlichen Kellnerin und verließen unauffällig das Restaurant. Die Männer unterhielten sich weiter darüber, wie man die »Transformer« verstümmeln könnte, die in Falls City eingefallen waren.

Die Fahrt zu der kleinen Waldhütte dauerte nur zwanzig Minuten. Vor Jahren hatte man sie mit gelbem Markierungsband der Polizei abgesperrt. Die Reste hingen noch wie Lianen von den Bäumen. Das Gelände war unbewacht, die Eingangstür nicht verschlossen. Kim stieß vorsichtig die Tür auf und wir sahen hinein. Man sah sofort, dass Brandons Mörder weder ihn noch seinen Gast »sauber abgeknallt« hatten.

Ein Blutfleck von der Größe eines aufblasbaren Schwimmbassins für Kinder bedeckte den Boden des vorderen Raums. Wir gingen um den Fleck herum in das Schlafzimmer, wo auf dem Boden und an den Wänden überall dunkle Spritzer waren. Ein großer Fleck war tief in die Matratze gesickert, die auf dem Boden lag. Niemand hatte sich die Mühe gemacht, die Hütte zu putzen?

Am Abend checkten Mutter und Sohn in einem Motel in der Nähe von Humboldt ein. Kim schrieb wie eine Verrückte. Im Fernsehen wurden dreißig oder vierzig Transsexuelle gezeigt, die immer noch vor dem Gerichtsgebäude in Falls City demonstrierten. Am nächsten Tag bat mich eine Dokumentarfilmerin um ein Interview. Kimberly war im Hotelzimmer geblieben, um zu schreiben. Die Kamera lief und es wurde »Action!« gesagt. Die freundliche Frau befragte mich so rücksichtsvoll wie möglich über den Prozess. Ich erzählte ihr von unserem Besuch bei dem Tatort. Dieses Mal schaffte ich es sogar, ein paar Worte zu sagen, bevor ich in Tränen ausbrach.

In den folgenden zwei Jahren fragte mich Kim von Zeit zu Zeit, ob ich ihr Drehbuch lesen wolle, bevor es verfilmt werden würde. Es tat mir leid, aber ich konnte es weder lesen noch mir jemals den fertigen Film ansehen. Kim verstand mich. Ich kehrte genau rechtzeitig aus Nebraska zurück, um Lula beim Auszug aus der Klinik und beim Umzug in ihr neues Apartment zu helfen.

*

Nach fünf wahrhaftig wilden Liebesjahren mit Sailor bezog Lula ihre eigene Wohnung. Wir packten gemeinsam ihre Sachen in der alten Wohnung. Sailor hatte ihr Zeug schon abgeholt. Die meisten Schränke und Regale waren halbleer. Unsere Herzen waren gebrochen, alle drei. Sailor und Lula sprachen nicht miteinander, aber wir hatten uns geeinigt, dass beide mit mir befreundet bleiben und mit mir reden durften. Für mich bestand die gemeinsame Grundlage weiterhin darin, dass es mir Spaß machte, sie zu erfreuen. Wir vereinbarten, nicht schlecht übereinander zu reden. Die Abmachung funktionierte gut für alle: Lula und ich teilten unsere Manie, Sailor und ich unsere Depressionen. Alle blieben am Leben.

Zum zweiten Mal in meinem Leben besaß mich niemand: Es gab keine Eltern, keine Lehrer, keinen L. Ron Hubbard, keine Chefs, keine Ehefrauen oder Sea-Org-Offiziere. Ich war niemandes Sklavin mehr. Und ich hatte mir ein Netzwerk aufgebaut, genauer gesagt hatte ich mehrere: Es gab die SM-Lesben aus Seattle, meine Schriftsteller- und Theaterkollegen und eine kleine Gruppe von queeren Divas. David und ich hatten unsere Liebesbeziehung erfolgreich in eine Freundschaft verwandelt und besuchten uns gegenseitig alle paar Monate. Es gab also viele Menschen, die mir auf dem Weg der Heilung helfen wollten, aber weil ich tief in mir selbst nicht glücklich war, zog ich mich in meine tägliche Routine aus Schreiben und Dienen zurück.

Morgens schrieb ich mit Caitlin an *Nearly Roadkill*. Nachdem sie aus Santa Barbara zurückgekehrt war, schrieb sie in ihrer Wohnung in Seattle weiter, die nur einige Straßen von meiner entfernt war. Unsere Entwürfe und Anmerkungen tauschten wir online aus – beide hatten wir unsere Gründe für unser Einsiedlerdasein. Trotzdem schrieben wir ein witziges Buch voller kluger Gendertheorien und sagten gespenstisch genau voraus, welchen Einfluss die Regierung und die amerikanischen Konzerne auf das Internet haben würden.

Die Nachmittage waren für Lula reserviert. Wir hatten im Netz Linda Hamiltons Fitnessprogramm für ihre Rolle in *Terminator 2* entdeckt. Ich richtete uns ein kleines Fitnessstudio ein und setzte uns auf eine Diät aus Tofu-Hotdogs und Diätlimonaden. Wir trainierten zwei Stunden am Morgen und zwei am späten Nachmittag. Wir sahen großartig aus, zumal unsere gemeinsame Manie auch in übertriebenes Shopping ausartete. Aus ihrem Grab heraus kaufte meine Mutter uns Designerkleider, maßgeschneiderte Schuhe und nur den feinsten Piercingschmuck der Stadt. Wenn nichts anderes mehr hilft, reicht es, umwerfend auszusehen, um am Leben zu bleiben, worin Lula und ich uns gegenseitig unterstützten.

Wenn Lula abends gegangen war, kam Sailor zu mir. Ich schaffte es, meine Verknalltheit in eine vernünftigere Fürsorge für sie zu verwandeln. Sie war ausgemergelt und leidend. Ich fütterte sie. In unserem gemeinsamen Jahr hatte ich gelernt, was sie mochte und was nicht. Meistens wollte sie reden, also saßen wir uns abends oft im

Whirlpool gegenüber oder entspannten uns auf meiner mickrigen Veranda unter dem ewig wolkenverhangenen Himmel Seattles.

Wenn Sailor gegen ein Uhr morgens nach Hause ging, setzte ich mich hin und entwarf Tests, Puzzles, Spiele und Richtlinien für mein *Gender Workbook*. Wenn ich daran schrieb, hörte ich den Soundtrack von *Die kleinen Strolche*, der Lieblingsfernsehsendung meiner Kindheit. So fühlte ich mich immer wie ein kleines Kind und konnte spielerisch mit dem Schreiben umgehen.

Ich rauchte zwei Schachteln Zigaretten oder mehr am Tag. Ich ließ die Finger vom Alkohol, hatte aber wieder angefangen, Gras zu rauchen. Ich zog mich immer mehr zurück und lebte nur für das Dienen. Einerseits diente ich Sailor und Lula, andererseits durch das Schreiben allen Menschen, die vielleicht auch nach meinem Tod noch meine Bücher lesen wollten. Aus dem Nichts heraus schien der Tod eines Nachmittags überraschend nah zu sein, als mir meine Ärztin mitteilte, dass ich an chronischer lymphatischer Leukämie litt.

Am selben Nachmittag überredete ich Big Gay Mark dazu, das ägyptische Kreuz auf meinen linken Handrücken zu tätowieren. In Neil Gaimans Comicromanwelt in *The Sandman* ist das ägyptische Kreuz das Siegel der Lady Death. Ich wollte den Ort markieren, wo sie mich geküsst hatte. Für das Tattoo wählte ich die linke Hand aus, weil in der SM-Welt alles, was auf der linken Seite getragen wird, eine Person als *Top* kennzeichnet. Ich war noch nicht bereit, mich Lady Death als *Bottom* zu unterwerfen. Ich hatte noch einiges zu erledigen, bevor ich mich in die unausweichliche Affäre mit Ihrer Hoheit fügen würde.

Das war auch der Tag, an dem ich meine Exfrau Molly, Jessicas Mutter, anrief, die sofort auflegte, als ich meinen Namen sagte. Es war der Tag, an dem ich die Treppe meines kleinen Reihenhauses zum Badezimmer hinaufging und mir ein Valentinsherz in die Brust schnitt. Später, als die Endorphine vom Ritzen wieder abgeklungen waren, nahm ich den alten Selbstmordplan aus Philadelphia wieder ins Visier: Berg, Wodka und Unterkühlung hörten sich immer noch gut an. Bei einem von Davids letzten Besuchen hatten wir uns einige gute Wanderwege auf dem Mount Rainier angesehen. Ich wusste daher, welcher Weg am besten geeignet war, um möglichst weit entfernt und außerhalb der Sichtweite anderer Wanderer zu landen. Ich würde ein paar Sauerteigbretzeln und zwei Flaschen Wodka mitnehmen und Lady Death durch den Schleier angenehmer Kälte empfangen. Die Kriechtiere würden meine Knochen sauber abnagen. Kein Generve, kein Stress. Vorher wollte ich allerdings noch beide Bücher fertigstellen. Es waren Femmes, die mir letztlich das Leben retteten – Femmes und der Film *Romy und Michele*.

Ich traf mich zu der Zeit regelmäßig mit einer kleinen Clique kluger Frauen, die hübsch zu sein wussten und denen egal war, wenn andere sie für Dummchen hielten. Ich sah mich als ihr Maskottchen, als eine Femme in der Ausbildung. Gut angezogen zu sein, gehörte dabei zu den wichtigsten Dingen. Unsere Kleidungsstücke besorgten wir uns bei Ausverkäufen, in Secondhandläden oder nähten sie selbst. Ich konnte nicht nähen und davon abgesehen sah ich im Spiegel immer nur einen Mann in einem Kleid, egal, was ich kaufte. Natürlich wusste ich, dass ich kein Mann war, aber gleichzeitig wusste ich, dass ich auch keine Frau war. Beides bedeutete mir mittlerweile einen Scheißdreck. Ich war wieder bei meinem Grundproblem angelangt: Ich wollte süß und sexy sein, sah aber aus wie ein alter Mann. Seit meiner Genitaloperation waren zehn Jahre vergangen. Ich hatte mein Bestes gegeben und hörte auf, es zu versuchen.

Nearly Roadkill war endlich fertig und wurde veröffentlicht. Es dauerte noch eine Weile, bis ich eine gute, kurze erste Version von *My Gender Workbook* zusammengestellt hatte. An dem Tag, als ich die Datei an Bill Germano gesendet und den Ausdruck per UPS verschickt hatte, kaufte ich mir zwei Literflaschen Wodka. Ich packte sie in meinen Rucksack, dazu eine Packung Bretzeln und eine gemütliche Decke. Ich sah keinen Grund, mich auf die nackten Steine zu legen. Ich besaß ein gutes Paar Wanderschuhe, das David während seines letzten Besuchs mit mir ausgesucht hatte. Ich war startklar, aber es regnete – wie fast immer in Seattle. Wie dem auch sei: Ich wollte nicht im Regen sterben und laut Wetterbericht sollte es noch vor Mitternacht aufklaren. Zum Zeitvertreib ging ich mit meiner Selbstmordausrüstung ins Kino.

Dort wurde die Seattle-Premiere von *Romy und Michele* gezeigt, der als Girlie-Freundinnenfilm beworben wurde. Der letzte Bus zum Mount Rainier würde eine halbe Stunde nach Filmende abfahren. Wenn ich ihn verpassen sollte, könnte ich immer noch nach Hause laufen und mit dem Auto zu dem beschissenen Berg fahren. Im Kino gingen die Lichter aus. Zwanzig sterbenslangweilige Minuten später begann der Film.

Mira Sorvino spielt Romy White. Sie ist seit zehn Jahren mit der High School fertig und arbeitet als Empfangsdame in einem Autohaus. Jede freie Minute verbringt sie mit Michele Weinberger, gespielt von Lisa Kudrow. Michele entwirft und näht Klamotten für beide, in denen sie atemberaubend aussehen. Der Film trägt den Untertitel *Alle Macht den Blonden* und scheint sich auf den ersten Blick über Blondinen lustig zu machen. Doch alle Blondinen, die ich kenne und die den Film gesehen haben, sind sich einig, dass es eigentlich um die große Liebe zwischen den beiden Freundinnen geht. Ich hatte herausgefunden, dass Frauenfeindlichkeit auf »süß ist dumm« und »sexy ist böse« hinausläuft, doch auf die beiden Mädchen in dem Film traf das irgendwie nicht zu. Außerdem müssten Frauen, die süß und sexy sind, eigentlich keine Freundinnen sein, sondern sich gegenseitig die Augen auskratzen.

Als der Film zu Ende war, wünschte ich mir nichts sehnlicher als eine Freundin wie Romy oder Michele. Ich musste lächeln, weil mir auffiel, dass Lula und ich manchmal so miteinander waren. Konnten zwei süße, heiße Frauen wirklich so eng befreundet sein? Als ich aus dem Kino kam, sah ich zum Himmel und ließ mir die dicken Regentropfen aufs Gesicht fallen. Diese Nacht war einfach zu ungemütlich zum Sterben. Auf dem Heimweg hielten meine neuen Wanderschuhe meine Füße warm und trocken – eine gute Wahl.

Als ich am nächsten Morgen aufwachte, wollte ich Lisa Kudrow sein oder vielleicht auch ihre Figur Michele; das war mir nicht ganz klar. Irgendwann in dieser letzten Nacht, vielleicht in Träumen, an die ich mich nicht erinnerte, hatte ich ein Großteil des Rätsels gelöst, dessen Message sich auch hinter jedem Blondinenwitz verbarg, in dem »blond« »süß« bedeutete und »süß« gleich »dumm« war. Mir wurde klar, dass süße Blondinen gar nicht klug sein mussten, damit ein Mann für sie sorgte. Männer taten alles für eine süße Blondine. Leider nutzte mir diese Erkenntnis gar nichts, weil ich a) rote Haare hatte, b) klug war und c) gar keinen Mann wollte, der sich um mich kümmerte. Mein Gott, ich war sogar zu armselig, um die Blondine in einem Blondinenwitz zu sein. Ich hatte seit zwölf Jahren keinen Wodka mehr geschmeckt. Jetzt schickte er Schauer durch meinen Körper, die beinahe wie Sex waren.

Es regnete immer noch, wenn auch nicht annähernd so stark wie am Abend zuvor. Man brauchte nicht mal wirklich einen Schirm. Durch den Regen zu laufen, war eigentlich kein Problem. Das machen alle in Seattle so. Die Vorstellung aber, im Regen zu sterben, machte mir Angst. Ich hatte zu lange auf Schiffen gelebt, wo Regen immer gleich Gefahr war. Ich wollte keine Angst haben, wenn ich starb. Ich hängte mir also meinen Selbstmordrucksack über die Schulter und lief die sechs oder sieben Blocks zum Kino, um mir die Nachmittagsvorstellung anzusehen. Der Kartenabreißer hob die Augenbrauen, als er das Klirren in meinem Rucksack hörte.

»Keine Getränke im Kino, junge Frau.«

»Was? Ach so, die sind für danach. Ich kann sie auch bei Ihnen lassen. Oder soll ich sie Ihnen auf dem Weg nach draußen noch mal zeigen?«

Der Mann zuckte nur mit den Schultern und winkte mich durch. Ich saß im selben Sessel wie am Abend zuvor. Außer mir waren nur ungefähr zehn andere Leute im Saal. Ungeduldig wartete ich auf den Film.

Romy und Michele waren sexy, aber nicht mal ein bibelfanatischer Fundamentalist würde sie als böse bezeichnen. Warum war das so? Ich vertiefte mich in Lisa Kudrows Figur. Am Ende des Films hatte ich es herausgefunden. Die Mädels sind zwar sexy, aber nur füreinander. In einer Szene nach der anderen lassen sie die Männer abblitzen. Romy verknallt sich zwar in den Footballstar der Schule, der stellt sich aber als Vollidiot heraus. Der größte Streber der Klasse ist in Michele verknallt, aber die beiden kommen nur unter der Bedingung zusammen, dass auch Romy einen festen Platz in dieser Beziehung hat.

Diese Frauen hatten nur Augen füreinander, weil sie so wahnsinnig süß und sexy waren. Sie verkörperten alles, was ich sein wollte. Aber es war nichts weiter als ein Märchen, nur Fiktion, oder? Andererseits fragte ich mich, ob Mythologie nicht immer Fiktion war. In den folgenden drei Tagen sah ich mir den Film noch fünfmal an. Meinen Selbstmorddrucksack ließ ich zu Hause.

Am Ende des Films wird klar, dass die beiden Frauen nicht nur süß und sexy, sondern auch klug und talentiert sind. Trotz der kulturellen Widerstände schaffen sie es, ein wunderbares Leben miteinander zu führen, wahrscheinlich bis ins hohe Alter. Alle Puzzleteile meines Lebens kamen jetzt zusammen wie in der letzten Szene eines Agatha-Christie-Krimis. Mein erster großer Aha-Moment bei der Auseinandersetzung mit meiner Transsexualität war die Erkenntnis gewesen, dass ich mich unbewusst einer kulturellen Regel unterworfen hatte: Echte Frauen können nur Männer lieben. Ich brach diese Regel, indem ich meine Geschlechtsumwandlung durchzog und eine Femme-Lesbe wurde. Dabei tappte ich aber sofort in eine ähnliche Falle. Ich glaubte und gehorchte blind einer Regel lesbischer Subkultur: Echte Femmes dürfen nur Butches lieben.

»Ich bin Sailor verfallen, weil sie eine Butch war, Lula.«

»Kate«, antwortete Lula vorwurfsvoll, »du hast sehr viel mehr an Sailor geliebt als nur das.«

»Ja, na gut, sie ist außerdem genau wie mein Dad – sogar seine Sturheit hat sie.«

»Ja, das Mädel kann echt dickköpfig sein.«

»Genau wie ich. Und das Letzte, was ich in meinem Leben brauche, ist jemand, der ständig auf mir rumhackt. Das tue ich schon selbst genug.«

»Katie, das hört sich ja theoretisch ganz gut an, aber du verehrst Sailor. Das seh' ich in deinem Gesicht.«

»Ja, ich verehre sie, Lula, aber ich war nicht verliebt in sie. Ich habe es nur geliebt, mit ihr zu spielen.«

»Mädchen, du hast viel mehr mit Sailor getrieben, als nur zu spielen. Du hast dich dumm und dusslig geflirtet. Du flirtest mit jeder Butch wie eine Wahnsinnige.«

»Ja klar, aber das ist auch ein Spiel.«

»Du spielst mit vielen Butches, Süße, und sie glauben, dass du sie verführen willst.«

»Nein, ich tanze mit ihnen. Es macht Spaß, mit ›Daddy‹ zu flirten. Das weißt du doch selbst. Ich kann doch nichts dafür, dass sie mehr erwarten.«

Dann kamen diese großen Worte aus meinem Mund. »Ich habe mich nicht in Sailor verliebt, Lula, sondern in dich. Du bist meine beste Freundin.«

Nein, Lula fiel mir nicht in die Arme und gestand mir ihre Liebe. Sie liebte Butches. Aber ich hatte endlich »süß« und »sexy« verstanden.

Noch viel wichtiger war, dass ich entdeckt hatte, was ich wollte: Ich wollte genau die Art von Mädchen sein, zu der ich mich hingezogen fühlte. Die Konsequenz war klar: Am Leben bleiben und eine Blondine werden. Nicht so wie Romy oder Michele – so viel Girlie hatte ich nicht zu bieten. Ich wurde eine Blondine wie Geena Davis in *Tödliche Weihnachten*. Diese Art von hammersüß und sexy hatte ich drauf. Dank des Fitnesstrainings mit Lula war ich extrem gut in Form und wenn ich in den Spiegel blickte, sah ich einen Jungen, der auch in Mädchenklamotten heiß aussah. Junge, nicht Mann – zwei verschiedene Geschlechter.

*

»Ich habe sogar die ganze ›Daddy‹-Nummer begriffen.«

»Ach ja?« Lula streckte ihren Arm aus und berührte leicht die herzförmige Narbe auf meiner Brust. »Und wie steht es mit dir als Jessicas Daddy?«

Ich holte tief Luft und sagte ihr, dass ich auch dieses Rätsel gelöst hätte.

»Wirklich? Du wirst sie suchen und sie aus diesem beschissenen Kult befreien?«

»Nein. Ich könnte sie vielleicht sogar finden. Aber wenn ich auf einmal vor ihrer Tür stünde, würde sie nur Ärger mit den Leuten bekommen, die sie für die einzig Guten hält. Nein, ich werde tun, was Romy und Michele tun würden.«

»Und das wäre?«

»Nach New York gehen und ein Star werden.«

»Ach Katie, nicht doch ...«

»Lula, ich werde ein Transstar! So schwer kann das gar nicht sein. Es gibt ja kaum Konkurrenz. Und wenn ich ein Star bin, kann Jessica mich einfacher finden – wenn sie das jemals will.«

Lula legte ihre Arme um meine Schultern. Ich umarmte sie fest.

»Du wärst ein guter Daddy, Katie, auch als hübsches Mädchen. Ich hoffe, Jessica findet das eines Tages heraus.«

»Ja, das hoffe ich auch.«

Ein Leben als Star – ich war mir sicher, dass ich es schaffen konnte. Mir war endlich klar, was ich wirklich wollte, und ich war mir plötzlich meiner Sterblichkeit auf eine ganz andere Art bewusst, so dass ich mich jetzt selbstbewusst genug fühlte, um daran zu glauben.

Es war nicht mehr viel von Moms Geld übrig geblieben, also verkaufte ich mein Auto, um den Umzug nach New York zu bezahlen. Dort würde ich ohnehin kein Auto brauchen. Ich mietete einen großen LKW. Alle meine Lesbenfreundinnen kamen vorbei, um mir beim Packen zu helfen und mir alles Gute auf meiner Reise zu Berühmtheit zu wünschen. Wir lachten, tanzten und sangen Lieder bis zum späten Abend auf dem Hof meines Reihenhauses. Es war wie das große Finale eines Bollywoodfilms, allerdings mit arschwackelnden SM-Lesben. Am nächsten Morgen machte ich mich in aller Frühe auf den Weg, begleitet von meiner Katze Gideon sowie Robin, der Christopher-Walken-Butch.

Nachdem ein wolkenloser Mount Rainier uns eine gute Reise gewünscht hatte, fuhren wir stundenlang dem goldenen Horizont der aufgehenden Sonne entgegen. Das Leben war lebenswert, oh ja, und ich trug ein fröhliches Lied in meinem Herzen.

Epilog
Hallo Süße

Zwei Wochen nachdem wir Seattle verlassen hatten, setzte Robin mich in New York City ab. Ich bin bis heute noch kein Star geworden. Gideon und ich bezogen ein weiteres gemeinsames Zuhause. Die Vermieterin der Einzimmerwohnung im New Yorker Bezirk Midtown war Barbara Carrellas, die zur Romy für meine Michelle wurde. Barbara und ich haben die letzten 14 Jahre als beste Freundinnen, Schriftstellerinnen, Performerinnen, Theatermenschen, Hundefreundinnen, Katzenfreundinnen und Lebensgefährtinnen verbracht. Vor sechs Jahren begann ich die Arbeit an diesem Buch, das aus einem Einpersonenstück für die Bühne entstanden ist. Ich freue mich immer wieder, wenn ich auf mein Leben zurückblicke und feststelle, dass fast alle meine Arbeiten ihre Wurzeln im Theater haben.

Seit meinem zögerlichen Tanz mit dem Selbstmord in Seattle habe ich nie wieder ernsthaft daran gedachte, mich umzubringen. Na gut, ich habe immer noch ab und zu, was mein Therapeut »passive Suizidgedanken« nennt. Das sind die Tage, an denen ich denke »Kann bitte alles bald vorbei sein?«. Doch trotz dieses Hangs zur Selbstzerstörung habe ich an jedem Tag meines mehr als 63 Jahre langen Lebens einen Grund zum Weiterleben gefunden.

Als meine Leukämie vor 14 Jahren entdeckt wurde, war sie auf der Stufe 0 von 4. Erst vor zwei Jahren hat sie die Stufe 1 erreicht. Die Krankheit macht mich zwar ein bisschen langsamer, wird mich aber mit Sicherheit nicht umbringen. In den letzten sechs oder sieben Jahren bin ich dem Tod dreimal sehr nah gewesen, aber ich bin immer noch da. Ich finde immer mehr Dinge am Leben, die ich genieße, und immer mehr, worüber ich lachen kann. Es macht mir also nichts aus, wenn Ihre Hoheit sich noch ein wenig Zeit lässt, bevor sie mich holt.

Das ist neu für mich – nicht nach der Gesellschaft von Lady Death zu schmachten. Es bedeutet, dass ich den Menschen, der ich immer noch werde, immer mehr mag.

Als ich Scientology verließ, gehörte ich für sie zum niedrigsten Abschaum überhaupt und stellte eine Gefahr für jeden dar, überall. Dank der großen Hilfe meiner Freunde glaube ich seit Kurzem daran, dass ich vielleicht doch gar nicht so ein bösartiger Wichser bin. Ich versuche jetzt, jene meiner Eigenschaften, die mehrere Religionen und Subkulturen für meine böse Natur halten, dazu zu nutzen, mir meinen größten Wunsch zu erfüllen, nämlich eine Quelle des Mitgefühls und der Freude in dieser Welt zu sein. Mit der buddhistischen Bodhisattva-Lehre habe ich womöglich meinen Weg dafür gefunden.

Vor einigen Jahren nahm ich an einem dreitägigen Seminar Seiner Heiligkeit des Dalai Lama teil. Abgesehen von mir und meiner Lebensgefährtin Barbara waren etwa siebenhundert andere Menschen in das Beacon Theatre in New York gekommen. Ich habe damals ein Gelübde abgelegt, das der Dalai Lama all jenen abnahm, die den Bodhisattva-Weg beschreiten wollten:

> Solange der Raum besteht,
> und solange es fühlende Wesen gibt,
> solange möge auch ich verweilen,
> um das Leid der Welt zu beseitigen.

Schon damals in der Sea Org glaubte ich daran, dass wir immer wieder zurückkehren, wenn auch nur für eine Milliarde Jahre. Jetzt kommt für mich ein Ausscheren aus dem großen Kreislauf von Leben und Tod erst in Frage, wenn alle es tun – genau wie in dem Buch *Die Möwe Jonathan*. Es gibt sogar etwas beim Boddhisattva, das den Masochisten in mir anspricht: Bei jeder Reinkarnation kommt man als ein niedrigeres Wesen zurück als im Leben davor. Das geht dann so lange, bis man auf der untersten Stufe angelangt ist. Warum man sich so etwas wünschen sollte? Weil die zwangsläufig folgende Erleuchtung so gewaltig, so hell und intensiv sein wird, dass alle fühlenden Wesen von diesem strahlenden Glanz profitieren. Für mich macht das jede Menge Sinn. Vieles davon habe ich schon in diesem Leben getan, weil ich mich an den meisten Scheidewegen meines Lebens für die weniger angepasste, kulturell weniger akzeptierte Option entschieden habe. Ich hoffe nur, dass diese Buddhisten recht haben, was die vorbestimmte Erleuchtung betrifft. Aber selbst wenn sie Unrecht haben sollten, wird die Reise nach unten immerhin Spaß gemacht haben.

*

Vor einigen Jahren erfuhr ich eher zufällig, dass ich eine Oma bin. Was sagt man dazu?! Ich habe zwei Enkel im Teenageralter. Der eine heißt Christopher und seine Schwester, soweit ich weiß, Celaina. Ich bin mir nicht sicher, wie alt sie heute sind, aber ich habe gehört, dass beide schon alt genug waren, um ihre eine Milliarde Jahre währenden Verträge zu unterzeichnen. Ungefähr zur gleichen Zeit fand ich heraus, dass Jessica mittlerweile in der Führungsetage der Sea Org sitzt. Nicht jeder schafft es bis so weit nach oben in der Organisation. Es ist kaum zu glauben, aber ich muss zugeben, dass ich stolz auf sie bin. Ich wusste von Anfang an, dass sie ein mächtiger Thetan ist.

Ich glaube zu wissen, wo Jessica heutzutage lebt. Wie kommt es also, dass ich gerade am Computer sitze, statt an ihre Tür zu klopfen? Tja – in ihrer Welt wäre das der Todeskuss. Jessica hat ihr ganzes Leben bei Scientology verbracht. Etwas anderes kennt sie nicht. Ich kann da jetzt nicht einfach reinmarschieren und alles zerstören. Nein, das geht nicht. Aber ich habe dieses Buch geschrieben, weil es eine geringe Chance gibt, dass du, lieber Leser, liebe Leserin, Jessica bist.

Also:

Hallo Kleines,

ich bin mir ziemlich sicher, dass unser letztes längeres Zusammensein jene Heimfahrt aus der Schule war, als du mich nach Gott gefragt hast. Du warst acht, vielleicht neun Jahre alt.

Danke, dass du dieses Buch liest. Es war sicher nicht ganz einfach. Was den Wahrheitsgehalt betrifft, kannst du deine Mom fragen, zumindest teilweise. Ich bezweifle, dass sie das hier lesen möchte, aber richte ihr trotzdem herzliche Grüße von mir aus, ja? Deine Mom und ich haben uns sehr gemocht. Wir waren jahrelang beste Freunde und eine kurze Zeit sehr verliebt ineinander. Unsere Augen leuchteten, der Planet gehörte uns und wir wollten ihn mit dir teilen. Du warst von viel Liebe umgeben.

»Jessica« für Schönheit, »Leah« für Stärke – es waren die magischsten Namen, die deiner Mom und mir eingefallen sind. Ich hoffe, beide Namen haben dich gut begleitet. Ich weiß, dass du den Nachnamen deines Stiefvaters angenommen hast, kurz nachdem ich gegangen bin. Du sollst wissen, dass ich darüber nicht sauer bin.

Ich besitze 15 Fotos von dir, inklusive der Bilder, die du meiner Mutter geschickt hast. Sie hat sie immer in einer Schublade neben ihrem Bett aufbewahrt, wo ich sie nach ihrem Tod fand. Dass deine Großmutter diese Fotos neben ihrem Bett aufbewahrte, bedeutet, dass sie dich sehr liebte, genau wie dein Großvater. Er schmolz jedes Mal dahin, wenn du um die Ecke gewatschelt kamst. Ich habe ihn nie so sanft und freundlich erlebt wie mit dir – du hast das Beste aus ihm hervorgezaubert. Er hat nicht verstanden, warum du nie zu Besuch gekommen bist. Das soll kein Vorwurf sein – ich habe genau das Gleiche getan, als ich in der Sea Org war. Ich verstehe, warum du sie nicht besucht hast. Sie hatten Kontakt zu mir, waren also potenzielle Gefahrenquellen für dich und Scientology. Davon abgesehen ist es schwierig, mit *Wogs* über irgendetwas anderes zu reden, als über die

Möglichkeit, sie auf Rons *Brücke zur totalen Freiheit* zu begleiten. Ach, Schatz – die Art, wie sie hier draußen reden, würde dich verrückt machen. Niemand reagiert wirklich auf den anderen und ständig unterbrechen sie einander. Wo du bist, kommunizieren die Menschen deutlich besser als hier draußen.

Ich frage mich, ob du manchmal daran denkst, bei Scientology aufzuhören. Ich wäre ein schlechter Unterdrücker, wenn ich nicht wenigstens fragen würde. Du sollst wissen, dass ich dich, wenn du dich jemals dazu entschließen solltest, aufnehmen oder an gute Freunde vermitteln würde, die dir helfen könnten, ein neues Zuhause zu finden. Wenn das mal nicht so ziemlich alle, die wir kennen und lieben, aus der Bahn werfen würde. Meine Güte! Ich bitte dich nicht darum zu gehen oder auch nur Kontakt zu mir aufzunehmen. Ich wollte dir nur sagen, dass du die Möglichkeit hast und dass du immer willkommen sein wirst.

Du siehst aus wie ich. Wusstest du das? Ich sehe aus wie mein Vater. Er war ein gut aussehender Mann und ich vermute, dass du eine schöne Frau bist. Es gibt im Internet viele Fotos von mir. Vergleiche sie mit Bildern von dir. Wir haben beide die Augen meines Vaters. Es ist unheimlich. Darfst du eigentlich meinen Blog lesen oder wird der Zugang zu meiner Seite durch den Internetfilter der Organisation gesperrt? Ich bemühe mich schon lange, einfach zu finden zu sein, falls du nach mir suchen solltest. Ach, wie gern würde ich mehr über dich wissen. Ein paarmal im Monat suche ich im Netz nach dir, um herauszufinden, wo du bist und was du tust, aber bisher ohne Erfolg. Ich werde es weiter versuchen.

Ob du wohl Scientology für eine Religion hältst? Das soll keine Provokation sein und ist auch nicht oberflächlich oder respektlos gemeint. Ich frage nur, weil wir damals alle davon ausgingen, dass Scientology keine Religion ist. Als deine Mom und ich uns das erste Mal begegneten, war klar, dass wir uns freiwillig einer angewandten religiösen Philosophie anschlossen. Kleines, hast du das Gefühl, deinen eigenen Glauben frei wählen zu können? Weißt du eigentlich, dass dir ein grundlegendes Menschenrecht zusteht, nach dem du dir deinen Glauben aussuchen darfst, ohne Bestrafung oder Vergeltung befürchten zu müssen? Es gibt sehr viele mitfühlende, aufmerksame Menschen, die ohne Scientology so geworden sind. Ich will damit nur sagen, dass es andere Optionen für dich gibt und du das Recht hast zu wählen.

Es macht unfassbar viel Spaß, seinen eigenen Lebensweg zu finden. Kleines, ganze Welten warten darauf, von dir entdeckt zu werden, Welten voller guter Menschen, die dich, deine Fragen und Ideen willkommen heißen würden. Es sind Welten, in denen deine Wünsche respektiert werden würden. Es gibt so viele Arten, »Gott« zu finden und zu verstehen.

Als du noch klein warst, hast du mich gefragt: »Was ist Gott, Daddy?« Scientology lehrt, dass jeder das für sich herausfinden muss. Jessica, heute gebe ich diese Frage an dich zurück: Was ist Gott? Du bist jetzt fast vierzig Jahre alt. Wie viel Zeit hast du der Suche nach dem Wesen, dem Trost, der Kraft, dem Frieden und der Liebe Gottes gewidmet? Ich meine damit keine OT-Fähigkeiten und auch nicht Freiheit. Ich denke dabei an das, was Ron den allgemeinen Drang des Menschen nennt, Teil von etwas zu sein, das größer ist als das Leben, der Geist und das ganze physische Universum. Hier draußen in der *Wog*-Welt habe ich entdeckt, dass man jedes Mal, wenn man etwas findet, was das Leben lebenswerter macht, einen weiteren Hinweis erhält zur Lösung jenes mysteriösen Rätsels, das die Menschen »Gott« nennen. Ich nenne es »Das große Gute«. Hast du es für dich herausgefunden? Ach Schatz, ich könnte dir einige wirklich großartige Orte für deine Suche zeigen!

Jessica, ich entschuldige mich für alles Leid, das ich dir zugefügt habe. Ich entschuldige mich für meine Fehler und Entscheidungen, die Schmerz für dich bedeuteten. Es tut mir von ganzem Herzen leid. Ich weiß, dass Scientology angeblich jeden Schmerz und alles Leiden auslöscht, das man in diesem oder in anderen Leben gefühlt hat. Trotzdem tut es mir leid, dass ich Schmerz und Leid in dein Leben gebracht habe – so wie mein Vater mir Schmerz und Leid zugefügt hat. Es tut mir leid, dass ich all die Jahre nicht für dich da war. Obwohl ich so sehr versucht habe, nicht wie mein Vater zu sein, habe ich mich letztlich noch weiter von dir entfernt als er jemals von mir.

Ein ehemaliges Mitglied der Sea Org erzählte mir kürzlich, dass du glauben würdest, ich sei so merkwürdig und durchgeknallt, weil ich falsches Auditing bekommen hätte. Bitte mach dir keine Sorgen um mich. Mir geht es ganz gut hier draußen in der Welt. Ich bin dankbar für mein Leben und die mir bisher geschenkten Gelegenheiten, einige der schwierigeren Lektionen des Mitgefühls und der Vergebung zu lernen.

Ja, ich habe auf meinen Wegen einiges über das Leben gelernt und es waren ein paar wirklich merkwürdige Wege dabei. Ich würde meine Erfahrung gern an dich weitergeben, denn genau dafür sind Eltern da. Wir sollen an unsere Kinder weitergeben, was wir wissen, was wir gelernt haben, was wir uns für sie wünschen. Wir sollen sie segnen, bevor wir sterben.

In diesem Sinne:

Erstens: Niedlich zu sein ist eine zulässige Form der Selbstverwirklichung, genau wie alles andere, womit man zum Ausdruck bringen will, als was für ein Mann, Frau, Junge, Mädchen oder was auch immer man sich fühlt. Vergiss nicht: Thetane haben kein Geschlecht. Außerdem braucht man gar kein Geschlecht, um niedlich zu sein. Weil Thetane kein Geschlecht haben, kann man sich in jeden Thetan oder in mehrere Thetane verlieben, ganz egal, welches Geschlecht ihre Körper haben.

Zweitens: Ficke nie jemandem, der du nicht sein wollen würdest.

Drittens: Egal ob Filme oder Bücher – ich empfehle jede Menge Science-Fiction und Fantasy, aber das gute Zeug. Die Leute ziehen über L. Ron Hubbard her, weil er ein Science-Fiction-Autor war. Das war nie sein Problem. Sein Problem war, dass er ein mittelmäßiger Science-Fiction-Autor war. Falls du das Zeug des Alten mögen solltest: Hier draußen gibt es einige großartige SciFi- und Fantasy-Autoren, die deine Augen zum Glänzen bringen dürften. Sie haben nicht gleich eine Religion aus ihrer Arbeit gemacht. Sie sind einfach nur gute Begleiter.

Viertens: Auf all meinen Reisen habe ich herausgefunden, dass alle Pfade des Lebens ins Nichts führen. Man kann also ruhig den Weg nehmen, der am meisten Herz und Spaß bietet. Und wenn wir das beide tun – wer weiß? Vielleicht werden sich unsere Wege in irgendeinem Leben noch einmal kreuzen.

Fünftens: Wenn sonst nichts von dem, was ich bis hierher geschrieben habe, Sinn für dich ergibt, bitte ich dich um dieses eine – und zwar für niemand anderen als für dich selbst: Lass nichts unversucht, um dein Leben lebenswerter zu machen. Probier *alles* aus, auch wenn es gegen die Lehre von L. Ron Hubbard verstößt. Es gibt dabei nur eine Regel, die wirklich wichtig ist, meine Süße: Sei niemals gemein. Das ist die Art von Regel, durch die jeder, selbst Menschen wie ich, ein wenig Gutes in diese Welt bringen kann.

Okay, ich muss zum Schluss kommen. Lieber Christopher, liebe Celaina: Alles, was ich eurer Mom angeboten habe, gilt auch für euch. Es ist leicht, im Netz mit mir Kontakt aufzunehmen.

Jessica Leah, mein Mädchen. Ich liebe dich. Welchen Weg du auch einschlägst: Ich wünsche dir die Geborgenheit, den Frieden und die Kraft, die du zum Weitermachen brauchst. Ich bin sehr glücklich, dass ich diese Möglichkeit hatte, mit dir zu sprechen.

In Liebe und Respekt für immer,
Ich

Einige Anmerkungen zu meinen Scientology-Quellen

Ich habe größten Respekt vor den ehemaligen Scientology- und Sea-Org-Mitgliedern, die als Erste etwas über »Ihn-Dessen-Name-Nicht-Genannt-Werden-Darf« geschrieben haben. Sie ebneten mir damit den Weg, das Trauma meines Lebens in der Organisation und der Sea Org in Worte fassen zu können.

William S. Burroughs: *Ali's Smile / Naked Scientology* (1978)

Russell Miller: *Bare-Faced Messiah: The True Story of L. Ron Hubbard* (1987)

Jon Atack: *A Piece of Blue Sky: Scientology, Dianetics and L. Ron Hubbard Exposed* (1990)

Bent Corydon: *L. Ron Hubbard, Messiah or Madman?* (1996)

Nancy Many, Chris Many and Jefferson Hawkins: *My Billion Year Contract: Memoir of a Former Scientologist* (2009); Nancy und ich waren gemeinsam bei der Sea Org.

Marc Headley: *Blown for Good: Behind the Iron Curtain of Scientology* (2009)

Jefferson Hawkins: *Counterfeit Dreams: One Man's Journey Into and Out of the World of Scientology* (2010)

Paul Y. Csige: *The Symphony of Leif* (2010)

Margery Wakefield: *The Road to Xenu: Life Inside Scientology* (2010)

Margery Wakefield: *Understanding Scientology: The Demon Cult* (2010)

Amy Scobee: *Scientology – Abuse At the Top* (2010)

Zusätzlich habe ich Material aus den Originalversionen folgender Bücher L. Ron Hubbards verwendet, bevor sie von David Miscavige neu herausgegeben wurden:

Introduction to Scientology Ethics

The History of Man, Scientology 0 – 8

The Book of Basics; Dianetics: The Modern Science of Mental Health.

Als Mitglied von Scientology absolvierte ich die Kurse *Organizational Executive Course* und *Flag Executive Briefing Course*. Auch wenn meine Abschlüsse mittlerweile ungültig sind, weil ich so eine fanatische, unterdrückerische Person bin, habe ich dabei viel über L. Ron Hubbards Managementtheorie gelernt.

Viele Details in diesem Buch über Scientology, ihren Anführer David Miscavige und den Gründer L. Ron Hubbard verdanke ich Janet Reitman und ihrem Buch *Inside Scientology: The Story of America's Most Secretive Religion* (2011). Ich danke auch dem Journalisten Lawrence Wright für seinen sorgfältig recherchierten Artikel *The Apostate: Paul Haggis vs. the Church of Scientology* (New Yorker, 14. Februar 2011).

Paulette Cooper schrieb mit *The Scandal of Scientology* (1971) das erste Enthüllungsbuch über Scientology. Ich bewundere ihren Mut. Nach der Veröffentlichung war sie jahrelang das Ziel einer Maßnahme, die bei der Organisation *Operation PC Freakout* hieß.

Ein besonderer Dank geht an Mark Bunker für seine umfassende Webseite *Xenu TV*, die Links zu Dokumenten, Büchern und eidlichen Aussagen enthält. Ich danke auch Tony Ortega, dem Chefredakteur des *Village Voice*-Blogs *Runnin' Scared*. Danke Mark »Marty« Rathbun für den Blog *Moving On Up a Little Higher*, der täglich über Missetaten der Organisation berichtet. Ich checke diese Blogs mehrmals täglich. Weitere Links zu Gerichtsdokumenten, eidlichen mündlichen Zeugenaussagen und Videoaussagen aktueller oder ehemaliger Scientologen finden sich auf einer Webseite mit dem mysteriösen Namen *Operation Clambake* (www.xenu.net). Eine weitere faszinierende Webseite ist *Ex-Scientology Kids*. Hier hoffe ich eines Tages von meiner Tochter und ihren Kindern zu hören.

Danksagung

Im Jahr 1998 schrieb ich den Essay *Message in a Bottle* für Jessica. Eine bekannte News- und Entertainment-Webseite kaufte die Geschichte, als sonst noch niemand Artikel über Scientology aus Angst vor Vergeltung publizierte. Eine Woche vor dem verabredeten Veröffentlichungstermin riefen mich die Betreiber der Webseite an und teilten mir mit, dass ihre Rechtsanwälte gegen eine Veröffentlichung waren. Sie überwiesen mir eine Entschädigung. Jahre später wurde aus diesem Essay das Einpersonenstück *Kate Bornstein Is A Queer And Pleasant Danger*, das ich bei der jährlich stattfindenden Theaterkonferenz *Performance Studies International* der Brown University aufführte. John Emigh hatte mich dazu überredet, dieses Stück zu schreiben und aufzuführen. Adam Immerwahr kümmerte sich um die Lichtgestaltung, meine BFF Kaylynn Raschke war zugleich eloquente Dramaturgin und elegante Bühnenbildnerin der Aufführung.

Meine Literaturagentin Malaga Baldi schlug dann vor, aus dem Theaterstück eine Autobiografie zu machen. In den vergangenen sechs Jahren hat sie mich immer wieder aufgemuntert und meine Hand gehalten, wenn ich das Gefühl hatte, nicht weiterschreiben zu können. Danke, Miss Malaga.

Mary Dorman und Amy Scholder halfen mir zu Beginn der Arbeit an diesem Buch dabei, meine gut begründete Angst vor möglicher Vergeltung durch Scientology zu überwinden. Ursprünglich wollten Chrystal Yakacki und Dan Simon von Seven Stories Press dieses Buch veröffentlichen, bevor sie es Jahre später großzügig an Beacon Press übergaben.

In den darauffolgenden zwei Jahren genoss ich die freundliche, sachliche und geduldige Unterstützung meiner Redakteurin Gayatri Patnaik und ihrer Redaktionsassistentin Rachael Marks. Ich danke auch allen anderen Mitarbeitern von Beacon Press für ihre Hilfe, insbesondere Helene Atwan, Tom Hallock, Pamela MacColl, Reshma Melwani, Susan Lumenello, Bob Kosturko and PJ Tierney. Danke auch an Alan J. Kaufman für die rechtliche Prüfung des Buches. Eine feste Umarmung und Küsse gehen an die immer reizende Lane Jantzen und die Vertriebsabteilung von Random House.

Während der Arbeit an diesem Buch hatte ich einige medizinische Notfälle zu überstehen. Ich bedanke mich herzlich bei den Ärzten Michael Blechman, Joseph Martz, Myron Schwartz, Paula Rackoff, Donald Kastenbaum, Ariel Ostad, Rachel Saunders-Pullman. Meine medizinische Grundversorgung sicherte Dr. Rona Vail von der Callen-Lorde Clinic in New York City. Ich bin heimlich verknallt in sie.

Auch meine Seele bedurfte in diesen sechs Jahren sorgfältiger Pflege. Mein Dank gilt Julia Ritchie, meiner Lebenstrainerin und Therapeutin. Sie ist dafür verantwortlich, dass ich *Hello, Cruel World* und den Großteil dieses Buches überhaupt schreiben konnte. Ich bedanke mich auch bei all jenen Therapeuten, die mich jetzt bei meiner dialektischen Verhaltenstherapie begleiten.

Ich schrieb dieses Buch auf drei nacheinander folgenden Apple MacBook Pros. Das Programm OmniOutlinePro nutzte ich, um einen zeitlichen und inhaltlichen Überblick zu skizzieren. Die so entstandenen Notizen übertrug ich in das Programm Scrivener, wo ich die einzelnen Kapitel verfasste, die anschließend in Pages exportiert und dort fertiggestellt wurden.

Vielen Dank an meine Buchungsagenten, die dafür sorgten, dass ich immer unterwegs war: Jean Caiani bei SpeakOut Now, Ellie Deegan bei The Lecture Bureau und Seraphin Hedges und Lisa Tusay bei PhinLi Bookings.

Während ich dieses Buch schrieb, ließ ich mir jede Menge Tattoos stechen, die alle im Pat's Tats von Pat Sinatra in Kingston, New York auf meinem Körper verewigt wurden.

Danke an meine lieben Schiffskameraden Holly Carlson, Carl Carlson, Sandy Holeman Rabbi Ira, Captain Bob und Papa Neil. Außerdem gab es ein Happy End mit Marion, der Frau, die ich verließ, als Molly mir den Heiratsantrag machte. Marion und ich sind vor nicht allzu langer Zeit gemeinsam essen gegangen, als mich eine Vortragsreise in ihre Stadt verschlug. Sie vergab mir großzügig, dass ich so mies zu ihr gewesen war.

Ein ganz besonderer Dank geht an Rheva Acevedo. Wir waren gemeinsam auf dem Flaggschiff. Wir kennen einander also seit über vierzig Jahren. Heute sind wir – ich, die perverse Sozialistin, und sie, die Tea-Party-Expertin – gute Freundinnen. Rheva und ich sind der lebende Beweis, dass Liebe stärker ist als Politik.

Sehr viel schulde ich meinen Freundinnen aus Seattle. Ich vermisse sie. Sie sorgten dafür, dass ich immer ehrlich blieb, sowohl in Seattle als auch danach. Danke an meinen Verwandlungsmentor Jack O'Rion Dragon Excalibur Barker. Danke an Caitlin Sullivan und Ann Pancake, die mir Obdach während vieler stürmischer Zeiten gewährten. Ava Apple und Kristen Knapick lehren mich heute noch, wie man ein Mädchen und eine Frau ist. Lainy Beitler und Julia Kaplan sind die allerbesten Gastgeber. Danke an Sailor für meine Narben. Ein Dank und viel Liebe gehen an Lula: Danke für alles, auch für die Dinge, über die ich nicht schreiben konnte.

Danke an meine besten Freunde und ersten Leser, die immer für mich da waren, egal ob per Skype, SMS, E-Mail oder Telefon. Mit jedem von ihnen verbindet mich eine besondere Geschichte. Einige dieser Geschichten haben es nicht in dieses Buch geschafft, aber ich trage sie alle in meinem Herzen. Danke an: David Harrison, Holly Hughes, Mx. Justin V Bond, Sandy Stone, Marsha Botzer, Diane DiMassa, S. Bear Bergman, T Cooper, Erin Markey, Ullie Emigh, Eric Emigh, Lori E. Seid, Scott Turner Schofield, Felicia Luna Lemus, Tony Lioce (und seine großartige Familie), Tony Phillips, Abe Rybeck,

Sam Feder, Roz Kaveney, Virginia Mollenkott, Judy Reilly, Lana Kane, Kar Winslow, Lynn Birks, Judith Witt, Gwen Smith, M. Gail Harris, Jon Charnas, Serge Nicholson, Gayle Landers, Susan Stryker, Cayenne Woods, Christine Smith, Marilyn S. Miller, Andy Schwartz, Alexis Van Hurkman und Elsa Sjunnisen.

Zu Dank verpflichtet bin ich auch den Studenten, Dozenten und Mitarbeitern der vielen Colleges, Universitäten, High Schools und Jugendgruppen, die mir über die Jahre beim Vorlesen der ersten Entwürfe dieses Buches zugehört haben. Danke auch an meine mehr als zehntausend Twitter-Follower – ihr habt mich in den schwersten Zeiten am Leben erhalten. Danke auch an alle Twitterer, die an #stayalive gepostet haben. Bei mir hat es funktioniert und bei fast allen anderen auch. Als Mitglied einer *Battlestar Galactica* Board Game Group bedanke ich mich bei @Lauravogel, @mxroo, @eyeandy, @catalystparadox, @penguinsquid, @siniful und @saravibes für den Spaß und die Kameradschaft und dafür, dass ich so oft Caprica Six sein durfte.

Wenn Ihnen dieses Buch gefallen hat, müssen Sie sich bei Barbara Carrellas bedanken, die den sechsjährigen Wahnsinn ausgehalten hat, während es geschrieben wurde. Barbara hat jede Seite gelesen, bevor sie an meine Herausgeberin ging. Es wird viel Spaß machen, die Worte auf dem Boden des Schneiderraums zu lesen, wenn ich einmal tot bin. Barbara begleitet mich seit 14 Jahren als Schwester auf der Reise meines Lebens. Wir haben einander darin unterstützt, immer weiterzumachen. Wir nennen einander *Imzadi* – ein alter Begriff aus *Star Trek*, der auf jeden Fall eine kleine Googelei wert ist.

IMPRESSUM

© 2012 Kate Bornstein
First published in 2012 in the United States of America
by Beacon Press

Eden Books ist ein Imprint der Edel Germany GmbH
© 2013 der deutschen Ausgabe: Edel Germany GmbH,
Neumühlen 17, 22763 Hamburg
1. Auflage
www.edenbooks.de | www.edel.com

Einige der Personen im Text sind aus Gründen des
Persönlichkeitsschutzes anonymisiert.

Projektkoordination: Nina Schumacher
Übersetzung: Nico Laubisch
Lektorat: Alexandra Hölscher
Umschlaggestaltung, Layout, Herstellung und Satz: Bon Bon Büro,
Berlin | www.bonbonbuero.de
Druck und Bindung: optimal media GmbH, Glienholzweg 7,
17207 Röbel/Müritz

Alle Rechte vorbehalten. All rights reserved.
Das Werk darf – auch teilweise – nur mit Genehmigung
des Verlages wiedergegeben werden.

Printed in Germany

ISBN 978-3-944296-08-1

Weitere Titel von Eden Books

Die junge Autorin Clarisse Thorn hat sich hinter die Kulissen der Aufreißer-Szene gewagt, um zu verstehen, wie diese Männer ticken und wie sie die Schwächen der Frauen für sich zu nutzen wissen.

Mitreißend und enthüllend beleuchtet sie das ewige Spiel zwischen Männern und Frauen.

Clarisse Thorn:
FIESE KERLE? Unterwegs mit Aufreißern. Ein hautnahes Experiment.

352 Seiten | Taschenbuch | 12,5 × 19 cm | 9,95 € (D) / 10,30 € (A)
Als E-Book für Kindle und iPad erhältlich
ISBN: 978-3-944296-04-3

• • • • • • • • •

Bettina Vibhuti Uzler wird mit 23 Jahren als Drogenkurierin erwischt und landet im französischen Frauenknast. Nach ihrer Freilassung taucht sie in die Freetekno-Szene ein, nimmt Drogen, organisiert illegale Partys und reist durch Europa.

Ein gewagtes Porträt der Drogen- und Technokultur aus der Perspektive einer Aussteigerin.

Bettina Vibhuti Uzler:
PARTY AM ABGRUND. Meine Nomadenjahre im Drogen- und Technorausch. Eine Aussteigerin erzählt.

288 Seiten | Klappenbroschur | 13,5 × 21 cm | 12,95 € (D) / 13,40 € (A)
Als E-Book für Kindle und iPad erhältlich | Kostenloses eBOOK inside
ISBN: 978-3-944296-01-2

Weitere Informationen: www.edenbooks.de | www.facebook.com/edenbooksberlin